CÓMO SE ESCRIBE
EL DIARIO ÍNTIMO

Serie EL TALLER DEL ESCRITOR

Cómo se escribe una novela — Leopoldo Brizuela y Edgardo Russo

Cómo se escribe un cuento — Leopoldo Brizuela

Cómo se escribe un poema (Lenguas extranjeras) — Daniel Freidemberg y Edgardo Russo

Cómo se escribe un poema (Español y portugués) — Daniel Freidemberg y Edgardo Russo

Cómo se escribe la carta de amor — Edgardo Russo y Diego D'Onofrio

Cómo se escribe el diario íntimo — Alan Pauls

Para leer sin parar. Antología del lector joven — Susana Cella

CÓMO SE ESCRIBE
EL DIARIO ÍNTIMO

Selección, prólogo
e introducciones de Alan Pauls

Franz Kafka • Robert Musil
Katherine Mansfield • Bertolt Brecht
Virginia Woolf • Ernst Jünger
John Cheever • Cesare Pavese
Witold Gombrowicz • Roland Barthes

LIBRERIA-EDITORIAL
EL ATENEO

82.08
COM

Cómo se escribe el diario íntimo: selección, prólogo e introducciones de Alan Pauls / Franz Kafka . . . [et al.]; comp. Alan
Pauls. - 1a. ed. - Buenos Aires: El Ateneo, 1996.
288 p.; 20 × 14 cm (El taller del escritor / Edgardo Russo)

ISBN 950-02-8458-8

I. Kafka, Franz - II. Pauls, Alan, comp. - 1. Preceptiva
Literaria

Serie *El taller del escritor*
Director: Edgardo Russo

Queda hecho el depósito que establece la ley Nº 11.723.
© 1996, "EL ATENEO" Pedro García S. A.
Librería, Editorial e Inmobiliaria, Florida 340, Buenos Aires.
Fundada en 1912 por don Pedro García.

Se terminó de imprimir el 29 de agosto de 1996
en Impresiones Avellaneda, Manuel Ocantos 253,
Avellaneda, provincia de Buenos Aires.
Tirada: 3.000 ejemplares

IMPRESO EN LA ARGENTINA

Índice

Índice

Índice de fuentes

Los fragmentos que integran esta selección se extrajeron de:

Kafka, Franz: *Diarios*, Buenos Aires, Emecé, 1968. Traducción de J. R. Wilcock.

Musil, Robert: *Journaux*, París, Seuil, 1981. Traducción de Philippe Jaccottet (traducción del francés: Mirta Rosenberg).

Mansfield, Katherine: *Diario*, Buenos Aires, Centro Editor de América Latina, 1978. Traducción de Antonio Bonanno.

Brecht, Bertolt: *Diarios 1920-22. Notas autobiográficas 1920-1954*. Barcelona, Editorial Crítica, 1980. Traducción de Juan J. del Solar B.

Woolf, Virginia: *Diario de una escritora*, Buenos Aires, Sur, 1954. Traducción de José M. Coco Ferraris.

Jünger, Ernst: *Radiaciones. Diarios de la Segunda Guerra Mundial*, Barcelona, Tusquets, 1989. Traducción de Andrés Sánchez Pascual.

Cheever, John: *Diarios*, Barcelona, Emecé, 1993. Traducción de Daniel Zadunalsky.

Pavese, Cesare: *El oficio de vivir*, Barcelona, Seix-Barral, 1992. Traducción de Angel Crespo.

Gombrowicz, Witold: *Diario argentino*, Buenos Aires, Sudamericana, 1968. Traducción de Sergio Pitol.

Barthes, Roland: *Incidentes*, Barcelona, Anagrama, 1987. Traducción de Jordi Llovet.

Prólogo

Las banderas del célibe

Siempre que se encuentra un diario íntimo (porque un diario nunca aparece: se lo encuentra, se tropieza o se cae sobre él, incluso cuando se lo ha buscado antes con desesperación) hay, junto a sus páginas, muchas veces manchándolas, un cadáver. Fatal, esa convención dramática del género rige aun cuando el cuerpo del muerto brilla por su ausencia (hábeas corpus: ¿qué diario de escritor no está familiarizado con este reclamo jurídico?) y la sangre es apenas una falacia truculenta, la astucia de utilería destinada a elevar la cotización del finado. Disfrazada de anécdota, encontramos esa convención en el prólogo del primer tomo de Radiaciones, *los diarios de la Segunda Guerra Mundial de Ernst Jünger, cuando el ex capitán del ejército alemán trae a colación el diario de los siete marineros que en 1633 invernaron en la isla de San Mauricio, en el océano Glacial Artico. "Allí los había dejado, con su consentimiento, la Sociedad Holandesa de Groenlandia, a fin de realizar estudios sobre el invierno ártico y la astronomía polar", escribe Jünger. "En el verano de 1634, cuando regresó la flota ballenera, se encontró el diario y siete cadáveres." Por la clase de intriga que despierta, perfectamente convencional y perfectamente eficaz, la escena podría ser el principio de otra versión de* The

Thing, *el clásico de terror B de Christian Nyby. Un remoto territorio congelado, los cadáveres que aparecen, uno por uno, sin señal alguna de violencia, en distintos puntos de la base, como petrificados en medio de un último gesto casual, el diario guardado bajo llave, el cajón violado, una mano trémula que abre las tapas gastadas y busca con avidez las últimas anotaciones:* 6 de julio de 1634. No sé si podré escribir aquí lo que ha sucedido, pero soy el único que puede hacerlo. Todos los demás están muertos.

Fatalidad sensacionalista del género: ese cadáver que acompaña el hallazgo del diario es, casi siempre, el cadáver de su autor. A juzgar por la posición en la que suele encontrárselo, es evidente que muere casi durante el acto de añadir la última entrada a su maniático inventario de hechos y de días. Es el caso flagrante de Cesare Pavese y Virginia Woolf, ambos suicidas, pero también el de Franz Kafka o Katherine Mansfield, donde el diario íntimo proclama sin disimulo la condición diferida de sus efectos, su carácter testamentario, de documento póstumo. Pero que la proclame sólo quiere decir que la vuelve visible, no que la invente. Como toda carta, no importa si es de amor o de odio, de viaje o de despedida, todo diario está fundado en el principio de la posteridad. Es cierto que su afán más inmediato y pueril consiste en registrar, desmenuzar y, naturalmente, alucinar el flujo de una vida, pero también que el diario es un libro que recién suele salir a la luz cuando la vida se ha extinguido para siempre y cuando su autor, el autor de sus días, *ya no está allí para sostener con su propio cuerpo la primera persona que confesó, apremiado por la métrica del calendario, sus preciosas insignificancias y sus dramas triviales. "Hubiera considerado una impertinencia publicar este libro cuando estaba en pleno rendimiento de mi actividad literaria", escribe Somerset Maugham, o más bien su espectro, en su* Carnet de un escritor, *cuando ya es viejo y no puede ser rival de nadie. La confesión repite, sosegándola, la escena fúnebre con la que tropiezan los miembros de la flota ballenera evocada por Jünger. A menos que el caso de Maugham, donde la asincronía entre la vida y la publicación del diario es deliberada, corra el riesgo de ser un nuevo lugar común de los* protocolos editoriales, y que los casos más extremos (escritores que se pegan un tiro o tragan la última pastilla sobre el cuaderno abierto, con la pluma tibia todavía entre los dedos) sean interpretados como contingencias macabras, más propias de una biografía atormentada que de cualquier misteriosa propiedad interna del diario.

Y sin embargo, por entusiasta, despreocupada o jovial que parezca al leerla, ¿no hay ya en cada anotación de diario íntimo algo fatalmente fúnebre, una suerte de distancia mortuoria que separa ese apunte del instante, no sólo en que habrá de ser releído (por su propio autor) o leído (por algún lector), sino en el que producirá sus verdaderos efectos? Como si al anotar esa distracción, esa nada, ese incidente, el escritor, coleccionista sin gusto, sólo los conservara a ciegas, nunca del todo convencido del valor que atesoran, y más que escribirlos se limitara a retenerlos. ¿Por qué? Tal vez, simplemente, por el escándalo que le provoca sentirse cómplice de su desaparición en el lecho del tiempo. (Por su frecuencia regular de escritura, pero también porque es la sede que asila a aquello que en otra parte sonaría demasiado vulgar, demasiado íntimo, demasiado intrascendente –es decir: insoportable–, todo diario tiene algo de un depósito de desechos, y su compulsión tiene más de una afinidad con procesos fisiológicos ligados a la digestión –Kafka–, la evacuación, la retención, etc.) Pero si el escritor de diario íntimo se dedica a retener nimiedades, es sobre todo porque hay un pálpito secreto que lo mantiene en vilo y lo enardece: la sospecha de que alguna vez, cuando por fin las recupere, esas bagatelas se habrán convertido en las piedras preciosas que estaban llamadas a ser.

Casi no hay diario íntimo de escritor que no apueste a este extraño porvenir conjetural. Es el más allá del diario, su otra vida, su vida después de la vida. De ahí las dos características básicas que parecen definir la práctica: una disciplina maníaca (nulla dies sine linea), la irresponsabilidad. Superstición decisiva para el género, la creencia en un más allá redentor es lo único que puede despejar esa fastidiosa nube de inseguridades que largamente disuadieron a Barthes de llevar un diario. ¿Qué pueden valer este día, esta descripción, esta frase? ¿Quién *me asegura que lo que consigno es lo que importa? No se trata de una incertidumbre literaria (problema de calidad); más bien es una cuestión de pertinencia, de justeza, tal vez incluso de justicia. Kafka: "Cuando digo algo, pierde inmediata y definitivamente su importancia; cuando lo escribo, también la pierde siempre, pero a veces adquiere una nueva". Y Robert Musil: "Sólo excepcionalmente anotaré detalles personales, y sólo si considero que su mención puede presentar para mí, algún día, algún interés personal". Musil mantuvo su palabra con una envidiable firmeza, pero las disecciones técnico-literarias a las que prefirió consagrar su diario también ratifican el poder con el que esa posteridad azarosa decide las operaciones del género. Esquemas y problemas literarios, reflexiones, tesis críticas, filosóficas o científicas, citas, diagramas, todo el profuso material ensayístico con el que Musil reemplaza las confesiones personales o el anecdotario de la Viena de principios de siglo sólo se justifica en la medida en que está llamado a incorporarse, alguna vez, a* El hombre sin atributos, *esa obra monstruosa que para Musil fue casi la única posteridad concebible.*

Es la singular paradoja que afecta a todos estos textos de coyuntura, escritos al amparo o bajo el imperio de la cotidianidad. Se dicen esclavos del presente (y esa declaración, que las páginas deben ratificar dejando constancia de fechas, días, meses, años, es condición sine qua non de la pertenencia de un texto al género), de un presente que sin duda es plural, tejido como está de la intimidad literaria y personal del escritor, de su vida privada y sus relaciones amorosas, profesionales o sociales, de la actualidad del mundo en el que vive, pero al mismo tiempo cada anotación, cada huella que esos presentes les inspiran sólo encuentran una justificación tranquilizadora (una salvación) *en el llamado del porvenir, que alguna vez les dará, simultáneamente, su sentido, su razón de ser existencial y su dignidad literaria. En rigor, se trata de dos paradojas encadenadas. El diario, género al parecer despreocupado de las formas, es capaz, como escribe Blanchot, de todas las libertades ("todo le conviene: pensamientos, sueños, ficciones, comentarios acerca de sí mismo, acontecimientos importantes o insignificantes"), pero su docilidad y su* polimorfismo no invalidan las reglas del contrato que ha firmado, el único, sí, pero el más estricto de todos, y que es el contrato con el calendario. *Fiel a la sucesión temporal, que convierte al género en un puro ensimismamiento, ese texto tan atado a las obligaciones del día que pasa, sin embargo, es el texto* utópico *por excelencia, determinado como está por ese* advenimiento *mesiánico que volverá necesario aquello que hoy apenas es inconsistente, frívolo y provisorio. De ahí, tal vez, esa fragilidad que es como el sello de la enunciación del diario: una cierta imposibilidad de afirmar o, en todo caso, el gesto reflejo de poner en suspenso el peso de cualquier aserción.*

Y sin embargo, ¿qué diario no incluye su declaración de principios, su manifiesto voluntarista, la asunción, por parte del escritor, del compromiso de usar sus páginas para obtener algún resultado específico? Es una instancia típica, casi obligatoria, que el género no parece compartir con muchos otros: imposible escribir un diario íntimo sin hacer constar entre sus anotaciones por qué, para qué, con qué esperanza (loca o mezquina, tímida o temeraria) se decide escribirlo. Funcionalismo inexorable del diario íntimo. El escritor no se conforma con sostener la creencia de que su diario (nunca las frases de las que está hecho) es útil; encima debe vociferarla, volver a ella una y otra vez para recordársela a sí mismo, para perfeccionarla o, llegado el caso, para reemplazarla por la que le dicta el presente, como si uno de los secretos (o el precio) de su eficacia consistiera precisamente en ponerla por escrito. Distintas pero siempre admitidas, esas funcionalidades marcan bolsones donde el diario, acaso el género más profundamente arraigado en el arte de la coartada, intensifica el espesor de su imaginario. Se escribe un diario para dar testimonio de una época (coartada histórica), para confesar lo inconfesable (coartada religiosa), para "extirpar la ansiedad" (Kafka), recobrar la salud, conjurar fantasmas (coartada terapéutica), para mantener entrenados el pulso, la imaginación, el poder de observación (coartada profesional). Musil lleva un diario para historiarse a sí mismo, para examinarse el cuerpo bajo el microscopio de su propia prosa; Mansfield escribe con el propósito de aliviarse y, por fin, "emerger"; Jünger, para contrabandear el horror

bajo la forma de "criptogramas" y "arabescos cifrados"; Pavese,
para llevar a cabo un minucioso, implacable "examen de con-
ciencia"; Barthes, para consumar un ejercicio meramente ex-
perimental.

    ¿Y si todo ese variado repertorio de funciones se redujera a
una sola fórmula, arcaica pero eficaz: conocerse a sí mismo?
¿Por qué, en el impulso que mueve a un escritor a escribir su
diario, tendría que haber algo más o algo que no fuera la de-
cepcionante humanidad de un deseo que se cansa pero no mue-
re: el deseo de ser sincero? *En verdad, los dos mitos no son sino*
uno solo, y ya los refutó Maurice Blanchot cuando se le ocurrió
recordar que Sócrates, ese prócer del autoconocimiento, nunca
escribió una línea. "Sí, la mistificación es recomendable para
un escritor. Que enturbie un poco el agua a su alrededor para
que no se sepa quién es" (Gombrowicz). Pero esa versión del
diario íntimo (práctica espontánea de la franqueza, apertura
total del corazón) es perfectamente solidaria con otra, especu-
lar, que todavía hoy sigue codificando el modo de leerlo y pos-
tula el diario como la vía regia que lleva a alguna clase de
verdad, íntima y hasta entonces inédita, sobre el autor, sus
demás libros, sus seres queridos, otros artistas, el lugar y la
época en que vivieron, etc. Gracias a esa concepción, que opone
la transparencia del diario al artificio opaco de la ficción, la
sinceridad primitiva del apunte cotidiano a la manipulación
retórica que suponen relatos y novelas, los diarios íntimos ad-
quieren un cierto glamour *amarillo, estilo* el lado oscuro de,
muy parecido al que tienen las fotos flagrantes que un reporte-
ro gráfico le arrebata a un primer ministro en plena digresión
toxicómana. Sólo que en este caso, por un curioso frenesí
autoinculpatorio, el escritor mismo ha tomado el lugar del fo-
tógrafo y nos ofrece —primicia absoluta— la verdad de prime-
ra mano. Así, envueltos por el aura morbosa de la revelación,
los diarios íntimos se vuelven obligatorios, preciosos como prue-
bas, y a la vez sufren un empobrecimiento radical: soldados
por una contigüidad mágica a sus autores, de los que se supo-
ne que traducen sin alteraciones las verdades más profundas,
tienen la seducción ultrajante de lo que se dice por primera
vez; pero simultáneamente ese mismo gesto, al separar los dia-

rios de las demás obras, les niega dignidad literaria y los degrada a la categoría de piezas menores, subsidiarias, como los volúmenes de cartas, los relatos de viaje o las listas de compras. Para que el diario diga la verdad, pues, es preciso expulsarlo de la literatura.

El experimentalismo deliberado de Barthes, que subraya, como midiendo su resistencia, cada cláusula del género; las enmiendas, supresiones y reescrituras con que Jünger maquilla su diario antes de publicarlo y de cada reedición; las distintas versiones de una misma nota que aparecen, a veces en la misma página, como ensayos de estilo, en los diarios de Katherine Mansfield: no es difícil encontrar estas señales del trabajo con el que cada diario de escritor impugna, a su modo, el régimen de sinceridad (con sus valores esenciales: espontaneidad, transparencia, verdad) que la lectura tradicional, biográfica, siempre pretende imponerle. Y son quizá los escritores más "vitales", aquellos cuyos diarios fueron más rentables para el establecimiento de una verdad biográfica, los que más categóricamente refutan esa operación que afilia el diario íntimo a la vida desafiliándolo, al mismo tiempo, de la literatura. Es la inesperada lección de El oficio de vivir, *el diario de Pavese. El tono confesional, la extraordinaria crudeza de sus introspecciones, la brutalidad con que el diario construye la imagen de un sujeto* fallido: *todo en él parece abonar el carácter* indicial *del diario, simple humareda cuyo mérito es delatar* directamente *el escenario donde se consume el fuego de una vida. Pero su circulación interna, su sistema de reenvíos y referencias, el modo en que cada día, a la manera de un archivo inteligente, se comunica con otros, aludiéndolos, retomándolos o corrigiéndolos, producen un vértigo hiperliterario que parece abolir cualquier exterior. Repentinamente, la vida pasa a tener una estructura y un funcionamiento enciclopédicos, y el escritor contrae con ella una relación casi exclusiva de erudición; la "experiencia" se convierte en un stock de frases, narraciones y comentarios que puede ser reutilizado indefinidamente. El recuerdo ha sido reemplazado por la glosa; las fechas (pocos diarios tan escrupulosos de la cronología como el de Pavese) son menos puntuaciones del tiempo, hitos históricos, que argucias* textuales, suerte de boyas tipográficas que orientan al escritor a la hora de localizar su propio texto en el mapa de un libro absoluto.

Si perderse en un diario íntimo es más fácil y voluptuoso que encontrarse, que encontrar algo (verdad, revelación, cara oculta: alguno de nuestros patéticos rosebud de cada día), es quizás, de nuevo con Blanchot, porque no hay nada más secreto que las vías de acceso a un secreto. 6 de julio de 1634. No sé si podré escribir aquí lo que ha sucedido, pero soy el único que puede hacerlo. El principio es prometedor, pero nada garantiza que la promesa vaya a cumplirse. (Escenario privilegiado de votos, juramentos y compromisos, suerte de instancia jurídica privada ante la que el escritor a menudo comparece, no sin solemnidad, para obligarse a algo, el diario íntimo es, al mismo tiempo, un género maestro en el arte del desdecir, el paroxismo de un donjuanismo literario donde toda intención falla irremediablemente desde el momento en que queda asentada.) Estilos del fracasar: siempre pueden faltar las páginas decisivas (y todo lo que queda del secreto es el filo sarcástico de los bordes arrancados), o la escritura del marinero, erosionada por el agua y el tiempo, puede haberse vuelto ilegible, o incluso es posible que junto a ese primer diario aparezca otro, y otro más, y otro, y que cada uno afirme con idéntica convicción una versión diferente de los hechos... Experto en crear la ilusión de encerrar un secreto, el diario íntimo es igualmente ducho en el arte de defraudarla, y la figura del lector-investigador que cierra el cuaderno y, alborozado, paladea la clave de la que acaba de adueñarse, es mucho menos frecuente que la del que termina de leer y, extenuado, se mira las manos y las encuentra un poco más viejas, como sus ojos, pero siempre vacías. Jünger no evoca el episodio de la isla de San Mauricio para apoyar la hipótesis de que las páginas de un diario revelan el misterio de su autor, muerto en cumplimiento del deber. Usa ese hecho histórico como la escena originaria del género, el punto en el que la práctica aparece por primera vez y define con cierta ejemplaridad sus elementos, sus condiciones y sus sentidos, y de allí deduce la idea de que todo diario es el testimonio, la exégesis de una catástrofe: "Anotaciones tomadas", escribe, "du-

rante el recorrido por mares donde se deja sentir la succión del Maelstrom y emergen monstruos a la superficie...". Quizá lo que Jünger llama Maelstrom o catástrofe sea lo mismo que Francis Scott Fitzgerald había llamado en 1936 the crack up, *la grieta, la hendidura, el derrumbe: un punto de no retorno. Es decir: la frontera a partir de la cual ya no hay más identidad, sólo un vértigo de metamorfosis. "¿Por qué soy incapaz de componerme a mí mismo? Soy amorfo —un impotente detrás de su escritorio—, me malogro —una trompa arruinada, una flauta rota, imposible emitir el menor sonido. Lo que me falta es la dirección, no sé en qué dirección hablar, me callo porque me falta la dirección que precede a la voz", anota en su diario Witold Gombrowicz, para quien el mundo empezaba cuando ya no se podía retroceder. También los diarios íntimos, al menos en el siglo XX, empiezan cuando el mundo ya no puede volver sobre sus pasos, asomado como está al abismo de su propia aniquilación.* Eh bien, nous nous en sommes bien tiré: *la cita de Schopenhauer con la que Barthes encabeza sus* Noches de París *muestra hasta qué punto el único éxito posible de todo diario íntimo es* haber sobrevivido *a la hecatombe y mantenerse en pie en el campo de batalla, en esa alfombra de cadáveres, aunque la condición de esa supervivencia sea el alejamiento definitivo del mundo, una herida lenta, invisible, que no sangra pero que tampoco deja de abrirse cada día un poco más. Todo diario es, pues, la encarnación literaria del zombi, el muerto en vida, el que lo vio todo y sobrevivió para contarlo y ahora, cegado por el blanco fulgor del horror, está condenado a recordar para siempre cada uno de sus detalles.*

¿Cómo decidir si esa catástrofe que está marcada a fuego en el corazón del diario íntimo es individual o colectiva, privada o planetaria? Radiaciones, el diario de Jünger, *pero también muchos diarios contemporáneos (Kafka, Gombrowicz, Virginia Woolf, André Gide, el mismo Pavese) sugieren que es las dos cosas al mismo tiempo. No hay lesión personal que no sea una llaga abierta en el mundo, y todo desmoronamiento universal es inmediatamente la afección que amenaza de muerte el cuerpo del escritor. En el diario, la figura de la catástrofe inaugura un doble movimiento simultáneo: el escritor entra en*

una escala macroscópica y ocupa el mundo con las guerras secretas de su organismo, batallas de carne, adicción, sangre, locura, autodestrucción; y el orden mundial, a su vez, es irresistiblemente succionado por la fuerza de una subjetividad, precipita en el escritor y atraviesa su cuerpo con sus conflictos, sus máquinas de muerte, todos sus delirios histórico-políticos. Casi todos los diarios de este siglo se escriben sobre la huella de estas dos series paralelas, coextensivas, que sólo tienen sentido en la medida en que son indisociables: la serie de las catástrofes planetarias (guerras mundiales, nazismo, holocausto, totalitarismos, etc.), la serie de los derrumbes personales (alcoholismo, impotencia, locura, degradación física). Así, el gran tema del diario íntimo en el siglo XX es la enfermedad (la enfermedad como afección del organismo del mundo), y las anotaciones con que el escritor acompaña ese mal forman algo así como el parte diario, incansable, que da cuenta de su evolución, una suerte de historia clínica que sólo parece tener oídos para la sigilosa expresividad de la dolencia (síntomas, estados y picos, mejorías, humores, reacciones y recrudecimientos). Es aquí, en la evidencia de esta catástrofe esencial, donde fracasa cualquier intento de socratizar el género. Ni Jünger, ni Pavese, ni John Cheever escriben un diario para saber quiénes son; lo escriben para saber en qué están transformándose, cuál es la dirección imprevisible en la que está arrastrándolos la catástrofe. No es, pues, la revelación de una verdad lo que estos textos pueden o quieren darnos, sino la descripción cruda, clínica, de una mutación.

Sólo así cobra sentido el ritmo, esa suerte de andar común que campea en estos diarios, y que termina por descubrir en la dimensión clínica de la escritura un arte nuevo y desconcertante, menos preocupado por contar, confesar o recordar que por seguir un rastro, la huella que la mutación va dejando mientras se produce. Es la gran idea que Musil roba de Nietzsche: escribir un diario para convertirse en el viviseccionador del alma a principios del siglo XX. El alma, es decir: lo que sufre, materia y sede de toda enfermedad, y por lo tanto lo que nunca está lo suficientemente dado para que el viviseccionador pueda examinarlo, quieto, en la soledad de su *gabinete. No, es preciso que salga tras sus huellas, a perseguir (porque el alma enferma no puede sino huir) las formas inéditas que adopta y enfrentarse con las monstruosidades con las que se confunde, y es posible incluso que siguiendo ese rastro deba escapar del día y hundirse en lo más oscuro de la noche, aliarse con las potencias nocturnas y convertir su diario en "un nocturnario". A dónde lleva la tuberculosis a Katherine Mansfield, el cansancio a Kafka, el alcohol a Cheever. A dónde lleva la depresión a Virginia Woolf, que en la última entrada de su diario, cuatro días antes de suicidarse, lanza entre merluzas y picadillos de cerdo este magnífico grito de guerra: "Me hundiré con mis banderas flameando". ¿Y no es acaso Musil el que, como en eco de la consigna de Woolf, se promete reunir en su diario "las banderas de una batalla jamás librada"?*

Pero ¿de qué batalla se trata? ¿Con qué derecho el género más egotista de la literatura podría usar jergas militares para aludir a sus módicos arrebatos de todos los días, al heroísmo de un paseo inocuo o de un té bajo los árboles, al peligro de un encuentro con una mujer que se teme o de un editor que se desprecia, a la emergencia de una expectoración, una copa de más, un miembro que no termina de endurecerse? Es el otro karma que la concepción biografista endilga al diario íntimo: la vocación umbilical, el solipsismo, la imposibilidad de franquear el límite que le impone el espacio privado de su enunciación. Como si, al concederle el privilegio único de revelar una verdad, se le retirara a la vez la capacidad de conectarse con el mundo, de impersonalizarse, de acoplarse con fuerzas sociales o colectivas. Aunque sea cruel, implacable y despiadado, el diario íntimo sigue siendo leído como una práctica de evasión, y su denodada soledad como un ostracismo libremente elegido, la distancia justa que el escritor establece con el mundo para protegerse.

Basta leer el diario de Kafka (el ejemplar y a la vez el tratado más radicales del género) para comprender hasta qué punto esas imputaciones (soledad, solipsismo, evasión) resultan patéticamente irrelevantes a la hora de dar cuenta de la práctica del diario en este siglo. En tanto se define por la marca que la catástrofe imprime en el género, no hay diario íntimo

11

que sea sólo una expresión individual, y por más privada que parezca, la esfera de su enunciación siempre permite articular voces, formas y experiencias ajenas. *Kafka demuestra cuál es, en verdad, la nueva condición del escritor de diario íntimo en la era del Maelstrom. No un solitario sino su más artero enemigo: un* célibe. *El célibe es la gran figura conceptual y política que Kafka opone, al mismo tiempo, al que se "evade" del mundo y al que lo abraza, al escéptico y al comprometido, y su vocación, aquello que lo insta todos los días a tener menos, a profundizar su sobriedad, a sólo tener "dientes para la propia carne y carne para los propios dientes", es la vocación del diario íntimo, la* forma soltera por excelencia. *Claro que no se es soltero estando solo: hace falta trabajar, una política, muchos imposibles, todo aquello que la soledad pura, al permanecer siempre del lado de la víctima, jamás podrá procurarse. La historia de los matrimonios frustrados de Kafka es la puesta en escena más cómica y violenta que ha dejado de su teoría del celibato: "Vivir lo más ascéticamente posible, más ascéticamente que un soltero; ésta es para mí la única posibilidad de soportar el matrimonio. Pero, ¿y ella?". Kafka no se* queda soltero; dice que no, *lo que es radicalmente distinto, porque en esa negatividad obcecada, inasimilable, que se rehúsa a todo sin proponer nada a cambio, descansa la fuerza, el alcance y el carácter político del celibato. Es la fórmula de Bartleby, ese otro gran célibe inventado por Melville:* Preferiría no hacerlo... *Decir que no, ayunar, abstenerse, llegar incluso a la anorexia con tal de rechazar lo existente, el tipo de intercambios y de relaciones que propone, las formas de vida que reproduce. Ser más extranjero que un extranjero en "el seno de mi familia, en medio de las personas mejores y más amables", y también ser un extranjero "en este mundo que se desintegra". Devenir clandestino del célibe y del diario íntimo, personaje y forma fuera de la ley que se recortan contra el fondo de una vida que las fuerzas del exterminio han vuelto intolerable, invivible. El soltero no tiene nada ante él y tampoco nada detrás, "no tiene más que este momento, el momento incesante de la pena", y está "fuera de nuestro pueblo, fuera de nuestra humanidad, hambriento ya para siempre". Tiene su úlcera, su anemia, su cansancio: es el agotado. (Todo escritor de diarios íntimos es siempre un personaje de Beckett.) Y tiene el diario, en cuyas páginas, día tras día, prosigue esa vigilancia clínica del mal que es, a la vez, su suplicio y su única condición de salud, el tormento del mundo y también la posibilidad de su redención. Es la misma idea de Jünger, que encuentra en el diario el último refugio de resistencia, "el único diálogo posible que subsiste en el Estado Total". Allí, en ese territorio propio, expropiado, el soltero organiza sus pocas fuerzas y se dedica a entrenarlas, presta atención a los murmullos nuevos, respira un aire extranjero, entra en un sistema desconocido de sonidos, de olores y de luces. Las pequeñas manadas sonoras de Kafka, las voces del hermano muerto en Mansfield, lo bajo en Gombrowicz... Es la gran función del género en los tiempos del terror: hacer posibles la percepción y la multiplicidad de los tonos, devolverle a la forma su potencia amenazante. En el diario, que es la morada política del célibe, el escritor, el extenuado, dice que no a la batalla y la suspende, y día tras día sigue, desde el fondo del cansancio, siempre a pérdida, reuniendo todas sus banderas.*

ALAN PAULS

I

Franz Kafka

La misión del cansado

El cansado ya no ve nada. Usa sus últimas fuerzas para mantener los ojos abiertos, eso es todo. Permanece en su habitación ("el cuartel general del estrépito de toda la casa"), sentado al escritorio, la cabeza baja, inclinada sobre el papel que espera, la espalda un poco encorvada, como oprimida por el peso del aire. Un artista de la inmovilidad. Demasiado agotado, incluso, para incorporarse y recostarse en el canapé. "Soy como de piedra, como si fuera mi propia piedra sepulcral". Mirarse los dedos es la última proeza del cansado. ¿Cómo es posible que las yemas sostengan todavía la pluma? ¿Y para qué, por otra parte, si aun en el caso en que una ráfaga de nuevas fuerzas lo reanime —un caso tan hipotético que sólo pensarlo le produce dolor—, no habrá nada que escribir, o todo lo que se escriba se perderá en el camino, o esa sorpresiva dosis de energía será empleada en tratar de conciliar el sueño, es decir: dilapidada en el insomnio? "Mis dudas envuelven cada palabra, las veo antes de ver la palabra; pero ni eso, no veo de ningún modo las palabras, las *invento*".

Todo es cambiante en los *Diarios* de Kafka. Se viaja, se cuentan sueños, se escriben relatos y embriones de novelas, se describen espectáculos, se narran los momentos críticos de

15

una vida, se exponen panfletos de política literaria; que el tono sea siempre el mismo (un tono que tiene la dureza y la invulnerabilidad del hueso) no hace sino acelerar e intensificar los tránsitos, el pasaje de una región a otra, los desniveles de tensión. Lo que no cambia, sin embargo, es *la escena del cansancio*, a cuyo dramatismo petrificado los diarios nunca dejan de volver, después de haberse extraviado, como a un puerto seguro. Es la célula básica del diario de Kafka, suerte de fotograma teatral, o más bien coreográfico, que establece de una vez por todas las condiciones, los instrumentos, la utilería y hasta el estado del cuerpo necesarios para escribir (o para no poder escribir) un diario íntimo: habitación, bombita suspendida del cielo raso, escritorio, silla, canapé, papel, pluma, agotamiento: "Sólo tiene la tierra que cubren sus pies, sólo el sostén que logran aferrar sus manos; es decir, mucho menos que el trapecista de variedades, debajo de cuyo trapecio han tendido por lo menos una red de seguridad". En esa escena desnuda, más digna de ser inventariada que descripta, está la fórmula del minimalismo kafkiano: limar, erosionar, restar, reducirlo todo a su mínima expresión, antesala del silencio, de la petrificación definitiva o de la muerte. Y en ese resto último, menos un lugar que lo que queda del mundo después de sustraerle *todo lo posible*, inventarlo todo.

Sin embargo, ¿quién asegura que el cansado, entonces, escribirá por fin? Nadie, Kafka menos que nadie. Lo que el cansado puede inventar, dicen estos *Diarios*, es apenas una cadena de imposibilidades. Imposibilidad de escribir, imposibilidad de dormir, imposibilidad de casarse... Pero también, al mismo tiempo, imposibilidad de no escribir, de mantenerse despierto, de no enamorarse. Para Kafka, lo imposible es a la vez el objeto y el fundamento mismo de la literatura. Es lo que le queda al cansado después de haber agotado toda posibilidad: una serie de formidables *impotencias* que el diario no cesa de explorar, desarrollar y combinar de todas las formas posibles. Es como si Kafka se propusiera extenuar todas las extenuaciones: agotado por el exceso de trabajo en la oficina (es la versión kafkiana de la *doble vida*, ese lugar común de todo diario íntimo), agotado por el exceso de sueño ("Durante el año pasado no he estado nunca despierto más de cinco minutos seguidos") y por las noches blancas ("Noche de insomnio. Es ya la tercera de la serie"), agotado por el escribir y por la incapacidad de escribir... Lejos de excluir a las otras, cada imposibilidad parece reclamarlas (no *o*, sino *y*) y hacerlas posibles *en tanto que* imposibilidades. Sería demasiado fácil que una imposibilidad (no poder dormir) derivara en una posibilidad (escribir durante la noche en vela); la tarea del cansado es mucho más radical: se trata de inocular núcleos de impotencia en todas partes (en la acción, el pensar, la escritura, la vida familiar y social, etc.), violentar toda posibilidad hasta el punto de obligarla a enfrentarse con esa herida imposible que fatalmente encierra en su corazón.

Pero el cansado no suplica piedad, ni comprensión, ni siquiera tolerancia para la tarea interminable en la que está comprometido. Y sin embargo ésas son las monedas con las que suele pagarle el resentimiento hermenéutico, tan acostumbrado a usar estos diarios para entronizar la figura del escritor como víctima y llorar en paz sobre su cadáver. Militante del celibato, el cansado es como el artista del hambre, el grado cero de la necesidad, y en el encarnizamiento con que despliega la serie de las impotencias no hay que buscar una obstinación en el sufrir sino una voluntad política radical. Las lecturas misericordiosas siempre recurrieron al episodio del casamiento trunco entre Kafka y Felice para justificar sus sollozos y su compasión: el pobre Kafka, tantos problemas con las mujeres... Pero el celibato no se reduce a dejar afuera las mujeres. Es una cuestión más profunda, más decisiva. Cuestión de forma de vida... Es la forma de vida del cansado, así como el diario íntimo es su forma de expresión, la única capaz de dar cuenta de los movimientos mínimos, las microscópicas turbulencias que se hacen sentir cuando todo se ha quedado quieto, como solidificado por el peso del mundo. Estados del cuerpo ("Al tacto, el pabellón de mi oreja parecía fresco, agreste, frío y jugoso como una hoja"), sonidos ("Las consonantes se entrechocan con ruido de latas, y las vocales cantan como negros de feria"), alucinaciones conceptuales ("Cuando una formación desorganizada, que sólo tiene en sí la mínima coherencia necesaria, imprescindible para la simple subsistencia insegura...”), introspecciones orgánicas (“25 de mayo. Ritmo débil. Poca sangre”)... ¡Con qué mala fe hay que leer la célebre entrada del diario en la que Kafka, después de largas dilaciones, le escribe al padre de Felice, su prometida, explicándole por qué no piensa casarse con su hija, para enarbolar esas páginas como prueba de que el escritor era una desafortunada víctima de sus incapacidades! Ese texto (21 de agosto de 1913) no es una excusa sino una declaración de guerra elegante y categórica, como suelen ser las declaraciones de guerra del cansado. “Yo soy, no sólo a causa de las circunstancias exteriores sino sobre todo por mi propia esencia, una persona circunspecta, callada, poco sociable, insatisfecha”, escribe Kafka, “sin que pueda considerar esas condiciones como una desgracia, ya que sólo son un reflejo de mis propósitos. Usted podría por lo menos sacar algunas conclusiones de la clase de vida que llevo en mi casa. (...) Durante los últimos diez días no habré hablado un promedio de más de veinte palabras por día, con mi padre apenas cambio de vez en cuando un saludo. Con mis hermanas casadas y con mis cuñados no hablo en absoluto, sin tener por supuesto nada contra ellos. El motivo de este proceder es simplemente que no tengo nada que decirles, ni lo más mínimo. Todo lo que no sea literatura me aburre y me inspira odio, porque me perturba o me hace perder tiempo (...) El matrimonio no podría cambiarme, así como tampoco puede cambiarme mi empleo...”.

DIARIOS

1910

Al tacto, el pabellón de mi oreja parecía fresco, agreste, frío y jugoso como una hoja.

Escribo esto francamente desesperado por mi cuerpo y por el porvenir que me espera con este cuerpo.

Cuando la desesperación es tan definida, tan unida a su objeto, tan concentrada en sí misma como la de un soldado que cubre la retirada y por cubrirla se deja hacer pedazos, entonces no es la verdadera desesperación. La verdadera desesperación llega inmediatamente y en todos los casos más allá de su meta, (al trazar esta coma se hizo evidente que sólo la primera frase era cierta).

¿Estás desesperado?
¿Sí? ¿estás desesperado?
¿Huyes? ¿quieres esconderte?

Los escritores hablan inmundicias.

Las costureras bajo la lluvia torrencial.

Finalmente, después de cinco meses de mi vida, durante los cuales no pude escribir nada que me satisficiera, y que ningún poder podrá compensarme, aunque todos se sintieran obligados a ello, se me ocurre la idea de volver a hablar conmigo mismo. Cada vez que realmente me formulaba una pregunta, siempre contestaba, siempre había algo que arrancar de mí, de este manojo de paja que soy desde hace cinco meses y cuyo destino parece ser encenderse en verano y consumirse antes de que los espectadores tengan tiempo de parpadear. ¡Si por lo menos pudiera sucederme eso! Y que me sucediera decenas de veces, porque ni siquiera me arrepiento de esa época desdichada. Mi estado no es la desdicha, pero tampoco es dicha; no es indiferencia, ni debilidad, ni cansancio, ni otros intereses, ¿y entonces qué es? El hecho de que yo no lo sepa se relaciona sin duda con mi incapacidad de escribir. Y ésta creo comprenderla, aunque no sé el motivo. En efecto, todas las cosas que se me ocurren no se me ocurren desde la raíz, sino en cierto modo desde la mitad. Que intente entonces alguien retenerlas, que intente alguien retener una hierba y aferrarse a ella, cuando esa hierba sólo crece de la mitad del tallo hacia arriba. Podrían hacerlo algunas personas, por ejemplo algunos prestidigitadores japoneses, capaces de subirse a una escalera que no se apoya en el suelo, sino en la planta de los pies de una persona acostada con las piernas en alto, y cuyo extremo superior no se apoya en la pared, sino en el aire. Yo no puedo, aparte de que mi escalera ni siquiera dispone de esos pies donde apoyarse. Naturalmente, esto no es todo, y no basta con esa pregunta para hacerme hablar. ¡Pero si por lo menos me dirigieran una línea por día, como hoy se dirige el telescopio hacia los cometas! Y si me fuera posible aparecer una vez ante esa frase, seducido por esa frase, tal como yo era por ejemplo por la Navidad pasada, cuando ya había llegado a un punto en que apenas podía contenerme, y parecía pisar el último peldaño de mi escalera, una escalera que sin embargo descansaba tranquilamente sobre el piso y sobre la pared... Pero ¡qué piso, qué pared! Y sin embargo esa escalera no se caía, tanto la apretaban mis pies contra el piso, tanto la alzaban mis pies contra la pared.

Hoy cometí por ejemplo tres impertinencias, una con un conductor, otra con una persona que me presentaron; es decir sólo fueron dos, pero me duelen como un dolor de estómago. Cometidas por una persona cualquiera, habrían sido insolencias, cuanto más tratándose de mí. Por lo tanto, perdí los estribos, me debatí en el aire, en medio de la neblina, y lo peor de todo fue esto: que nadie advirtió que yo mismo cometía la impertinencia también como una impertinencia contra mis acompañantes, que debía cometerla, debía asumir la expresión apropiada y la responsabilidad correspondiente; lo más triste fue que uno de mis conocidos considera esa insolencia no como una indicación de mi carácter, sino como el carácter en sí, y me llamara la atención sobre ella y la admirara. ¿Por qué no me quedaré dentro de mí mismo? Sin duda ahora pienso: mira, el mundo acepta tus castigos, el conductor y la persona que te presentaron se callan; cuando te fuiste, este último te saludó. Pero eso no quiere decir nada. No puedes conseguir nada si te sales de ti mismo; y mientras tanto, ¿cuántas cosas pierdes dentro de tu círculo? A estas palabras, sólo contestaré: prefiero dejarme golpear dentro de mi círculo, antes que dar yo los golpes fuera de él; pero ¿dónde diablos está ese círculo? En otra época, en verdad, yo lo veía en el suelo, como marcado con cal, pero ahora me parece flotar en torno, no, ya ni siquiera flota.

Noche del cometa, 17-18 de mayo. Estuve con Blei, su mujer y su hijito; de vez en cuando, desde afuera, oía dentro de mí algo parecido al gemido de un gatito, al pasar; pero es siempre lo mismo.

Cuántos días nuevamente trascurridos en silencio; hoy es 28 de mayo. ¿Ni siquiera tengo la voluntad suficiente para tomar en la mano esta lapicera, este trozo de madera, todos los días? Estoy seguro de que no la tengo. Remo, monto a caballo, nado, me tiendo al sol. En consecuencia, las pantorrillas tienen buen aspecto, los muslos no están mal, el vientre es aceptable, pero el pecho es todavía muy miserable, y si mi cabeza hundida entre los hombros...

Domingo, 19 de julio de 1910: dormir, despertar, dormir, despertar, una vida miserable.

—Oye —le dije, dándole un empujoncito con la rodilla (con esta frase repentina se me escapó de la boca un poco de saliva, como un mal augurio)—, no te duermas.

—No me duermo —me contestó, sacudiendo la cabeza mientras abría los ojos—. Si me durmiera, ¿cómo podría vigilarte? ¿Y acaso no tengo que vigilarte?; ¿no es acaso por eso que no te despegaste de mí desde que nos encontramos frente a la iglesia? Sí, ya hace bastante tiempo, lo sabemos, deja en paz ese reloj en tu bolsillo.

—En efecto, es bastante tarde —dije.

Tuve que reírme un poco, y para disimularlo, miré con interés hacia el interior de la casa.

Realmente, ¿te gusta tanto? Entonces, ¿te gustaría mucho subir, te gustaría tanto? Pues dilo, no te morderé. Mira, si crees que allá arriba estarás tanto mejor que aquí, pues entonces sube, en seguida, sin preocuparte por mí. Mi opinión, es decir, la opinión de un transeúnte casual, es que volverás a bajar de inmediato, y que entonces te resultará muy agradable encontrar aquí, de algún modo, a alguien a quien ni siquiera querrás mirar en la cara, y que sin embargo te cogerá por el brazo, te devolverá las fuerzas con un vaso de vino en alguna taberna cercana y luego te llevará a su habitación, que aun siendo tan miserable, todavía posee un par de vidrios que la separen de la noche; por ahora, puedes reírte de esta opinión. En verdad, y esto puedo repetirlo delante de quien quieras, aquí abajo nos va tan mal; sí, en realidad estamos peor que perros, pero en lo que a mí respecta no tiene remedio; que me quedé aquí en la alcantarilla juntando toda el agua de la lluvia, o que con los mismos labios beba champán bajo los candelabros, para mí es lo mismo. Además, ni siquiera puedo elegir entre ambas cosas, realmente no me ocurre nunca nada que pueda llamar la atención; cómo podría ocurrirme, bajo el andamiaje de todas esas ceremonias que me son necesarias, que apenas me permiten arrastrarme como una cucaracha. En cambio tú, quién sabe todo lo que en ti se oculta; tienes coraje, por lo menos crees; haz la prueba, qué te importa; a menudo, si uno presta atención, consigue reconocerse hasta en el rostro del criado que abre la puerta.

—Si yo supiera con seguridad que eres sincero conmigo, hace tiempo que habría subido. Pero ¿cómo saber si eres franco conmigo? Ahora me miras como si yo fuera un niñito, eso no mejora las cosas, sólo consigue empeorarlas. Aunque quizá prefieras empeorarlas. Ya no soporto más el aire de la calle, mi lugar está arriba, entre la gente. Cuando presto atención, me pica la garganta, ahí tienes; además toso. ¿Y acaso sospechas cómo me irá allá arriba? El pie con que entraré en la sala ya se habrá transformado antes de que alce el otro.

—Tienes razón, no soy sincero contigo.

—Sí, me voy, subiré la escalera, aunque tenga que hacerlo con un salto mortal. De esa reunión espero todo lo que falta; sobre todo la organización de mis fuerzas, a las que basta la especie de intensificación que la calle ofrece a este soltero como única posibilidad. A éste le bastaría conservar su físico realmente pobre, proteger su par de comidas diarias, evitar la influencia de los demás, en fin, mantener lo poco que se puede mantener en este mundo que se desintegra. Pero si pierde algo, entonces trata de recuperarlo por la fuerza; por más cambiado, por más debilitado que se esté, por más que no tenga sino la apariencia de lo que antes poseyó (como casi siempre ocurre). Su ausencia es por lo tanto suicida, sólo tiene dientes para su propia carne, y carne para sus propios dientes. Porque cuando uno carece de centro de gravedad, de profesión, de amor, de familia, de renta, es decir, cuando uno no puede oponerse al mundo en las cosas más importantes (sin mayores pretensiones de éxito, naturalmente), cuando no puede engañarlo hasta cierto punto mediante un vasto complejo de posesiones, entonces tampoco puede uno protegerse de esas pérdidas que momentáneamente lo destruyen. Este soltero, con sus ropas livianas, su arte imperatorio, sus piernas resistentes, su temido cuarto de pensión, su existencia en general remendada y que ahora vuelve a la luz después de tanto tiempo, este soltero tiene que sostener todo con los brazos y siempre se le cae algo cuando por casualidad trata de coger alguna otra cosita encontrada por casualidad. Naturalmente, en eso radica la verdad, la más pura de todas las verdades visibles. Porque ese que realmente nos parece el más completo ciudadano, es decir, el que surca el mar en un barco, con espuma delante y una estela detrás, rodeado por un gran alboroto, muy distinto de ese otro que está sobre las olas con su par de maderitas, que hasta se golpean y se sumergen entre sí; él, ese señor y ciudadano, no corre menos peligro, porque él y su propiedad no son uno, sino dos, y quien destruye el vínculo lo destruye también a él. En este sentido, nosotros y nuestros conocidos somos totalmente irreconocibles, porque estamos totalmente ocultos, yo por ejemplo vivo oculto detrás de mi profesión, detrás de mis padecimientos imaginarios o reales, detrás de mis inclinaciones literarias, etcétera.

Pero demasiado a menudo me sumerjo hasta el fondo de mí mismo, y con demasiada intensidad, para poder conformarme aunque sólo fuera a medias. Y apenas permanezco un cuarto de hora ininterrumpido en esa profundidad, ya que me fluye en la boca el mundo ponzoñoso, como el agua en la boca del ahogado.

En este momento no hay casi ninguna diferencia entre el soltero y yo; sólo que yo todavía puedo recordar mi juventud en la aldea, y que tal vez, si así lo deseara, o simplemente si me lo exigiera mi situación, podría lanzarme de nuevo hacia allá. El soltero en cambio no tiene nada por delante, y por lo tanto nada por detrás. En este momento no hay ninguna diferencia entre nosotros, pero el soltero sólo tiene este momento. En aquella época, que hoy ya nadie recuerda, porque nada puede estar más aniquilado que aquella época, en aquella época cometió el gran error, cuando se sumergió para siempre en el fondo de sí mismo, como cuando descubrimos de pronto una úlcera en nuestro cuerpo, que hasta ese momento era lo menos importante de nuestro cuerpo, ni siquiera lo menos importante, porque todavía parecía no existir, y que ahora resulta ser lo más importante de todo, lo único que poseíamos en el cuerpo desde nuestro nacimiento. Si todo nuestro ser se orientaba hasta ahora hacia la labor de nuestras manos, hacia lo que nuestros ojos veían, hacia lo que nuestros oídos oían, hacia los pasos de nuestros pies, desde este momento nos volvemos repentinamente en la dirección opuesta, como una veleta en la montaña.

En vez de huir entonces, aunque sólo hubiera sido en esta última dirección ya que únicamente la huida podía mantenerlo sobre la punta de los pies, y únicamente la punta de los pies podía mantenerlo sobre la tierra, en vez de eso se acostó, como a veces se acuestan en invierno los niños en la nieve, para congelarse. Tanto él como esos niños saben realmente que la culpa es de ellos, por haberse acostado o por haber cedido de algún modo; saben que no hubieran debido hacerlo a ningún precio, pero no pueden saber que después de la trasformación que ahora tiene lugar en ellos, en los campos o en la ciudad, olvidarán toda culpa anterior y toda compulsión, y que se desplazarán en el nuevo elemento como si fuera el antiguo. Pero olvidar no es aquí la palabra adecuada. La memoria de ese hombre ha sufrido hasta ahora tan poco como su imaginación. Pero no pueden mover las montañas, el hombre se queda para siempre fuera de nuestro pueblo, fuera de nuestra humanidad, eternamente hambriento, sólo posee el momento, el infinito momento del sufrimiento, jamás seguido por el destello de un momento de alivio, sólo posee una cosa, para siempre: sus dolores; pero en toda la faz de la tierra no hay otra cosa suya que le sirva de remedio, sólo tiene la tierra que cubren sus pies, sólo el sostén que logran aferrar sus manos; es decir, mucho menos que el trapecista de variedades, debajo de cuyo trapecio han tendido por lo menos una red de seguridad.

Nosotros, realmente, estamos presos entre nuestro pasado y

nuestro porvenir. Nos pasamos todo nuestro tiempo libre y gran parte de las horas de trabajo, en verlo subir y bajar en la balanza. La ventaja del futuro, en cuanto a tamaño, es compensada por el peso del pasado, y en última instancia ya no se diferencian entre sí, la primera infancia se vuelve tan clara como el futuro, y el final del futuro ya ha sido vivido por nuestros suspiros, y por lo tanto es pasado. Así se cierra casi este círculo, sobre cuyo borde nos movemos. Ahora bien, este círculo realmente nos pertenece, pero sólo nos pertenece mientras nos atengamos a él, apenas nos corremos un poco hacia un lado, movidos por una distracción cualquiera, un olvido, un susto, un asombro, un cansancio, y ya lo hemos perdido en los espacios; hasta ahora teníamos la nariz metida en la corriente de las épocas, ahora nos quedamos atrás: antes nadadores, ahora paseantes; y estamos perdidos. Estamos fuera de la ley, nadie lo sabe y sin embargo todos nos tratan como si lo supieran.

—No debes pensar en mí ahora. ¿Y cómo pretendes compararte conmigo? Hace más de veinte años que vivo en la ciudad. ¿Puedes siquiera imaginarte lo que eso significa? Veinte veces he visto pasar cada estación —y agitó la mano sobre la cabeza—. Estos árboles crecieron sobre mí durante veinte años; qué pequeño llega uno a ser debajo de ellos. Y todas esas noches, ¿sabes?, en todas esas casas. De pronto uno se apoya en esta pared, de pronto en aquélla, y la ventana gira en torno de nosotros. Y por las mañanas uno mira por la ventana, aleja la silla de la cama y se sienta para tomar el café. Y por las noches uno apoya el codo y con la mano se sostiene la oreja. Sí, si por lo menos eso no fuera todo. Si por lo menos uno adquiriera algunas costumbres nuevas, como las que pueden observarse todos los días en estas calles... Tal vez ahora te parecerá que pretendo quejarme. Pero no, para qué quejarme; de todos modos, ni una cosa ni la otra me son permitidas. Todavía me quedan mis paseos, y eso debería bastarme; no hay ningún lugar en el mundo donde no pueda dar mis paseos. Pero ahora podría parecer nuevamente que me vanaglorio de todo esto.

—Entonces no me preocupo. No debí quedarme frente a la casa.

—Por lo tanto, no te compares conmigo en ese sentido, y no

te dejes atemorizar por mis palabras. Después de todo eres un adulto, y además pareces estar bastante abandonado en la ciudad. No me falta mucho para estarlo. Mi esencia protectora parece disolverse en la ciudad; los primeros tiempos me sentía muy bien, porque esa disolución acaece como una especie de apoteosis, y durante esa apoteosis todo lo que nos ataba a la vida desaparece, pero aun al desaparecer nos ilumina por última vez con su luz humana. Así me encuentro ahora ante este soltero, y es muy probable que él me quiera por eso, aunque sin comprender claramente el motivo. De vez en cuando, sus palabras parecen indicar que se conoce perfectamente a sí mismo, que sabe quién está delante de él y que por lo tanto puede permitirse cualquier cosa. No, sin embargo, no es así. El preferiría mucho más encarar de esta manera a todo el mundo, porque sólo puede vivir como un parásito o como un ermitaño. Sólo es ermitaño por obligación, y en cuanto esta obligación desaparece bajo el influjo de fuerzas que le son desconocidas, ya es un parásito, que aprovecha toda oportunidad para mostrarse insolente. Por supuesto, ya nada en el mundo puede salvarlo, y por eso su conducta nos hace pensar en el cadáver de un ahogado, arrastrado por una corriente hasta la superficie, que choca con algún nadador fatigado, y trata de aferrarse a él. El cadáver no vuelve a la vida, en realidad ni puede ser salvado, pero en cambio puede hundir consigo al nadador.

27 de noviembre. Lectura de obras de Bernhard Kellermann, por el autor. "Algunas páginas inéditas de mi pluma", así empezó. Aparentemente, un hombre simpático, de pelo hirsuto y casi gris, cuidadosamente afeitado, nariz puntiaguda; sobre los pómulos, la carne de las mejillas ondula a menudo como una ola. Es un escritor mediocre, con aciertos parciales (un hombre sale al corredor, tose y mira en torno para ver si no hay nadie); además, es un hombre honesto, que quiere leer lo que ha prometido, pero el público no lo deja, asustado por el primer relato sobre un sanatorio de enfermos mentales, y aburrido por su manera de leer; todos se van, a pesar del suspenso barato del cuento, desfilan incesantemente, uno por uno, con prisa, como si hubiera otra conferencia al lado. Cuando después de leer el primer tercio del relato bebió un poco de agua mineral, se fue una cantidad de gente. Se asustó. "Ya terminó", mintió descaradamente. Cuando terminó, todos se pusieron de pie, hubo algunos aplausos que sonaron como si alguien se hubiera quedado sentado entre todos los que estaban de pie, y aplaudiera para sí. Kellermann quería seguir leyendo otro cuento, quizá varios más. Pero ante la dispersión general del público sólo atinó a abrir la boca. Finalmente, después de hacerse aconsejar, dijo: "Todavía podría leerles con mucho gusto un cuentito, que sólo dura quince minutos. Haré ahora un intervalo de cinco minutos." Algunos se quedaron, y a continuación leyó un cuento que en ciertos momentos justificaba a cualquiera que hubiera decidido salir corriendo desde el rincón más alejado de la sala, a través y por encima de todos los oyentes.

15 de diciembre. No puedo de ningún modo seguir creyendo en las conclusiones que hasta ahora deducía de mi estado de ánimo, un estado que dura desde hace ya casi un año, y que es demasiado serio para permitirme esas conclusiones. Realmente, ni siquiera sé si puedo decir que no es un nuevo estado. Mi verdadera opinión es ésta: que es un estado nuevo; he conocido otros similares, pero nunca uno igual. Sí, soy como de piedra, como si fuera mi propia lápida sepulcral, sin el menor intersticio para la duda o para la fe, para el amor o para la repulsión, para el coraje o para el temor en particular o en general; sólo subsiste una vaga esperanza, pero con menos vida que las inscripciones de las lápidas fúnebres. Casi ninguna palabra que escribo concuerda con otra; las consonantes se entrechocan con ruido de latas, y las vocales cantan como negros de feria. Mis dudas envuelven cada palabra, las veo antes de ver la palabra; pero ni eso, no veo de ningún modo las palabras, las invento. Esto no sería la peor desgracia, realmente, si pudiera inventar palabras capaces de alejar en alguna dirección ese olor cadavérico, para que no nos diera directamente en la cara a mí y al lector. Cuando me siento ante mi escritorio, mis sensaciones corresponden a las de un hombre que se cae en medio de la Place de l'Opéra y se rompe las dos piernas. Todos los coches se precipitan silenciosamente hacia él, a pesar de su estrépito, desde todos lados y hacia todos lados, pero el dolor de ese hombre mantiene el orden mejor que la policía; le cierra los ojos, vacía la plaza y las calles; no es necesario que los vehículos se hagan a un lado. El excesivo movimiento lo aflige, porque en realidad su presencia es una obstrucción para el tránsito, pero el vacío no es menos afligente, porque pone en libertad su verdadero dolor.

16 de diciembre. No abandonaré más este diario. Debo aferrarme a él, ya que no puedo aferrarme a otra cosa. Me gustaría explicar el sentimiento de felicidad que de vez en cuando siento en mí, como ahora. Es realmente algo efervescente, algo que me colma completamente con livianos y agradables estremecimientos, y me persuade de ciertas aptitudes, de cuya inexistencia puedo en cualquier momento, en este mismo momento, convencerme con absoluta certeza.

17 de diciembre. El hecho de haber tirado y tachado la mayor parte de lo que escribí durante este año, en realidad casi todo me resulta ahora un obstáculo para seguir escribiendo. Es en verdad una montaña, cinco veces más voluminosa que todo lo que había escrito hasta ahora, y su magnitud basta para arrastrar hacia sí todo lo que mi pluma escribe.

18 de diciembre. Si no fuera indudable que el motivo que me induce a dejar las cartas (aun aquellas cuyo contenido es previsiblemente insignificante, como ésta que tengo aquí delante) sin abrir durante cierto tiempo radica en mi debilidad y en mi cobardía, que titubean en abrir una carta como titubearían en abrir la puerta de una habitación donde alguien tal vez impaciente me espera, podría entonces explicar mucho mejor ese desdén epistolar como una demostración de firmeza de carácter. Es decir, suponiendo que yo fuera una persona de carácter firme, debería tratar de prolongar todo lo que se refiere a la carta, y por lo tanto abrirla, con lentitud, leerla despacio y repetidas veces, considerarla largamente, preparar la versión definitiva mediante muchos borradores, y finalmente demorarme en el envío de la respuesta. Todo esto está a mi alcance, lo único que no puedo evitar es la llegada repentina de la carta. Por lo tanto, retardo también esto de una manera artificial, tardo mucho en abrirla; continuamente se me ofrece, continuamente la recibo, pero no la acepto.

Once y treinta de la noche. Que si no me libero de la oficina estoy simplemente perdido, es para mí una verdad de claridad meridiana; sólo se trata de mantener mientras pueda la cabeza erguida para no ahogarme. Hasta qué punto esto será difícil, la cantidad de energías que esto me absorberá, lo demuestra desde ya el hecho de que hoy no haya podido cumplir con mi nueva resolución de escribir desde las ocho hasta las once, de que en este momento ni siquiera lo considere un desastre tan grande, y de que sólo escriba rápidamente estas pocas líneas para poder ir a acostarme.

19 de diciembre. Empecé a trabajar en la oficina. Por la tarde, en casa de Max.

Leí un poco el diario de Goethe. La lejanía inmoviliza e impregna de serenidad su vida, estos diarios la incendian. La claridad de todos los acontecimientos la vuelve misteriosa, así como la verja de un parque descansa la vista que contempla vastos céspedes, inspirándonos sin embargo un espurio respeto.

En este momento llega por primera vez de visita mi hermana casada.

20 de diciembre. ¿Con qué me perdonaré la observación de ayer sobre Goethe (casi tan falsa como el sentimiento que describe, ya que el sentimiento real huyó ante la llegada de mi hermana)? Con nada. ¿Con qué me perdonaré no haber escrito nada en todo el día? Con nada. Sobre todo porque hoy no estoy tan mal predispuesto como de costumbre. Continuamente oigo una voz en mi oído: "¿Cuándo llegarás, invisible sentencia?"

25 de diciembre... de los casilleros abiertos surjan colecciones de periódicos viejos, catálogos, tarjetas postales, cartas, parcialmente rotos, parcialmente abiertos, en forma de escalera; esta indigna situación arruina todo. Algunas cosas relativamente enormes aparecen en la platea con la máxima actividad posible, como si en los teatros se permitiera que los comerciantes pongan al día sus libros en la sala, que los carpinteros claven, que el oficial blanda el sable, que el sacerdote se dirija a los corazones, el erudito a la razón, el político al espíritu ciudadano, que los enamorados no se contengan, etc. En mi escritorio sólo se yergue el espejo de afeitarse tal como se lo coloca para dicha operación; el cepillo de la ropa yace con sus cerdas sobre el pupitre; el portamonedas abierto, en caso de que se me ocurra pagar; en el llavero asoma una llave lista para funcionar, y la corbata todavía está semienroscada al cuello que acabo de sacarme. El casillero siguiente, encima del anterior, ya angostado por los cajoncitos laterales cerrados, no es más que un cuarto de desperdicios, como si el primer balcón de la sala de espectáculos, en realidad el lugar más visible del teatro, estuviera reservado a la gente más vulgar, a los viejos verdes cuya suciedad emerge poco a poco de adentro hacia afuera, groseros patanes que dejan colgar los pies por encima de la baranda del palco. Familias con tantos hijos que uno se reduce a mirarlos sin contarlos, exhiben aquí la suciedad de los cuartos de los niños pobres (ya chorrea hacia la platea); en el fondo, en la oscuridad, están sentados los enfermos incurables; por suerte sólo se los ve cuando uno ilumina especialmente la zona, etc. En este estante yacen viejos papeles que yo habría tirado hace tiempo si tuviera una cesta de papeles, lápices con la punta rota, una caja de fósforos vacía, un pisapapeles de Karlsbad, una regla con un canto cuya irregularidad sería excesiva para calle de campo, algunos botones de cuello, hojitas de afeitar usadas (no hay lugar en el mundo para ellas), una traba de corbata, y otros pisapapeles más. En el estante de arriba...

Desdichado, desdichado, y sin embargo con buenas intenciones. Ya es medianoche, pero como dormí muy bien, esto sólo es una excusa si se considera que durante el día no había escrito nada. La luz eléctrica encendida, la casa silenciosa, la oscuridad exterior, los últimos instantes de vigilia, me dan el derecho de escribir; aunque sea escribir cosas miserables. Y utilizo apresuradamente ese derecho. Ese soy yo.

26 de diciembre. Hace dos días y medio que estoy casi completamente solo, y aunque no me he trasformado, estoy en camino de hacerlo. Estar solo tiene sobre mí un influjo que nunca falla. Mi interior se disuelve (por ahora sólo superficialmente) y se pone en situación de dejar surgir lo más profundo. Progresivamente, mi interior se ordena un poco, y más no necesito, porque para un talento pequeño lo peor es el desorden.

27 de diciembre. Mis fuerzas no alcanzan para una sola frase más. Sí, si sólo se tratara de palabras, si bastara enunciar una palabra para que uno pudiera alejarse con la tranquila convicción de haberla llenado enteramente de sí mismo.

Perdí parte de la tarde durmiendo; cuando estaba despierto descansaba en el sofá, recordando algunas experiencias amorosas de mi juventud, demorándome con despecho en una ocasión desperdiciada (estaba resfriado, en cama, y mi niñera me leía *La Sonata de Kreutzer*, con la intención de aprovechar mi turbación), imaginando mi cena vegetariana, conforme con mi digestión, y preguntándome con temor si la vista me duraría toda la vida.

1911

12 de enero. Durante estos últimos días me abstuve de escribir muchas cosas que me atañen, en parte por pereza (ahora duermo tanto de día, y tan profundamente; mientras duermo soy más pesado), en parte también por el temor de traicionar la conciencia que tengo de mí mismo. Este temor se justifica, porque sólo es permisible fijar literariamente la conciencia que uno tiene de sí mismo, cuando se lo hace con la más absoluta integridad hasta en sus menores consecuencias incidentales, así como con perfecta veracidad. Porque si esto ocurre, y de todos modos yo no sería capaz de tanto, lo escrito sustituye, por propia decisión y con el vasto poder de lo ya fijado, lo que sólo vagamente se ha sentido, de tal manera, que el sentimiento verdadero desaparece, y uno comprueba, demasiado tarde ya, la invalidez de lo apuntado.

17 de enero. Max me leyó el primer acto de *Abschied von der Jungend*. Cómo podría yo, tal como soy ahora, ponerme a la altura de eso; tendría que hurgar en mí durante un año, por lo menos, antes de descubrirme una emoción verdadera, y sin embargo se supone que tengo algún derecho de quedarme hasta altas horas sentado en el café, torturado por la flatulencia incesante de una digestión que a pesar de todo es pésima, frente a una obra tan grande.

19 de enero. Ya que según parece estoy totalmente acabado, de pies a cabeza —en todo el año pasado no estuve despierto durante más de cinco minutos—, deberé, día tras día, o desear alejarme de una vez del mundo, o, sin entrever en el intento siquiera la más moderada esperanza, empezar desde el principio como una criatura. Exteriormente, esto me será más fácil que antes, porque en aquellos tiempos yo me esforzaba todavía, con un débil presentimiento, por lograr una obra representativa que estuviera ligada palabra por palabra a mi vida, que yo pudiera apretar contra el pecho y que me trasportara hacia otras alturas. Con qué desesperación (por supuesto, nada comparable con mi desesperación actual) empecé. Qué sensación de frío me perseguía el día entero, un frío que surgía de lo que yo había escrito. Qué grande era el peligro, y con qué constancia operaba, para que yo no sintiera de ningún modo ese frío, lo que después de todo no disminuía casi nada mi desdicha.

Una vez imaginé una novela, donde dos hermanos luchaban entre sí; uno se iba a América, mientras el otro se quedaba en una cárcel europea. Empecé a escribir algunas líneas, de vez en cuando, porque inmediatamente me cansaba. Es así como una tarde de domingo que estábamos de visita en casa de mis abuelos y yo había comido un trozo de pan con manteca, un pan notablemente tierno que era habitual en aquella casa, escribí algo relativo a mi cárcel. Es posible que lo hiciera sobre todo por vanidad, y que al mover el papel sobre el escritorio, al hacer ruido con el lápiz, al mirar hacia todas partes bajo la lámpara quisiera atraer a alguien que me pidiera lo escrito para mirarlo y admirarme. En esas pocas líneas describía principalmente el corredor de la cárcel, sobre todo su silencio y su frialdad; decía también alguna palabra compasiva sobre el hermano que se había quedado, porque era el hermano bueno. Tal vez tuviera momentáneamente la sensación de la falta de valor de mi descripción, pero antes de aquella tarde nunca me había preocupado mucho por esas sensaciones, sentado entre mis parientes, a los que estaba habituado (mi timidez ante todo era tan grande que bastaba lo habitual para hacerme sentir casi feliz), junto a esa mesa redonda en esa habitación tan conocida, sin poder olvidar que era joven y que de esa tranquilidad presente llegaría alguna vez a grandes cosas. Un tío, bastante burlón, cogió finalmente esa página que yo apenas sostenía entre los dedos, y se redujo a decir a los demás que lo seguían con la mirada: "lo de siempre"; a mí no me dijo nada. Me quedé por cierto sentado, y seguí inclinado como antes sobre mi página evidentemente inútil, pero en realidad me habían echado con un solo empujón de la sociedad; el veredicto de mi tío resonaba en mí con un sentido ya casi real, y aun en medio del ambiente familiar tuve una vislumbre de los espacios helados de nuestro mundo, que yo me vería obligado a calentar con un fuego que ante todo debía procurar.

19 de febrero. Hoy, cuando quise levantarme de la cama, me caí simplemente al suelo. Esto tiene una explicación muy sencilla: estoy totalmente exhausto por el trabajo. No el trabajo de la oficina, sino mis otras ocupaciones. La oficina sólo tiene esta parte inocente de culpa: que si yo no tuviera que ir, podría vivir tranquilamente para mi trabajo y no perdería esas seis horas diarias, que me han hecho sufrir hasta un punto que usted no puede imaginarse, sobre todo el viernes y el sábado, cuando estaba tan absorto por mis propias cosas. Mirándolo bien, lo sé perfectamente, esto es pura conversación, la culpa es mía y todas las exigencias de la oficina son claras y justificadas. Pero esto representa para mí una espantosa doble vida, que probablemente no tenga otra vía de escape que la locura. Escribo esto a la clara luz de la mañana, y le aseguro que no lo escribiría si no fuera tan cierto y si no lo quisiera a usted como un hijo.

Por lo demás, mañana estaré seguramente bien y volveré a la oficina, donde lo primero que oiré decir es que usted ha pedido que me trasladen a otro departamento.

19 de febrero. La naturaleza insólita de mi inspiración, bajo cuyo influjo yo, el más desdichado y el más dichoso de los seres, debo ir a acostarme a las dos de la madrugada (tal vez perdure, si consigo soportar su idea, porque es más elevada que todas las que conocí anteriormente), es tal que puedo todo, no sólo lo que se refiere a una obra determinada. Cuando escribo arbitrariamente una frase como ésta: "Miró por la ventana", ya es perfecta.

20 de febrero. Las cartas de juventud de Kleist, a los veintidós años. Abandona la carrera militar. En su casa le preguntan: "Y ahora, ¿a qué te dedicarás para ganarte el pan?", ya que eso se daba por sentado. "Tienes que elegir entre la jurisprudencia y la economía política. Pero, ¿dispones de alguna influencia en la corte?" "Al principio lo negué, un poco desconcertado, pero luego declaré con tanto más orgullo que aun en el caso de disponer de esas influencias, de acuerdo a mis ideas actuales me avergonzaría utilizarlas. Se rieron; comprendí que me había precipitado un poco. Hay que tener mucho cuidado al decir ese tipo de verdades."

26 de agosto. Uno cree que se lo describe correctamente; pero es una mera aproximación, corregida por el Diario.

9 de octubre. Si alguna vez llegara a los cuarenta años, probablemente me casaría con una solterona de incisivos superiores protuberantes, parcialmente descubiertos por el labio de arriba. Los incisivos superiores de la señorita K., que estuvo en París y en Londres, están torcidos el uno hacia el otro, como dos piernas ligeramente cruzadas a la altura de las rodillas. Pero es difícil que llegue a los cuarenta años; me lo dice por ejemplo la tensión que a menudo siento en la mitad izquierda del cráneo, que se me antoja una especie de lepra interna, y que, si hago abstracción del malestar y sólo decido observarlo, me produce la sensación de esos cortes trasversales del cráneo en los libros de texto, o de una disección indolora del cuerpo vivo, donde el cuchillo, un poco refrescante, cuidadoso, deteniéndose a menudo, volviéndose atrás, y de vez en cuando descansando, recortara constantemente membranas finas como el papel muy cerca de sectores del cerebro en plena actividad.

31 de octubre. Para no olvidarlo, en el caso de que mi padre volviera a llamarme alguna vez mal hijo, dejo constancia de que delante de varios parientes, sin mayor motivo, simplemente para afligirme, tal vez con la intención de salvarme, dijo que Max era un *meschuggenen Ritoch*; constancia de que ayer, mientras se encontraba Löwy en mi cuarto, sacudiendo el cuerpo y torciendo la boca irónicamente, se refirió a esas personas extrañas que aparecían en la casa, ¿qué podía interesarnos en un desconocido, para quién sirven esas inútiles relaciones?, etcétera. Sin embargo, no debería haberlo escrito, porque mientras lo escribía casi he llegado a odiar francamente a mi padre, cuando hoy no me ha dado ningún motivo para ese odio, demasiado desproporcionado en comparación con lo que según lo que yo mismo escribí dijo mi padre, por lo menos contra Löwy, y este sentimiento de odio se acrecienta porque ya no puedo recordar qué era lo esencialmente malvado en el comportamiento de ayer de mi padre.

2 de noviembre. Esta mañana, por primera vez desde hace mucho tiempo, nuevamente la alegría de imaginarme un cuchillo que me escarba el corazón.

En los diarios, al hablar, en la oficina, el carácter violento del lenguaje nos extravía a menudo, y también la esperanza, nacida de una debilidad momentánea, de una iluminación repentina y por lo tanto más poderosa en el mismo momento siguiente, o simplemente una fuerte confianza en sí mismo, o mero descuido, o una fuerte impresión presente que uno quiere a toda costa trasladar al futuro, o la creencia de que el verdadero entusiasmo presente justifica toda confusión futura o la alegría ante esas frases que se elevan un poco en el medio gracias a una o dos sacudidas y que nos abren gradualmente la boca en toda su amplitud, aunque luego la obligan a cerrarse demasiado rápida y tortuosamente, o el vestigio de la posibilidad de un juicio decisivo y claro, o el esfuerzo de prolongar el curso del discurso que ya realmente ha terminado, o el deseo de abandonar apresuradamente el tema, si es necesario sin ninguna consideración, o la desesperación, que busca una vía de escape para su pesado aliento, o la nostalgia de una luz sin sombras; todo esto nos puede impeler a escribir frases como: "El libro que acabo de leer es el más hermoso que leí en mi vida" o "Es el más hermoso de todos los libros que he leído".

5 de noviembre. Intento escribir, con un temblor constante en la frente. Estoy en mi habitación, en el mismo cuartel general del estrépito de toda la casa. Oigo cerrarse todas las puertas; sólo su ruido me evita oír los pasos de los que corren entre ellas; hasta oigo el ruido de la puerta del horno en la cocina. Mi padre irrumpe en mi cuarto y pasa arrastrando su bata por el suelo; en la habitación contigua rasquetean las cenizas de la estufa; Valli pregunta a gritos en medio del vestíbulo como si estuviera en el medio de una calle de París, si ya han cepillado el sombrero de mi padre; un chistido que pretende serme amistoso suscita el estruendo de una voz que protesta. Descorren el cerrojo de la puerta de entrada, que chirría como si tuviera un catarro en la garganta, luego sigue abriéndose con el breve canto de una voz femenina, y se cierra con una sorda sacudida masculina, que resuena con la más absoluta falta de consideración. Mi padre se ha ido; ahora empieza el ruido más delicado, más distribuido, más desesperante, dirigido por la voz de los dos canarios. Ya lo había pensado antes, pero al oír la voz de los canarios vuelve a ocurrírseme que podía abrir una hendija de la puerta, arrastrarme como una víbora al cuarto contiguo y desde el suelo rogar a mis hermanas y a su gobernanta que se callen.

La amargura que sentí ayer por la tarde cuando Max leyó en casa de Baum mi cuentito del automóvil. Me sentía aislado de todos; frente al cuento, por así decir, con la barbilla contra el pecho. Las frases desordenadas, con lagunas donde uno podría meter ambas manos; una altisonante, otra grave, al azar; una frase se frota contra la otra, como la lengua contra un diente falso o cariado; una aparece marchando con un impulso tan violento que todo el cuento se hunde en hosco asombro; una soñolienta imitación de Max (reproches acallados - animados) se insinúa zigzagueando; a veces parece el primer cuarto de hora de una lección de baile. Trato de explicármelo alegando que dispongo de demasiado poco tiempo y tranquilidad para emplear a fondo todas las posibilidades de mi talento. Por eso, constantemente, sólo aparecen las promesas de algo logrado, sin ilación; por ejemplo, este conjunto de inconexas promesas que constituyen todo el cuento del automóvil. Si alguna vez pudiera escribir algo importante y completo bien construido desde el principio hasta el final, entonces el relato ya no se podría separar de mí, finalmente podría oír su lectura con tranquilidad y con los ojos abiertos, como consanguíneo de una obra sana; pero así, en cambio, cada partecita del relato corre por ahí perdida y me empuja en la dirección opuesta. Y podría considerarme satisfecho, además, si esta explicación fuera exacta.

14 de noviembre. Despertar una mañana de otoño, de luz amarillenta. Precipitarse por la ventana apenas entreabierta y todavía frente a los vidrios, antes de caer, flotar, con los brazos extendidos, con el vientre arqueado, las piernas curvadas hacia atrás, como los mascarones de proa de los barcos antiguos.

Antes de quedarme dormido.

Parece tan terrible quedarse soltero, ser un viejo que tratando trabajosamente de conservar su dignidad suplica una invitación cada vez que quiere pasar una velada en compañía de otras personas; traerse la cena a casa en la mano, no poder esperar a nadie ociosamente con tranquila confianza; no poder hacer regalos sino con dificultad o con alguna vejación, despedirse frente a la puerta de calle, no poder jamás subir corriendo una escalera al lado de su mujer, estar enfermo y no tener más consuelo que lo que se ve por la ventana, si uno puede levantarse; sólo tener en la habitación puertas laterales, que dan a casas de desconocidos, sentirse alejado de su familia, con la que sólo se mantienen relaciones a través del matrimonio, primero gracias al de sus padres, luego, cuando el efecto de éste se ha disipado, gracias al suyo propio; tener que admirar a los niños de los demás y no poder seguir repitiendo: yo no tengo, y como nadie crece en torno de uno, sentir una invariable sensación de vejez;

modelar su aspecto y su proceder de acuerdo a uno o dos solterones que uno conoció cuando era niño. Todo esto es cierto, pero se comete muy fácilmente el error de despegar demasiado ante los ojos los padecimientos futuros, de manera que la mirada se pierda más allá de ellos y no vuelva nunca más, cuando en realidad hoy y después uno será uno mismo, con un cuerpo y una cabeza reales, y también una frente, para poder golpeársela con la mano.

Ahora intentaré un esbozo de introducción para *Ricardo y Samuel*.

15 de noviembre. Anoche, ya con un presentimiento, corrí la frazada de mi cama, me acosté y volví a tener conciencia de todas mis facultades, como si las tuviera en la mano; me distendían el pecho, me inflamaban la cabeza; durante un momento, para consolarme porque no me levantaba para trabajar, me repetí: "Eso no puede ser sano, no puede ser sano", y con una decisión casi visible quise correr el sueño sobre mi cabeza. Pensaba todo el tiempo en una gorra con visera, que para protegerme mi mano vigorosa corría sobre mi frente. Cuánto perdí anoche, cómo latía la sangre en mi cabeza, capaz de cualquier cosa, y sólo retenido por fuerzas que son indispensables para mi vida misma y que de ese modo se malgastan.

Es indudable que todo lo que se me ha ocurrido hasta ahora, aun en excelente estado de espíritu, ya sea palabra por palabra o simplemente al azar, pero en palabras ya explícitas, se vuelve en el papel, cuando trato de escribirlo, seco, equivocado, duro, molesto para todos los que me rodean, tímido, pero sobre todo incompleto, aunque no se me haya olvidado nada de la inspiración original. Naturalmente, esto se debe en parte a la circunstancia de que yo sólo concibo algo bueno lejos del papel, en momentos de exaltación, más temibles que deseables, aunque también los deseo ansiosamente; pero entonces la plenitud es tal, que tengo que darme por vencido; ciegamente, al azar, aferro lo que puedo de ese torrente, de modo que lo que consigo al escribir no se puede comparar con la plenitud de la exaltación, es incapaz de reproducir esa plenitud, y por lo tanto es malo, y perturba, porque seduce inútilmente.

16 de noviembre. Hoy a mediodía, antes de dormirme, aunque en realidad no pude dormirme, yacía sobre mí el torso de una mujer de cera. Su cara estaba inclinada sobre la mía, su antebrazo derecho me apretaba el pecho.

Tres noches sin dormir; ante el menor intento de hacer algo, me quedo inmediatamente exhausto.

De un viejo cuaderno de notas: "Esta noche, después de haber estudiado todo el día desde las seis de la mañana hasta ahora, advierto que desde hace un rato mi mano izquierda ha aferrado la derecha por los dedos, por compasión."

21 de noviembre. Mi antigua niñera, la de color amarillo negruzco, nariz cuadrada y un lunar en alguna parte de la mejilla, que en esa época me encantaba, vino hoy por segunda vez a casa para verme. La primera vez no estaba en casa, esta vez quería que me dejaran tranquilo y dormir, y les hice decir que no estaba. ¿Por qué me habrá educado tan mal?, sin embargo yo era dócil, acaba de decir en estos momentos en el vestíbulo a la cocinera y a la gobernanta, era de carácter tranquilo y bueno. ¿Por qué no supo utilizar esas ventajas y prepararme un porvenir? Está casada o viuda, tiene hijos, habla con vivacidad, lo que no me deja dormir, cree que soy un caballero alto y fuerte, en la hermosa edad de los veintiocho años, a quien le gusta recordar su infancia y que en general sabe qué hacer consigo mismo. Aquí estoy en cambio, en el sofá, echado del mundo a puntapiés, anhelando el sueño que no quiere venir y que cuando venga será peor que un castigo; me duelen las articulaciones de cansancio, mi cuerpo seco se encamina temblando hacia la ruina, entre tumultos que no se atreve a poner en claro, con asombrosas sacudidas en la cabeza. Y ahí están las tres mujeres, ante mi puerta, una me elogia, tal como era, dos, tal como soy. La cocinera dice que me iré inmediatamente —quiere decir sin rodeos— al cielo. Así será.

Es evidente que mi estado físico constituye un obstáculo fundamental para mi progreso. Con semejante cuerpo es imposible llegar a nada. Tendré que acostumbrarme a sus constantes renuncias. A causa de las últimas noches, llenas de arrebatados sueños, en las que apenas si he dormido a trechos, me he sentido esta mañana tan falto de coherencia; no sentía otra cosa que mi frente, veía un estado medianamente soportable, situado mucho más allá del actual, y me hubiera gustado acurrucarme sobre las losas de cemento del corredor, con las actas en la mano, de tan dispuesto como estaba a morir. Mi cuerpo es demasiado largo para sus flaquezas, no tiene la menor cantidad de grasa para producir un calor beneficioso, para preservar el fuego interior, ninguna grasa de la que el espíritu pudiese alimentarse al margen de las necesidades diarias más indispensables, sin perjudicar el conjunto. ¿Cómo puede mi débil corazón, que a menudo me ha atormentado últimamente, impulsar la sangre a través de toda la extensión de estas piernas? Bastante trabajo debe tener para hacerla llegar hasta las rodillas, y luego ella se limita a irrigar las frías pantorrillas con una fuerza senil. Y he aquí que ahora vuelve a ser necesaria en la parte de arriba; uno espera que suba, pero ella se desperdicia allá abajo. La longitud del cuerpo hace que todo se desperdigue. ¿Qué rendimiento puede dar si —aunque fuese más compacto— tal vez no tendría fuerzas suficientes para lo que yo quiero conseguir?

3 de diciembre. La desdicha del hombre soltero es tan fácilmente adivinada por el mundo que lo rodea, ya sea real o aparente, que en todo momento maldecirá su decisión, sobre todo si se ha quedado soltero porque le gustan los secretos. Es verdad que se pasea con el sobretodo cerrado, las manos en los bolsillos, los codos hacia afuera, el sombrero bien metido en la cabeza, una falsa sonrisa ya inveterada que debería proteger su boca como los anteojos protegen los ojos, el pantalón demasiado angosto para unas piernas tan delgadas. Pero todos saben lo que le pasa, podrían detallarle sus sufrimientos. Lo envuelve un frío que proviene del interior, hacia donde mira justamente con la mitad más triste de su doble cara. Emigra por así decir constantemente, pero con previsible regularidad. Cuanto más se aleja de los vivos, tanto más pequeño es el espacio que los demás le asignan como necesario, y es para esos vivos para quienes —y esto es lo más doloroso— tiene que trabajar como un esclavo consciente, que no se atreve a expresar su conciencia. Mientras los demás, aunque se hayan pasado la vida entera en un lecho de enfermo, no se consideran vencidos hasta que los vence la muerte, porque si bien su propia debilidad los habría abatido hace tiempo, se mantienen, gracias a sus parientes, vivos, sanos y fuertes, ya sean consanguíneos o por alianza, él, el soltero, se resigna aparentemente por su propia voluntad y en plena vida a un espacio cada vez más pequeño, y si muere, le basta con el ataúd.

Hace poco, cuando leí a mis hermanas la *Autobiografía* de Mörike, empecé bastante bien, pero seguí cada vez mejor, y finalmente, con las puntas de los dedos juntas, hice a un lado con mi voz tranquila y uniforme los obstáculos interiores, proporcioné a mi voz un panorama cada vez más vasto, y en última instancia toda la habitación que me rodeaba se negó a admitir nada que no fuera únicamente mi voz. Hasta que hicieron sonar la campanilla mis padres que volvían del negocio.

Antes de dormirme, sentí sobre mi cuerpo el peso de los puños en mil livianos brazos.

9 de diciembre. Stauffer-Bern: "La dulzura de la creación nos engaña en lo que respecta a su verdadero valor."

Cuando uno se somete a un volumen de cartas o de memorias, no importa quién sea su autor, en este caso Karl Stauffer-Bern, uno no se lo apropia por sus propios medios, porque para eso se requiere arte y el arte se recompensa a sí mismo, sino que más bien uno se deja arrastrar —si no se ofrece resistencia, esto ocurre inmediatamente— por la concentrada personalidad del otro, hasta convertirse en una especie de réplica suya; entonces ya no es tan extraordinario que al volver a ser uno mismo, en el momento de cerrar el libro, uno se sienta mejor y con la cabeza más despejada después de esa excursión y esa recreación, dentro de su propio ser, nuevamente descubierto, nuevamente agitado, contemplado durante un instante desde lejos.

Sólo más tarde puede asombrarnos que esas experiencias de la vida de un extraño, a pesar de su vivacidad, estén exactamente descriptas en el libro, cuando sabemos muy bien por propia experiencia que nada está más alejado de una experiencia, por ejemplo el pesar por la muerte de un amigo, que la descripción de esa experiencia. Pero es claro que lo que es correcto para nosotros, no lo es para otro. Cuando no podemos satisfacer con nuestras cartas nuestros sentimientos —naturalmente, esta imposibilidad presenta una cantidad de matices, que en ambas direcciones se confunden entre sí—, cuando debemos recurrir constantemente a la ayuda, aun en nuestros mejores momentos, de expresiones como "indescriptible" o "indecible", o a un "tan triste" o "tan hermoso", seguidos por una frase rápidamente ruinosa iniciada por un "que", entonces gozamos como una compensación de la facultad de comprender lo escrito por lo demás con la tranquila exactitud que nos falta, por lo menos en grado suficiente, cuando juzgamos nuestras propias cartas. El desconocimiento en que nos encontramos con respecto a esos sentimientos que nos obligan ante una carta a romperla o estrujarla y luego a destrujarla, justamente ese desconocimiento se convierte en comprensión, ya que nos vemos obligados a limitarnos a la carta que tenemos por delante, a creer solamente lo que vemos en ella, y a encontrar que está perfectamente expresado y que la expresión es igualmente perfecta; lo que es de esperar, si queremos ver sin trabas el fondo de lo humano. Es así como las cartas de Karl Stauffer, por ejemplo, sólo constituyen un relato de la breve vida de un artista...

10 de diciembre. Domingo. Tengo que ir a visitar a mi hermana y a su hijito. Anteayer, cuando mi madre volvió a la una de la mañana de casa de mi hermana, con la noticia del nacimiento de la criatura, mi padre se lanzó por la casa en camisón, abrió todas las puertas, me despertó, así como a la criada y a mis hermanas, y anunció el nacimiento como si el niño no sólo hubiera nacido, sino también vivido una vida respetable y ya le hubieran enterrado.

13 de diciembre. Estaba tan cansado que no escribí, y me

quedé acostado sobre el sofá en el cuarto alternativamente caliente y frío, con las piernas doloridas y sueños repugnantes. Un perro estaba acostado sobre mi cuerpo, con una pata cerca de mi cara; me desperté, pero temí durante un momento cerrar los ojos y volver a verlo.

18 de diciembre. Soy impuntual, porque no siento los padecimientos de la espera. Espero como una vaca. En efecto, siento que en ese momento mi existencia inmediata tiene algún propósito, aunque éste sea bastante dudoso; me vanaglorio tanto de mi debilidad, que soy capaz de soportar con gusto cualquier cosa por ese propósito, una vez que lo encuentro. Si estuviera enamorado, de qué no sería capaz. Las horas que esperé hace unos años bajo la pérgola de la Plaza de Altstadt, hasta ver pasar a M., aun para verla pasar con su novio. He llegado tarde a muchas citas, en parte por descuido, en parte porque desconocía las angustias de la espera, pero también en parte para satisfacer el nuevo y complicado propósito de una renovada e insegura búsqueda de las personas con las que me había citado, y además la posibilidad de una larga e insegura espera. Considerando que cuando era niño la espera me producía una notable angustia nerviosa, se podría suponer que estaba destinado a algo mejor, pero que preveía mi futuro.

No tengo ni tiempo ni oportunidad de permitir a mis buenos momentos un desarrollo mental; en cambio los malos tienen más de lo que desean. En este instante padezco uno de esos estados, que según puedo calcular por el diario ya dura unos nueve, casi diez días. Ayer volví a acostarme una vez más con la cabeza ardiente; ya pretendía alegrarme de haber pasado el mal período, y empezaba a temer que dormiría mal. Pero todo fracasó, dormí bastante bien y me desperté pésimamente.

23 de diciembre. Una ventaja de escribir un diario consiste en que así uno se entera con tranquilizadora claridad de las trasformaciones que sufre constantemente; trasformaciones que uno en general admite, sospecha y cree, pero que inconscientemente niega siempre, cuando se presenta la oportunidad de obtener mediante ese reconocimiento un poco de esperanza o de paz. En el diario uno encuentra las pruebas que le certifican que aun en estados que hoy nos parecen intolerables, uno vivió, se paseó por ahí y apuntó sus observaciones, que por lo tanto esta mano derecha se movió como se mueve hoy, cuando uno, justamente por esa posibilidad de reflexionar sobre el estado anterior, es tal vez más sensato que antes; pero por eso mismo, también tiene que reconocer la valentía de su esfuerzo en aquella ocasión, cuando obraba en absoluta ignorancia.

1912

3 de enero. Víspera de año nuevo. Había proyectado leer el diario a Max, por la tarde; la idea me alegraba, pero no pudo realizarse. No nos sentíamos a tono; yo adivinaba en él cierta prisa y cierta calculadora pequeñez de espíritu; casi no era mi amigo, pero de todos modos seguía dominándome tanto que yo me veía con sus ojos, hojeando constantemente los cuadernos, y ese pasar las hojas hacia atrás y hacia adelante, que siempre me molestaba al pasar las mismas páginas, me pareció repugnante. Bajo esa tensión recíproca era imposible trabajar juntos, y la única página de *Ricardo y Samuel* que conseguimos completar, en medio de nuestra mutua resistencia, sólo es una prueba de la energía de Max, pero fuera de eso es mala. La víspera de año nuevo en casa de Cada. No tan deplorable, porque Weltsch, Kisch y otro más agregaron un poco de sangre nueva, de modo que al final, aunque siempre dentro de los límites de ese grupo, volví a acercarme espiritualmente a Max. Más tarde, en medio de la multitud que llenaba el Graben, le di la mano, aunque sin mirarlo, y me fui orgullosamente de vuelta a casa, así creo recordarlo, con los tres cuadernos apretados bajo el brazo.

Las llamas que ascienden en forma de helechos en torno de un crisol, en la calle, frente a un edificio en construcción.

En el momento de escribir, es fácil observar en mí una gran concentración de fuerzas únicamente al servicio de la literatura. Cuando se hizo evidente en mi organismo que la literatura era la posibilidad más productiva de mi ser, todo se encaminó en esa dirección, y dejó vacías aquellas aptitudes que correspondían a las alergias del sexo, de la comida, de la bebida, de la reflexión filosófica y sobre todo de la música. Me atrofié en todas esas direcciones. Esto era necesario porque la suma total de mis fuerzas era tan escasa que aun todas reunidas no alcanzaban ni a medias a satisfacer las exigencias de mis propósitos literarios. Naturalmente, yo no descubrí estos propósitos independiente y conscientemente; se descubrieron a sí mismos, y actualmente sólo la oficina les impide realizarse; pero se lo impide totalmente. De todos modos, no debo quejarme si no puedo soportar una novia, y si entiendo de amor exactamente casi tanto como de música, y me veo obligado a satisfacerme con los efectos más pasajeros y superficiales; si la víspera de año nuevo cené con espinacas y nabos, y un vaso de Ceres, y si el domingo no pude participar en la conferencia de Max sobre su labor filosófica, la compensación de todo esto es más clara que la luz del día. Mi desarrollo ya llega a su término; a mi entender ya no me queda más nada que sacrificar, y por lo tanto no tengo más que agregar mi trabajo en la oficina a la lista mencionada, para empezar mi verdadera vida, donde los progresos de mi obra permitirán por fin a mi cara envejecer de una manera natural.

El giro que sufre una conversación, que al principio versó detalladamente sobre los problemas de la existencia íntima, cuando de pronto, sin interrumpirla, aunque naturalmente no como una consecuencia de la misma, se plantea el problema de cuándo y dónde volverán a encontrarse los interlocutores y de las circunstancias que con ese motivo deberán ser consideradas. Y si la conversación termina además con un apretón de manos, ambos se separan con una fe momentánea en la pura y sólida estructura de su vida, y cierto respeto hacia la misma.

En una autobiografía no se puede evitar la frecuente aparición de "a menudo" donde la verdad exigiría "una vez". Porque uno siempre tiene conciencia de que el recuerdo se alimenta de esa oscuridad que la expresión "una vez" destruye, y que la expresión "a menudo" tampoco respeta totalmente, pero que por lo menos así persiste en la visión del escritor, y lo trasporta a partes que tal vez no han existido nunca en su vida, pero que le sirven de sustituto para esas otras partes que su memoria ya no puede recorrer, ni siquiera mediante la adivinación.

4 de enero. Sólo por vanidad me gusta tanto leer en voz alta a mis hermanas (lo que por ejemplo hoy ha traído como consecuencia que ya sea demasiado tarde para empezar a escribir). No es porque esté convencido de que mediante la lectura lograré algo realmente significativo; me domina sobre todo la pasión de meterme tan adentro de las excelentes obras que les leo, no por mis méritos propios, sino a través de la atención de mis hermanas mientras escuchan, excitada por lo que leo y sorda para lo que no es importante, de ese modo, bajo la acción encubridora de la vanidad, también puedo participar como creador en esa influencia que sólo el libro ha ejercido. Por eso leo en realidad admirablemente ante mis hermanas; acentúo todos los énfasis con una exactitud a mi entender perfecta, porque así me veo abundantemente recompensado más tarde, no sólo por mí mismo, sino también por ellas.

Pero si en cambio leo ante Brod, o Baum, o algún otro, mi lectura les parecerá horriblemente mala, a causa de mis pretensiones al elogio, aun cuando no sepan nada de la excelencia habitual de mis lecturas; porque en este caso advierto que el oyente tiene perfecta conciencia de la separación que existe entre lo que leo y yo; ya no puedo confundirme totalmente con lo que leo, sin sentirme ridículo ante mí mismo, sensación que no puede esperar ningún apoyo de parte del oyente; revoloteo con la voz en torno de lo que leo, intento introducirme de vez en cuando dentro del texto, ya que eso es lo que se espera de mí, pero no lo intento muy seriamente, porque no se espera que lo consiga; lo que se espera en realidad es que lea sin vanidad, tranquilo y alejado, sólo me muestre apasionado cuando la pasión lo exige, lo que me resulta imposible; pero aunque ya creo haberme puesto a tono con la situación, y haberme resignado por lo tanto a leer mal ante cualquiera que no sea mis hermanas, aparece mi vanidad, que esta vez no tiene ninguna justificación; me siento ofendido si alguien encuentra algún defecto en la lectura, me ruborizo y quiero seguir leyendo cada vez más rápido, ya que generalmente una vez que empecé a leer siempre tiendo a leer eternamente, con el anhelo inconsciente de que en el trascurso de la larga lectura aparezca por lo menos en mí esa falsa y vanidosa sensación de la integración con lo leído, olvidando que en ningún momento dispondré de las fuerzas instantáneas necesarias para imponer mi sentimiento a la clara visión del oyente, y que en casa siempre son mis hermanas las que inician esta anhelada sustitución.

25 de mayo. Ritmo débil, poca sangre.

27 de mayo. Ayer, Pentecostés; tiempo muy frío, excursión desagradable con Max y Weltsch. Por la noche, en el café, Werfel me da *Visita del Elíseo.*

Una parte de la Niklasstrasse y todo el puente se vuelven conmovidos para contemplar el espectáculo de un perro que ladra ruidosamente detrás de una ambulancia. De pronto el perro se detiene, se vuelve, y demuestra ser un perro común y cualquiera, cuyo deseo de perseguir el coche no respondía a ningún otro motivo en especial.

1º de junio. Hoy no escribí nada.

2 de junio. Hoy no escribí casi nada.

Ayer, conferencia del doctor Soukup en la Casa de Representación, sobre América. (Los checos en Nebraska; en Norteamérica todos los cargos son adjudicados por elección; todo el mundo debe pertenecer a uno de los tres partidos —republicano, demócrata, socialista—; mitin electoral de Roosevelt, con su vaso amenazó a un granjero que le había hecho una objeción; oradores callejeros que llevan consigo como tribuna una especie de cajita.) Luego, festival de primavera; me encontré con Paul Kisch, que habló de su disertación sobre "Hebbel y los checos".

6 de junio. Jueves, Corpus Christi. Dos caballos que corren; uno agacha la cabeza, para sí, sin intervenir en la carrera, y agita toda la crin; luego la levanta, y sólo entonces, al parecer más satisfecho, reanuda la carrera, que en realidad no había interrumpido.

Leo ahora en la *Correspondencia* de Flaubert: "Mi novela es la roca donde me aferro, y no sé nada de lo que ocurre en el mundo". Parecido a lo que anoté sobre mí el 9 de mayo.

Sin peso, sin huesos, sin cuerpo, anduve dos horas por las calles, y medité lo que había conseguido esta tarde al escribir.

7 de junio. Malo. Hoy no escribí nada. Mañana no tengo tiempo.

15 de agosto. Un día inútil. Lo perdí durmiendo, o recostado. Festividad de Santa María en la Plaza de Altstadt. El hombre cuya voz parecía surgir de un agujero en la tierra. Pensé mucho —qué turbación antes de escribir los nombres— en F. B. Ayer, *La Posada Polaca.* O. acaba de recitar poemas de Goethe. Los elige con verdadero gusto, *Consuelo de las Lágrimas, A Lotte, a Werther, A la Luna.*

Releí mis viejos diarios, en vez de alejarme de esas cosas. Vivo lo más insensatamente que puedo. Y la culpa de todo la tiene la publicación de esas treinta y una páginas. Por supuesto, más culpa tiene mi debilidad, al permitir que una cosa así influya sobre mí. En vez de sacudirme de todo eso, me siento, y medito cómo podría expresarlo de la manera más ofensiva posible. Pero mi aterradora calma obstruye mi inventiva. Siento curiosidad por saber cómo haré para salir de este estado. No me dejo manejar, ni tampoco sé cuál es el verdadero camino de salida; ¿qué irá a pasar? ¿Habré por fin encallado como una vasta mole en mi angosto camino? Si así fuera, por lo menos podría volver la cabeza. Y eso es lo que hago, sin embargo.

16 de agosto. Nada, ni en la oficina, ni en casa. Escribí algunas páginas del diario de Weimar.

Esta noche, los gemidos de mi pobre madre porque no como nada.

20 de agosto. La señorita F. B. Cuando llegué a casa de Brod, el 13, estaba comiendo con ellos en la mesa; sin embargo la tomé por una criada. Tampoco sentí la menor curiosidad por saber quién era; la consideré en cambio como algo indiscutible y la traté familiarmente. Cara huesuda y vacía, que exhibe abiertamente su vacuidad. Cuello desnudo. Una blusa puesta de cualquier modo. Parecía bastante pobremente vestida, aunque luego demostró lo contrario. (El hecho de observarla tan de cerca la aleja un poco de mí. De todos modos, en qué estado me encuentro actualmente, alejado de todo lo que es bueno, y ni siquiera me doy cuenta todavía. Si la charla literaria en casa de Max no me dispersa demasiado, trataré de escribir la historia de Blenkelt. No conviene que sea larga, pero no tiene que fallarme.) Nariz casi quebrada. Rubia; cabello algo lacio, poco atractivo, barbilla vigorosa. Mientras me sentaba, la miré por primera vez de cerca, apenas me senté y me había formado un juicio irrevocable. Como se...

21 de agosto. Leí *Primavera,* incesantemente, y —tal es mi estado— me hizo volver en mí.

La imagen de la disconformidad que nos ofrece una calle, donde todos alzan los pies para alejarse del lugar en que se encuentran.

15 de setiembre. Compromiso de mi hermana Valli.

Desde el fondo
del cansancio
ascendemos
renovados;
oscuros señores
esperamos
que los niños
desfallezcan.

El amor entre hermanos y hermana; repetición del amor entre el padre y la madre.

El presentimiento del único biógrafo.

El hueco que la obra genial ha producido a nuestro alrededor es un buen lugar para encender nuestra pequeña luz. De allí la inspiración que irradian los genios, la inspiración universal que no sólo nos impulsa a la imitación.

1913

21 de julio. Este mecanismo de lo íntimo. En alguna parte misteriosa se mueve una palanquita, en el primer momento casi inadvertida, y ya se pone en movimiento todo el aparato. Sometido a una voluntad incomprensible, así como el reloj parece sometido al tiempo, cruje aquí y allá, y todas las cadenas empiezan a moverse, chirriando y rozándose entre sí, siempre dentro de su recorrido prescripto.

Enumeración de todos los argumentos a favor y en contra de mi matrimonio.

1. Incapacidad de soportar solo la vida, lo que no es incapacidad de vivir, sino lo opuesto; tal vez sea improbable que soporte la vida con otra persona, pero soy incapaz de soportar a solas el asalto de mi propia vida, las exigencias de mi propia persona, las garras del tiempo y de la vejez, la vaga aprensión del deseo de escribir, el insomnio. La proximidad de la locura. Quizá junto naturalmente todo esto. La relación con F. dará a mi existencia una capacidad mayor de resistencia.
2. Todo me da que pensar, inmediatamente. Cualquier chiste del suplemento cómico, el recuerdo de Flaubert y de Grillparzer, los camisones preparados para la noche sobre la cama de mis padres, el casamiento de Max. Ayer mi hermana dijo: "Todos los casados (que conocemos) son felices, no puedo comprenderlo", también esta observación me dio que pensar, volví a inquietarme.

3. Necesito estar mucho tiempo solo. Todo lo que he producido es simplemente un producto de la soledad.

4. Odio todo lo que no se relaciona con la literatura; me aburre seguir una conversación (aun cuando se relacione con la literatura), me aburre hacer visitas, las penas y las alegrías de mis parientes me aburren hasta el fondo del alma. Las conversaciones me roban la importancia, la seriedad, la verdad de todo lo que pienso.

5. El temor del vínculo, de pasarme al otro lado. Porque ya no estaré nunca más solo.

6. Delante de mis hermanas, especialmente en otras épocas, soy a menudo muy distinto de lo que soy delante de los demás. Temerario, expuesto a todo, poderoso, sorprendente, conmovido, como sólo lo soy cuando escribo. ¡Si por lo menos pudiera aparecer así delante de todo el mundo, por obra y efecto de mi mujer! Pero entonces, ¿no sería a expensas de lo que escribo? ¡Eso no, eso sí que no!

7. Solo, quizá pudiera algún día renunciar realmente a mi empleo. Casado, ya me sería absolutamente imposible.

13 de agosto. Tal vez todo haya terminado, y mi carta de ayer sea la última. Indudablemente, sería lo mejor. Lo que yo sufriré, lo que sufrirá ella, no puede compararse con el sufrimiento conjunto que sobrevendría de otro modo. Yo me recuperaré poco a poco, ella se casará, es la única solución entre los vivos. No podíamos tallarnos en la roca un sendero para los dos, basta haber llorado y habernos torturado durante un año. Ya lo comprenderá cuando lea mis últimas cartas. Si no, me casaré con ella; soy demasiado débil para contradecir su opinión sobre nuestra felicidad conjunta, para no tratar de realizar, dentro de mis fuerzas, algo que ella considera posible.

Anoche, en el Belvedere, bajo las estrellas.

14 de agosto. Ocurrió lo imprevisto. Llegaron tres cartas. No pude resistir la última. La quiero lo más que puedo querer a alguien, pero ese amor yace enterrado hasta la sofocación bajo el temor y los remordimientos.

Conclusiones que me ofrece *La Condena*. Indirectamente, debo agradecerle a ella el relato. Pero Georg es destruido a causa de su novia.

El coito como castigo por la felicidad de la cohabitación. Vivir lo más ascéticamente que se pueda, más ascéticamente que un soltero; para mí es la única manera de llegar a soportar el matrimonio. Pero ¿y ella?

Y a pesar de todo, aunque F. y yo tuviéramos los mismos derechos, las mismas perspectivas y posibilidades, no me casaría. Pero este callejón sin salida donde lentamente he encerrado su destino, me crea una obligación ineludible, aunque sus consecuencias no sean en absoluto imprevisibles. Alguna secreta ley de las relaciones humanas obra sobre nosotros.

La carta a sus padres me creó inmensas dificultades, sobre todo porque un primer borrador, compuesto bajo circunstancias notablemente desfavorables, no quiso durante mucho tiempo admitir ninguna modificación. Pero hoy, sin embargo, tuve un poco más de éxito; por lo menos ya no queda nada que no sea cierto, y no obstante sigue siendo legible y comprensible aun para sus padres.

25 de agosto. Tormentos en la cama, hacia el amanecer. Me pareció que la única solución era tirarme por la ventana. Mi madre vino a verme en la cama, y me preguntó si había enviado la carta y si era mi primera versión. Le dije que era la primera versión, pero más explícita todavía. Me dijo que no me comprendía. Le contesté que era evidente que no me comprendía, y menos todavía en lo que se refería a este asunto. Más tarde, me preguntó si pensaba escribir al tío Alfred; dijo que merecía que le escribiera. Yo le pregunté por qué lo merecía. Había telegrafiado, había escrito, le interesaba tanto mi felicidad. "Meras formalidades", dije yo, "para mí es un desconocido, me entiende absolutamente al revés, no sabe ni lo que quiero ni lo que necesito; no quiero saber nada de él." "Así que ninguno te entiende", dijo mi madre, "probablemente yo también soy una desconocida para ti, y también tu padre. Así que lo único que queremos es verte desdichado." "Por supuesto que me son desconocidos, sólo tenemos una relación de sangre, pero esa relación no asoma nunca a la superficie. Por supuesto que no quieren verme desdichado."

Esta y algunas otras observaciones de mí mismo me inducen a creer que en mi íntima decisión y en mi convicción existen posibilidades cada vez mayores de poder encarar a pesar de todo el matrimonio; y aun más, de encaminarlo en una dirección favorable a mi desarrollo. Por supuesto, es una esperanza a la que me aferro justamente cuando ya estoy sobre el alféizar de la ventana.

Me encerraré dentro de mí mismo, sin la más mínima consideración hacia nadie. Enemistarme con todos, no hablar con nadie.

21 de agosto. Hoy conseguí el *Libro del Juez,* de Kierkegaard. Como me imaginaba, su caso, a pesar de ciertas diferencias esenciales, es muy semejante al mío, por lo menos se encuentra del mismo lado del universo. Me confirma, como un amigo. Proyecto la siguiente carta al padre; si tengo fuerzas suficientes se la enviaré mañana.

"Usted vacila en contestar mi pedido, lo que es muy comprensible, todo padre haría lo mismo ante cualquier pretendiente; esa vacilación no es por lo tanto, de ningún modo, el motivo de esta carta, y más bien aumenta mis esperanzas de que la juzgue con calma. Pero le escribo impulsado por el temor de que sus vacilaciones o sus consideraciones sean motivadas por razones más generales que ese pasaje de mi primera carta, que es lo único que debería motivarlas, y lo único que podría desenmascararme. Me refiero al pasaje donde le hablo de lo insoportable que me resulta mi empleo.

"Tal vez usted quiera pasar por alto esta palabra, pero no debe hacerlo, más bien debe investigarla minuciosamente; en ese caso le contestaría, exacta y brevemente, como sigue. Mi empleo me resulta insoportable porque se opone a mi único anhelo y mi única vocación, la literatura. Como yo no soy otra cosa que literatura y no puedo ni quiero ser otra cosa, mi empleo no logrará nunca apoderarse de mí, aunque bien puede llegar a destrozarme totalmente. No falta mucho para eso. Estados nerviosos de la peor especie rigen constantemente mi existencia, y este año de preocupaciones y mortificaciones motivadas por el porvenir mío y de su hija, ha puesto perfectamente en evidencia mi falta de resistencia. Usted podría preguntarme por qué no renuncio a ese empleo y —ya que no dispongo de medios— trato de vivir de la literatura. Sólo puedo ofrecerle esta lamentable respuesta: que carezco de fuerzas suficientes para hacerlo, y que, por lo que puedo presumir de mi situación, más bien pereceré en mi empleo; sobre todo pereceré pronto.

"Y ahora compáreme con su hija, esa muchacha sana, alegre, natural, fuerte. Por más que se lo haya repetido en unas quinientas cartas, y por más que ella a pesar de todo me haya tranquilizado con un 'No' cuyos fundamentos no son muy convincentes, sigue siendo cierto que conmigo sólo puede ser desdichada, tal como veo las cosas. Yo soy, no sólo a causa de las circunstancias exteriores sino sobre todo por mi propia esencia, una persona circunspecta, callada, poco sociable, insatisfecha, sin que pueda considerar esas condiciones una desgracia, ya que sólo son un reflejo de mis propósitos. Usted podría por lo menos sacar algunas conclusiones de la clase de vida que llevo en mi casa. En efecto, vivo en el seno de mi familia, entre las personas mejores y más amables, como un desconocido entre desconocidos. Durante los últimos diez días no habré hablado un promedio de más de veinte palabras por día, con mi padre apenas cambio de vez en cuando un saludo. Con mis hermanas casadas y con mis cuñados no hablo en absoluto, sin tener por supuesto nada contra ellos. El motivo de este proceder es simplemente que no tengo nada que decirles, ni lo más mínimo. Todo lo que no sea literatura me aburre y me inspira odio, porque me perturba o me hace perder tiempo, aunque sólo sea por sugestión. Me falta todo sentido de la vida familiar, excepto como observador, en el mejor de los casos. No siento ningún interés en los parientes, y las visitas casi me parecen un castigo directo.

"El matrimonio no podría cambiarme, así como tampoco puede cambiarme mi empleo."

30 de agosto. ¿Dónde hallaré la salvación? ¡Cuántas mentiras, que ya ni siquiera recordaba, resurgirán a la superficie! Si su destino es impregnar nuestro vínculo real, como impregnaron nuestra despedida, entonces es indudable que procedí como debía. En mí mismo, sin relaciones con los demás, no existen mentiras visibles. Dentro de los límites del círculo, todo es puro.

II

Robert Musil

Bajo el microscopio

En 1951, diez años después de su muerte, cuando la masa inmensa de los diarios da las primeras señales de vida entre sus papeles póstumos, lo que se sabía de Robert Musil era poco, casi nada. Ex oficial del ejército, ingeniero, de formación filosófica, escritor ultraescrupuloso: apenas las migajas que lograron sortear la discreción con que este austríaco esquivo siempre manejó su vida privada. Sin embargo, la clave de esa identidad velada, escurridiza, inconsistente, no está en la habilidad que puso Musil en protegerla, sino más bien en la compulsión que lo llevó a *disolverla* en el tejido de *El hombre sin atributos*, la novela monstruosa en la que trabajó durante 40 años, desde principios de siglo hasta su muerte, sin terminarla jamás. Paradigma del éxtasis literario contemporáneo: disolverse literalmente en una obra, sepultado por las páginas escritas y por las que siguen en blanco, entregar el cuerpo a un proceso de vaciado total, quedarse sin líquido, sin sangre, sin fuerzas, entregarlo todo a cambio de nada...

Desaparecer: ¿no es ése el único sueño digno de ser soñado por un escritor moderno? Es la extraordinaria lección de Musil, ese artista del anonimato: dejarse consumir por una obra, pero no tanto por su realización (proeza que bastaría para redimir cualquier borramiento) sino por su fracaso, por su imposibilidad, por esa majestuosa pila de escombros que la obra ya es antes de empezar. Pero si a principios de la década del 50 la exhumación de los diarios de Musil podía dar alguna esperanza a sus desesperanzados biógrafos, la ilusión duró poco, apenas el tiempo suficiente para precipitarse sobre esa formidable masa enciclopédica y comprobar, una vez más, que la figura del escritor había faltado a la cita. Hay allí muy pocos rastros de la vida de Musil, y los que sobreviven siempre parecen estar retrocediendo, avergonzados, ante el avance de los demás materiales: reflexiones sobre el trabajo literario, esbozos, esquemas y preparativos de obras, prosas literarias breves, fragmentos de ensayos, citas y extensas transcripciones de autores admirados (Nietzsche, Nietzsche una y otra vez, pero también Emerson, Swedenborg, Goethe), trozos enteros de saber prestado (desde textos de física hasta desarrollos matemáticos, desde manuales de psicología hasta argumentaciones teológicas, pasando por la doxa fisiobiológica que atraviesa la transición del siglo XIX al XX).

En realidad, conociendo la obra y sobre todo la *política* de Musil, no hay muchas razones para ilusionarse con encontrar sus huellas en los *Diarios*. Los escribió a lo largo de toda su vida, en cerca de 40 cuadernos simultáneos que le gustaba tener siempre a mano, de modo de poder disponer hasta de las anotaciones más antiguas, pero la gratuita magnitud de ese ejercicio, tan sistemático y encarnizado como la prosa de *El hombre sin atributos*, nunca fue otra cosa que el negativo abrumador de una autobiografía, su más perfecta impugnación. "Un máximo de impersonalidad y un máximo de precisión", dijo de él Maurice Blanchot, que descubrió en la *apasionada indiferencia* de su escritura uno de los rasgos más flagrantes de la modernidad estética europea.

Los *Diarios* de Musil desdeñan las confesiones, la primera persona, las verdades originales. Escritos a menudo con el estilo quirúrgico de la ciencia, del que retoman ese tono neutro y glacial que sirve para describir, por ejemplo, una formación celular vista a través de un microscopio, no tienen otro propósito que el de atesorar ideas, embriones narrativos, pensamientos, materias heterogéneas e inestables que sólo encuentran una justificación en la extraordinaria utopía de la que forman parte: integrarse, alguna vez, al cuerpo central de *El hombre sin atributos*, que es el Libro en el que todas las cosas (los libros, la vida de Musil) están destinadas a morir. Nada triste, sin embargo, en ese radical déficit de existencia que afecta a los *Diarios*: ninguna debilidad, ninguna añoranza. En la versión Musil, el diario es más que nunca el *género sin atributos*, una práctica impersonal, privada de esencia, de carácter y de identidad, como emparejada por la nieve de la indiferencia, informe e inacabada, puro soporte de lo posible.

. . . .

DIARIOS
CUADERNO 4

1898-1902

Cuartillas del nocturnal de *monsieur le vivisecteur*

Habito en la región polar; en efecto, si voy a la ventana, sólo veo calmas superficies blancas que sirven de pedestal a la noche. Estoy sometido a una suerte de aislamiento orgánico: descanso bajo unos 100 metros de hielo. Ese lecho da a la mirada de quien está tan confortablemente enterrado las perspectivas reservadas solamente a aquel que ha puesto sobre sus ojos 100 metros de hielo.

Esa es mi situación vista desde el interior. ¿Y vista desde el exterior? Recuerdo haber visto una mosca dentro de un cristal de roca. Las moscas, debido a una disposición estética de mi naturaleza que todavía no he sometido al control de la razón, son algo que ofende mi... digamos: sentimiento de lo Bello. Pero no esa que vi entonces dentro de aquel cristal.

Su inclusión en un medio extraño la había despojado de su aspecto específico, su aspecto en cierto modo mosca y perso-

58

nal, para dejar solamente una superficie oscura formada de órganos delicados. Recuerdo haber experimentado esa misma impresión ante criaturas humanas que veía avanzar, un atardecer en que la luz se agotaba, como puntos negros sobre las colinas de hierba verde, bajo un cielo amarillo-naranja. La impresión, particularmente, de que esas siluetas que, vistas de cerca como una suma de caracteres particulares, me hayan chocado por uno u otro motivo, me procuraron entonces un bienestar de orden estético, e hicieron vibrar en mí un sentimiento de simpatía.

Esa es ahora mi situación vista desde el exterior; y, *summa summarum*, esa vista desde el exterior y esa vista desde el interior me aseguran la serenidad contemplativa del filósofo.

Hoy, por primera vez, "resiento" mi habitación, esa horrible mezcla de blasfemias estilísticas, como una unidad, una suma de superficies coloreadas ligadas a la noche glacial en el exterior (lo que me impone perspectivas de internado), y ligadas a mí mismo ya que me hacen experimentar, cuando me acerco a la ventana, esa noche de enero de Europa central por encima de los techos nevados, como la bóveda de un panteón de vidrio, que refracta agradablemente el ojo interior. ¡Una suerte de panteísmo basado en constataciones psicológicas! Ahora quiero escribir mi diario y, por reconocimiento, llamarlo mi nocturnal; consideraré la tarea cumplida cuando ya ninguna de las palabras del conjunto perturbe la bella coherencia de mi impresión actual.

¡Nocturnal! Amo la noche porque no tiene velos; el día tironea los nervios en todos sentidos hasta la ceguera, pero es a la noche cuando ciertas bestias nos colman de ciertas presas, cuando la vida de los nervios se recobra del estupor del día y se despliega hacia el interior, cuando uno renueva el sentimiento de sí; como cuando, en una pieza oscura, con una vela en la mano, uno se acerca a un espejo que ha permanecido días al abrigo de la luz y que nos ofrece de pronto nuestro rostro, absorbiéndolo con avidez.

¡Ciertas bestias con ciertas presas asfixiantes! Han existido reyes que ataban panteras a sus carruajes, y es posible que su mayor placer haya sido el de la vaga perspectiva de ser desgarrados por esos bellos dientes.

Acabo de encontrar un nombre muy bello: el señor viviseccionista.

Sin duda hay siempre cierta afectación en inventarse un nombre tan sonoro; sin embargo, aparece cuando uno tiene necesidad de él, en los momentos de profunda atonía, de enfermedad por agotamiento: con eso uno se recobra, resume en esa palabra los principales estimulantes que habitualmente nos devuelven la energía, el placer y el élan. No tiene nada de vergonzoso. ¡El señor viviseccionista soy yo!
Mi vida: ¡las aventuras y la odisea de un viviseccionista del alma a principios del siglo XX!
¿Qué es el Sr. V.? ¿Puede ser el prototipo del futuro hombre-cerebro, podrá ser? Pero todas las palabras tienen tantos sentidos ocultos, dobles sentidos, tantas connotaciones ocultas y dobles connotaciones, que será mejor conservar la distancia con ellas.
Voy a la ventana para volver a darles a mis nervios la horrible voluptuosidad del aislamiento.

1899?- 1904 o más tarde

100 metros de hielo. Nada más se filtra de esas responsabilidades del día que aparecen y se ponen con el sol... porque ya no las vemos. ¡Oh!, la noche no sirve más que para dormir, la noche cumple una función importante dentro de la economía psíquica de la vida.
Durante el día somos el Sr. X... y el Sr. Y... miembros de tal o cual sociedad, atados por tal o cual obligación; las leyes que reconoce nuestro entendimiento nos obligan a vivir como altruistas. A la noche, cerrando tras de nosotros la puerta acolchada, dejamos fuera todos los altruismos... que ya no tienen sentido; la otra cara de nuestra personalidad, el egoísta, hace valer sus derechos. Me encanta, a esa hora, acercarme a la ventana. Muy lejos, enormes sombras negras, que yo sé son una fila de casas más allá de los jardines. Aquí y allá, un rectángulo amarillo: ¡la ventana de un departamento! Es la hora en que la gente vuelve del teatro o del restaurante. Percibo sus siluetas

como superficies negras en los rectángulos amarillos, los veo quitarse los incómodos trajes de noche, interiorizarse en cierto modo. Todas las conexiones íntimas que recuerdan ahora sus derechos hacen que la vida, para ellos, se desdoble.

En esas habitaciones, que han sido con frecuencia testigos de su soledad, flota la tentación de dejarse ir, de olvidar los imperativos del día.

Entonces se despiertan movimientos diferentes; en la casa de esta gente, pueden ser emociones o instintos muy triviales, el simple placer de volver a un hogar confortable o una sensualidad encendida por el intenso rojo.

Para mí, es la voluptuosidad de estar solo conmigo mismo, absolutamente solo. La ocasión de hojear la muy interesante historia del Sr. V., de poder indignarme a placer aquí, alegrarme allí, de ser mi propio historiador o el sabio que observa su propio cuerpo en el microscopio y se regocija al hacer algún descubrimiento.

¡Algo que, por una vez, no tiene nada de afectación! Uno se acompaña a sí mismo.

¿Los diarios?

Un signo de los tiempos. Se publican tantos diarios. Es la forma más cómoda, la más indisciplinada.

Bien. Es posible que pronto no se escriban más que diarios, juzgando todo el resto no potable. Por otra parte, ¿de qué sirve generalizar?

Es el análisis mismo: nada más y nada menos. No es arte. No debe serlo. ¿De qué sirve escucharse ahí?

12. III. Paseo temprano, con paso lento, más de Franzensberg, por el camino que domina las casas de las putas, y desde donde se ven sus patios. En mente esos pasajes enervantes que hace poco escuché tocados por Paderewski.

Después he reflexionado. Tener a alguien que pueda embelesar el alma permanentemente, o ser capaz uno mismo. Es la representación de otra vida. Emparentada con el sueño erótico. Un modo abrupto de desviarse de la vida.

Sentí que me desviaría de la vida para dirigirme resueltamente hacia ella... porque la vida no tiene posibilidad de ofrecerme nada equivalente. Mis sentimientos soñaban todavía detrás de los altos muros de ese jardín en que ya creía reconocer el parque de un asilo de alienados.

El arte es una forma de enfermedad. Correlativamente: sería posible tratar al arte como una forma de enfermedad. Eso es más o menos lo que he escrito en mis paráfrasis.

Pero he aquí que hoy —un año más tarde— eso recobra vida en mí —comprendo que estaba verdaderamente muerto en mí— como todo aquel bello período.

Esta sensación de muerte —como la que causa ahora mi brusca ruptura con Valerie— es mala.

No podemos guardar en nosotros un gran descubrimiento: se marchita, se osifica y, de repente, sólo nos queda entre las manos el pobre esqueleto lógico de la idea.

13. V.

Lo característico es que él dice: esto podría ser así, aquello asá. Y ahí, se podría construir tal o cual cosa bella.

En resumen: habla solamente de posibilidades, únicamente de combinaciones, sin mostrarnos una sola realizada.

Pero es claro que solamente allí podemos juzgar el valor de una idea, y saber con quién se tiene relación.

No hay nada de vivo en esta actitud... el cerebro fabula.

Es cierto que se trata del cerebro... de Nietzsche... pero hay gente para la que esta actitud es insoportable.

Gente con cerebro atareado, jamás escasa de combinaciones, e insoportablemente feroz. Al verlos, uno comprende que esos cerebros fértiles y activos no tienen ningún valor.

Puede ser que sea un juicio demasiado duro... en la medida que consideremos a Nietzsche. Este nos indica todos los caminos que puede tomar nuestro cerebro, pero sin provecho alguno.

Puede ser que eso tenga en sí mismo gran mérito, que hoy ya no me parece tal simplemente porque me parece algo común, banal, y porque he olvidado a quién le debo, finalmente, esa riqueza. ¡Qué gracioso, jovencito! ¡Que Nietzsche le sirva de comparación a un jovenzuelo! ¡Cómo vemos solamente lo que está debajo de uno! Qué lejos estamos de intentar penetrar el pensamiento global de Nietzsche (1923).

CUADERNO 3

A propósito de Josza. La conocí en octubre de 1898. Una tarde de otoño brumosa, escabrosa... Pigie nos presentó en la calle. Y después me contó su historia. Amante del Dr. S. ... accesible para un círculo de íntimos.

En los días siguientes, fui a visitarla con Pigie. Hablamos de teatro, de literatura... no mucho, ¡y sin mucho entusiasmo! Parecía sentir por Pigie el mismo tipo de inclinación que por sus gatos. Su departamento, lastimoso... su ropa, gracias a Dios, elegante y simple. Unos quince días después, la visité solo, y fui admitido en el círculo de íntimos. Hablamos de una cosa y otra de manera terriblemente convencional... de modo que la transición fue casi brutal.

Me sentí contento. Por otro lado, chocaba con un enigma. Demonismo *fin de siècle*. Sexualmente, es decir, por las evidencias, una doble naturaleza. Durante nuestros abrazos, había de repente en ella una especie de exultación, como si pensara en otro. Modestia de hombre joven todavía poco seguro de sí mismo. Se lo dije después. Ella volvió a abrazarme bruscamente, ya que visiblemente había halagado su vanidad. Esa valerosa criatura no sabía qué hacer con tanta sagacidad.

Desde entonces, he adoptado hacia ella un tono particular. Apacible y lleno de simpatía, como se le habla a una amiga a quien se deseara poseer, sabiendo que es imposible. Desde un punto de vista superficial, ella me dio sin duda todo lo que puede dar una mujer. Pero, con su doble naturaleza sexual, eso no significaba nada, y era la conciencia de que ella era capaz en ese punto de reacciones infinitamente más intensas lo que la hacía particularmente deseable.

Siempre que estaba solo con ella, estaba sometido al encanto de la proximidad de una mujer agradable; en otro caso, no pensaba para nada en ella. En la primavera, me mostraron al Dr. S. ... Yo me lo había imaginado joven —para nada espiritual pero por eso más peligroso para una mujer común—, fui agradablemente sorprendido al encontrarlo *embonpoint* * y con una cabeza de burgués alemán bebedor de cerveza.

También esbocé confusamente la táctica a adoptar con respecto a Josza. Todavía no sabía nada preciso... no conocía mis posibilidades, pero de pronto, tenía gran deseo de experimentar con ella. (Un hecho divertido: que la posesión sexual anteceda, como algo insignificante, y que sólo después se elabore una táctica de conquista.)

Habíamos convenido un paseo en bicicleta. Fui a buscarla, pero no estaba lista, y después tenía que ir a comprar alfombras con su tía. Fijamos la cita para más tarde. La esperé en un café, ella no vino.

Interrumpí mis visitas.

Algunos días más tarde, recibí una misiva muy amable donde ella me rogaba que la disculpara y reclamaba mi visita. Por un afortunado azar, yo debía partir de viaje. Se lo informé, y prometí visitarla a mi regreso. Ella me escribió que tenía algo que decirme; me sentí lleno de curiosidad.

Algunos días más tarde, la visité. Estábamos un poco contritos, y yo le dije que mi mayor preocupación era no importunarla.

Excéntricos.
Estaba sentado en un banco junto a una joven con quien intercambiaba palabras tiernas. Hablábamos de amor y de matrimonio. Ella no concebía otra cosa que no fuera un matrimonio de amor. Matrimonio... de amor. ¿No es una excentricidad? ¿Esas jóvenes almas no giran alrededor de un eje exterior a su centro? ¿No están condenadas a romperse?

Nota sobre Nietzsche.
Se le ha dicho afilosófico. Se leen sus obras como una broma

---

*En francés en el original, "entrado en carnes".

espiritual. Veo en él al hombre que ha descubierto cien posibilidades nuevas sin llevar a cabo ninguna. Por eso lo aman las personas que tienen necesidad de nuevas posibilidades, y por eso los que no pueden prescindir de resultados matemáticamente calculables lo consideran afilosófico. ¡Pretensión juvenil! Pero Nietzsche más una decena de trabajadores intelectuales capaces que realizaran aquello que él tan sólo ha indicado permitirían a la cultura dar un salto de mil años. Nietzsche es como un parque abierto al público... ¡pero nadie entra en él!

***

Fue a verla después de esa noche, la más sabrosa de su vida. Buscó en sus ojos un rastro de la víspera. Esos ojos grandes y redondos, de una humedad ardiente. El le pidió que llorara, y ella lloró. Muy pronto, él lloró con ella. Porque lo deseaba. Después, los dos se sintieron flojos y débiles. Y ambos saborearon una forma mucho más tierna del amor. Pero él había hecho un descubrimiento. Precisamente ése.

***

El es de los hombres que se sienten humillados en el momento de consignar sus pensamientos. Nuestra manera de escribir es producto de nuestra vida intelectual. Dos milenios escriben con nosotros. Pero sobre todo nuestros padres y nuestros abuelos. El punto y el punto y coma son dos síntomas de regresión... de estancamiento. No deberíamos entonces dejar la sintaxis en mano de profesores encostrados. No empleamos el punto y el punto y coma solamente porque nos han enseñado, sino porque pensamos de cierto modo. Allí está el peligro. Como hace tanto tiempo que pensamos en frases con punto final, ciertas cosas no pueden decirse... como máximo se pueden sentir confusamente. De otro modo, sería posible aprender a expresarse de tal modo que esa perspectiva infinita, por el momento apenas consciente, se volviera clara y comprensible.

A propósito de: ¿Cómo juzga usted a las mujeres? Relato de Schaekerl sobre Mme. H. ... Ali.

Yo tenía 17 años, y era todavía, para decirlo adecuadamente, inocente. Me resulta casi desagradable volver sobre los acontecimientos siguientes, porque me dan ganas de golpear el rostro de esa mujer. Su hijo era estudiante del liceo. Yo tenía una bici en la que le enseñé a andar. Como él deseaba tener una, me invitó a visitarlo en su villa; allí, andaría en mi bicicleta en presencia de su madre, y esperaba conmoverla con su habilidad al punto de que ella diera satisfacción a su deseo. Partí entonces en mi máquina; el camino era malo, y me cubrí de barro. En el momento en que llegué a la villa, él bajaba del tranvía con su madre. Cuando me saludó, salté de la bicicleta. El se esforzó inmediatamente en su exhibición, y olvidó presentarme a su madre. Mme. H. examinó de arriba abajo mi desarreglado atuendo, aunque yo balbuceé algunas excusas, sonrojándome. En la villa, donde pasé la tarde, me hice cepillar un poco.

Sólo volví a verla mucho tiempo después, en el teatro. Ella estaba en un palco con su marido y, aunque no osé alzar los ojos hasta ella, sentí en varias oportunidades que los suyos se clavaban en mí. Yo estaba muy bien vestido con un traje de ciudad. Volví a verla tiempo después, en la calle. Me detuvo y me preguntó por qué nunca iba a verla. Tuve la presencia de espíritu suficiente para responderle que nunca me habían invitado. "Bien, vendrá a visitarme muy pronto... y en el teatro, ¿por qué no viene nunca a mi palco?". En ese punto, por primera vez, me endeudé a escondidas de mi madre para encargarme, en gran secreto, un smoking. Sólo volví al teatro vestido con él, y fui a saludarla a su palco. Ella me presentó a su marido, cuyas palabras divertidas y anécdotas sobre algunas de las damas presentes en la sala me entretuvieron realmente.

Un presentimiento me decía que una trampa se cerraba sobre mí. Había hecho amistad con su hijo; él no quería a su madre y contaba todo tipo de cosas de ella. Un día me dijo: "W. ..., el actor, ha venido a verla; ella ha cerrado con llave la puerta de su habitación".

Poco después de la noche del teatro, la encontré en la calle; yo estaba con mi amigo Siegmund. Ella me detuvo para decirme que debía enviarle dinero a su hijo que estaba en Weisskirchen y que no sabía cómo hacerlo; me pidió que me encargara. Me dio una cita a las tres en los jardines de Glacis para darme la carta. Como sospechaba algo, en mi inquietud juvenil le pedí a mi amigo que me acompañara.

Lo aposté detrás de unas zarzas y fui al encuentro de la mujer. Ella tenía dos cartas en la mano. La que me había encargado y otra en un elegante sobre de color malva. "Esta es para usted, pero prométame que sólo la abrirá cuando llegue a su casa". Se lo prometí, y nos separamos. De inmediato fui a buscar a mi amigo Siegmund detrás de las zarzas, y elegimos un banco solitario para leer la carta. Sólo contenía estas palabras: "¡Te amo, te amo, te amo perdidamente! Resi." Me quedé perplejo. Mi amigo Siegmund, siempre más avisado que yo, me explicó que debía hacerle una visita y aprovechar para declararme.

Después de elegir un momento en el que con seguridad su marido no volvería hasta después de tres horas, me presenté en su casa. Ella me recibió en bata y se mostró encantadora conmigo. Balbuceé algunas palabras a propósito de los sentimientos que albergaba por ella desde hacía mucho tiempo y que ahora creía finalmente recíprocos. Ella se contentó con sonreír de manera infinitamente tierna, y yo volví a irme con el sentimiento de que nunca en mi vida me había comportado de una manera tan tonta.

Durante varios días seguimos siendo platónicos. Después ella partió con su marido a ver a su hijo que estaba en la escuela de cadetes de caballería de W. ... y me dijo: "Vienes con nosotros, es decir no con, sino después. Parto el sábado a la noche, mi marido continuará su viaje el día siguiente a las 5 de la mañana, por negocios". Dije a mi madre que iba a visitar a mi hermana en su propiedad próxima a W. ..., donde fui, pero partí al día siguiente a las 3 y 1/2 de la mañana, a caballo, porque no quise esperar el tren.

Cuando llegué a W. ..., el tren de su marido partía. En el hotel, pedí hablar con M. H., y fingí fastidiarme mucho al enterarme de que acababa de marcharse. Pretendí ser portador de noticias importantes, y exigí que me condujeran ante su esposa.

Cuando me anunciaron, tuve que esperar un poco, y luego ella misma vino a abrirme. Ella se había puesto una capa de lana sobre los hombros, acerrojó la puerta tras de mí y volvió a acostarse de inmediato. Sin una palabra, me desvestí. Sus ojos brillaban con terrible sensualidad.

Después de tres horas de estar acostados, golpearon la puerta. Era su hijo, que estaba de licencia. Apresuradamente, ella me encerró en el cuarto vecino, donde había dormido su marido, y fue a abrir. La escuché pedirle a su hijo que no hiciera ruido porque su padre, que dormía al lado, no quería que lo despertaran. Cuando ella bajó con su hijo, los seguí rápidamente y volví a entrar como si llegara de la calle. No obstante, tuve la impresión de que el hijo sospechaba algo. Después, él me llevó aparte y me pidió que le hiciera comprender a su madre que estaba sin un céntimo. Cuando se lo pedí, ella le dio 5 florines: "Vamos a complacer a Adi...".

Así comenzó nuestra relación. Alquilamos un cuarto en Brünn; tuve que endeudarme. Finalmente, para cuidar mi salud, tuve que limitar nuestros encuentros a uno por semana. Evidentemente, era demasiado poco para ella, ya que muy pronto me engañó con otro "amigo de su hijo".

CUADERNO 24

1904-1905

¡Pensamientos muertos y pensamientos vivos!

El pensamiento no es cualquier cosa que examine un acontecimiento interior, sino ese acontecimiento interior mismo.

No pensamos en el sujeto de alguna cosa: alguna cosa se piensa y emerge en nosotros. El pensamiento no consiste en que veamos claramente alguna cosa que se desarrollará en nosotros, sino en que un desarrollo interno acceda a esas zonas claras. Allí reside la vida del pensamiento; ella misma es contingente, un símbolo, es decir que con frecuencia puede estar muerta; sólo cuando es el miembro terminal de un desarrollo interior suscita el sentimiento de logro y de certeza.

Hoy empiezo un diario: algo completamente contrario a mis hábitos, pero conforme a un deseo del que soy claramente consciente.

Después de cuatro años de dispersión, debe proporcionarme la ocasión de volver a encontrar la orientación del desarrollo intelectual que supongo mío.

Trataré de reunir allí las "banderas de una batalla jamás librada". Las reflexiones de ese período de conmoción profunda deben retomarse, tamizarse, prolongarse. No retomaré viejas notas sueltas más que en la medida en que me interesen de nuevo.

Sólo excepcionalmente anotaré detalles personales, y solamente si creo que su mención puede presentar para mí alguna vez cierto interés intelectual.

Aquí tendrán lugar todas las reflexiones que tiendan a una "ciencia del hombre". Nada de filosofía especializada. Bosquejos, sí. Aquí o allá, un poema que me parezca digno de ser conservado. En particular aquellos con semitonos o armónicos. Las expresiones absolutas. Allí radica, en suma, la gran cuestión del estilo. El interés no solamente por lo dicho, sino por la manera en que está dicho. Buscar mi estilo. Hasta ahora, he buscado decir lo indecible con palabras directas, a ciegas. Eso revela una inteligencia unilateral. Que quede expresada en el principio de este cuaderno la voluntad de hacer del lenguaje un instrumento.

2. IV. 05. Brünn.

13. V. ¿Y si charlamos un poco con nosotros mismos, señor Musil? ¿Me dicen que hay días en los que usted no quiere a los artistas?

Sí.

¿Y que otros días evita a los filósofos?

En efecto. A veces encuentro a unos poco filosóficos, y a los otros poco humanos.

¿Y hoy?

Hoy, estoy a favor de los artistas. Salí enojado del laboratorio, fui a sentarme esta noche cerca de una mesa de artistas cuya alegría inofensiva me regocijó.

"Alegría inofensiva" es casi un cliché, de los que se usaban antes para los artistas.

Hmmm, sí, allí ha tocado un punto sensible.

Perdón.

No es nada. Hay que abordarlo de una buena vez. Aunque creo ser un artista, debo procurar ignorar qué es. Lo puramente filosófico me irrita. Sufro esta amalgama. La sufro verdaderamente. Mi idea de la filosofía se ha vuelto más exigente; engloba aquello que hasta ahora consideré como la esencia del artista.

Ya un día me lo dio a entender. Diciendo que el filósofo no admite al artista profundo.

Es verdad. La profundidad del pensamiento nunca podrá ser suficientemente profunda, suficientemente exacta.

Pero ese reproche no tendría valor más que por los Maeterlinck, Hardenberg, Emerson y otros. Que no le hacen justicia a sus ideas, se dejan fascinar demasiado por ellas, etc. Pero un escritor es en primer lugar alguien que integra esa clase de pensamientos a un ser humano, que describe la acción sobre las relaciones humanas, etc. Para eso, ¿reconoce que al filósofo le falta talento?

Cierto. Pero al escritor le falta pensamiento. No puede elaborar un pensamiento con la sutileza que exige el gusto del filósofo.

¿Y eso es necesario? ¿El escritor no debe acaso buscar sus pensamientos en un nivel medio, para darles vida?

Yo también lo he pensado. Refiriéndome a la psicología. Dispone de métodos indirectos muy exactos que le permiten revelar procesos habitualmente inaccesibles a la observación... una especie de espéculo para el cerebro. Y es de esperar que se produzcan nuevos progresos en ese terreno. Saldrán a la luz elementos cada vez más ocultos. ¿Pero eso tiene que ver con las descripciones del escritor? El nunca trabaja más que con conjuntos que se ven a simple vista. Al igual que el pintor no representa los átomos, sino los cuerpos rodeados de aire, el escritor describe los pensamientos y los sentimientos visibles en la superficie, y no los elementos psíquicos.

¡Y pensar que ensalzamos al escritor que se zambulle en las profundidades! ¡Es precisamente allí donde yo buscaba lo que lo distingue! ¡Pero, visiblemente, la observación de uno mismo es un mal instrumento! ¡Poner allí su ambición, y sin esperanza! Por eso las teorías anticuadas sobre el juego de la potencia imaginativa, de la bella apariencia, etc., recobran importancia para mí. Pero estoy cansado, no terminaremos hoy. Buenas noches, señor Musil. Buenas noches, señor Musil.

5. VII. Hoy, después de un seminario con Schumann, hablé varios minutos con von Allesch y otros dos. La conversación pasó del Renacimiento al catolicismo, después a Huysmans, a quien Allesch elogió mucho. Yo dije que *Al revés* no me gustó. Allesch: "Oh, es muy refinado, en particular su estilo. Hay esos refinamientos de estilo..." Yo respondí: "Ese refinamiento no funciona sin artificio, no es real". Allesch: "¿Qué significa real? ¿Y desde cuándo el artificio es un defecto?"

Este breve intercambio me arruinó el día. Había parecido que yo ignoraba el valor estético del artificio. Pero lo que me inquietaba, sobre todo, era flotar, desde el día de la galería, en un cierto nerviosismo. Inventé la fórmula "baconismo de la sensación" para consolarme. No impide que un tipo de hombre que en el fondo no he comprendido jamás empiece a preocuparme: el sensible estético. Yo soy un sensible moral. Decididamente desde la época de Valérie. Antes, frecuentaba a los estetas. Más tarde, me parecieron, a partir de cierto grado, como flores de invernadero. Ejemplares imperfectos como Strobl me han confirmado ese sentimiento.

Sensaciones fabricadas, sobre papel. Pero me veo enfrentado a un hombre de cultura multilateral. Pretende poder experimentar las sensaciones que yo no puedo expresar. Debo descubrir su secreto; un momento excitante, como aquel en el que me encontraba, semibárbaro, entre los estudiantes del liceo.

Las condiciones previas en la infancia

1907

11. II. Lunes

Contesté las dos últimas cartas de Anne. Como siempre, me costó encontrar el tono. Justo en el medio, caigo en la gravedad. Eres llamada a servir de complemento a este monstruo de intelectualidad que soy... De pronto, detención. Brusca transición. La importancia, en la enamorada, de una hombrera, de su manera de cerrar la puerta. Escribiendo eso, pensé objetivamente, aunque no sin cierta ironía, en mis esfuerzos. Justo en el medio, es verdad, un instante que fue como si Anne estuviera sentada frente a mí del otro lado de la mesa. Con una falda y una camisa. Y como si habláramos alegremente de cosas serias. Con los guiños conyugales.

14.II. Dos amigas se alojan desde hace un tiempo en la pensión. Una señorita v. Oertzen de Rusia y una holandesa. Hoy, al salir, Allesch me ha preguntado qué siento sobre ese tipo de relación. Comparten la misma habitación y son tranquilas. Sin duda también bastante jóvenes todavía. Sobre todo simples y desprovistas de gusto. Una está obligada a cruzar el comedor para ir al toilette cada vez que Allesch y yo estamos en el café. Muestra entonces la resolución de una persona dispuesta a aceptar la necesidad. Posiblemente también un poco de ese desafío que implican los actos prohibidos.

Sería interesante saber cuál de las dos domina en la relación. ¿La de rostro de pájaro egipcio o la de aire apacible y como harto? Me he prometido adivinarlo.

CUADERNO 5

1910-1911

Hoy a la tarde, en mi casa, le he leído a Martha el trabajo

hecho hasta el momento sobre la *Tentación de Verónica*, y me ha gustado mucho; las modificaciones que faltan no parecen difíciles. (Todavía Verónica habla demasiado para expresar sus pensamientos, y no suficiente a partir de la situación.) A la noche, en lo de Martha, he leído *El logro del amor*, y quedé decepcionado, aunque hace apenas unos días me parecía tan bueno. Esta vez me ha gustado la primera parte, es perfectamente calma y simple (Martha dijo "decantada" y creo que la palabra es apropiada). Leí la segunda parte distraídamente, pero la tercera me ha parecido mala. Bellos pasajes, pero demasiado ensayo, consideraciones hiladas entre sí, paráfrasis intelectuales sobre un tema escogido. Muy deprimido. En el camino de regreso, me propuse acentuar más, en la última fase de trabajo, las extrañas perspectivas intelectuales que forman el núcleo de cada escena, me propuse ser todavía más intelectual con el objeto de impedir cualquier lasitud debida al peso de las imágenes (profundizar y hasta torcer); y por otra parte, también concentrar mejor las partes que rodean el desarrollo general (ola de pensamientos hasta reconocer el valor de la mentira, la soledad, la infidelidad en el amor). En tercer lugar, como ya me lo propuse hace poco, darle una parte más grande a la narración banal; uno no sólo tiene derecho a seguir la evolución de un proceso interior sometido a las necesidades interiores, sino también el deber de mostrar un ser que cae, gradualmente, de una situación en otra.

Después de proponerme todo eso, siento curiosidad por ver qué haré en realidad; hasta el momento, las notas del proyecto teórico han dado lugar a la realización de algo completamente diferente.

En cuanto a los acontecimientos exteriores recientes, anoto solamente que una noche fuimos, Martha y yo, a casa de los Casper.

13 de agosto de 1910. Antes de dormirme, tuve todavía algunas ideas sobre mi manera de trabajar (en las novelas). Lo que me importa es la energía apasionada del pensamiento. Cuando ya no tengo más pensamientos particulares para elaborar, el trabajo me aburre; eso ocurre cada párrafo, o más o menos, ¿Por qué entonces ese trabajo del pensamiento que, finalmente, tien-

de menos a una objetividad científica que a una cierta verdad individual, no es más rápido? He descubierto que en la parte reflexiva del arte hay un elemento de disipación: basta que piense en las reflexiones que acabo de notar paralelamente a mis bosquejos. El pensamiento no cesa de correr en todas direcciones, las ideas, desarrollándose en todos los planos, divergen, y eso da como resultado un conjunto desarticulado, amorfo. En el pensamiento exacto, como el trabajo tiene un fin particular, ese conjunto se limita a lo demostrable, distingue lo probable de lo seguro, etc.; en una palabra, como su objeto impone exigencias metódicas, el conjunto se ordena, se delimita y se articula. Aquí, falta ese tipo de elección. Y se produce la elección que imponen las imágenes, el estilo, el tono general.

Me irritó constatar que, con frecuencia, en mi caso, la retórica somete al pensamiento. Me veo obligado a seguir inventando dentro del mismo estilo de imágenes ya presentadas, algo que, con frecuencia, no deja de alterar el tenor de lo que debería decirse: eso ocurrió en *La casa encantada* y en *El logro del amor*. En un primer momento, no puedo elaborar el material de pensamiento más que hasta un cierto punto, después del cual se deshace en mis manos. En un segundo momento, pulo el texto hasta los menores detalles, lo ajusto a su estilo definitivo, etc. Sólo después de eso, encadenado y limitado por el texto ya logrado, puedo retomar el hilo del "pensamiento".

Hay que mantener en equilibrio dos fuerzas antagónicas: la del pensamiento, disipadora e informe, y la de la invención retórica, limitada y amenazada de formalismo vacío.

No decimos más que lo que podemos decir dentro del marco elegido; como el punto de partida es arbitrario, siempre hay un elemento de azar. Pero el punto de partida no es totalmente arbitrario, ya que las primeras imágenes nacen de la tendencia que nos guía confusamente hacia el conjunto.

La reducción de la obra a su mayor densidad intelectual, ese último paso más allá del trabajo que se impone el hombre intelectual hostil a las palabras profundas y que es en sí mismo una actividad intelectual, sólo se lleva a cabo después de las dos primeras fases. Entonces, el entendimiento ejerce un efecto de condensación, pero orientada hacia la unidad ya realizada de la forma y del fondo, en tanto ejerce un efecto de disipación cuando sólo se trata de imaginar el contenido. (Incluso cuando se tiene ya una idea fundamental alrededor de la cual agrupar todo, mientras no haya concreción, nada funciona; si se limita la extensión, se va demasiado lejos en intensidad, y el resultado es amorfo.)

Roma, 14 o 15 de noviembre de 1910

Tengo ganas de decir: esos literatos que hablen con desdén de su trabajo. Kerr: la literatura sólo ocupa un pequeño cantón de mi existencia. Lo contrario: la literatura es la vida combinada con más audacia y más lógica. Una producción o puesta al día por el análisis, las posibilidades, etc. Es un ardor capaz de consumirnos hasta los huesos, en pos de un fin emocional de orden intelectual. El resto es pura propaganda. O es una luz que nace en el cuarto, un sentimiento en la piel, cuando uno repiensa los acontecimientos vividos que, en otro caso, seguirían siendo indiferentes o confusos.

Ahora pienso que en ese punto soy muy personal. El teórico, por oposición al literato práctico que no analiza la significación sistemática de los fenómenos sino que la descubre de repente e imprecisamente, y la presenta de manera igualmente imprecisa, envuelta por la abundancia del resto.

Es necesario que no olvide lo insuficiente que me ha resultado en el aspecto intelectual toda la literatura existente. Dicho esto, no tenemos derecho a insertar en la obra esa reflexión más sutil o más poderosa sobre la materia representada, tenemos el deber de hacer que la preceda.

11 enero de 1911. Una de la mañana, *Verónica* terminada.

De la conversación con Gustl hace unos días: él dice: Esta novela —*La casa encantada*— me da la impresión de haber sido escrita por alguien con cerebro mal nutrido. Exacto, física e intelectualmente. Intelectualmente, eso quiere decir: por un hombre en cuyo cerebro la vida no circula con la amplitud necesaria. Pero que eso no se confunda con lo que he intentado precisar:

que hay que escribir con una inteligencia bien templada, etc., pues de ese modo el defecto no se comprende en sus gérmenes. Tal vez eso está ya en lo vivido. *Vivo* muy pocas cosas, es decir que no me queda nada más que una elección abstracta, menos caracterizada por la falta de detalles sensibles que por la reducción de la parte intelectual. Muchas cosas en las que he visto en el momento un hermoso problema, soy incapaz, intelectualmente, de conservarlas; las dimensiones del razonamiento se reducen rápidamente para adaptarse a mi personalidad, la zona de combustión, en mí, es muy estrecha. Recuerdo haberlo sentido hace ya muchos años, cuando todavía estaba en Brünn y Gustl venía desde Viena a verme.

CUADERNO 1

Alrededor de 1915-1920

Algunas veces me he propuesto escribir mi vida; hoy, después de haber leído el segundo volumen de la autobiografía de Gorki, empiezo a hacerlo. En realidad, una lectura así más bien debería incitarme a renunciar, ya que mi vida, comparada con esa existencia maravillosa, no tiene nada de notable. El verdadero móvil es el deseo de justificarme y de explicarme a mí mismo; cómo se relaciona eso con Gorki es algo que no deseo examinar.

CUADERNO NO NUMERADO

1916/1918-1919

23. Hace una semana más o menos, eyaculación. Desde entonces, excitación fisiológica media sin correlación psicológica. Sueño con erección.

Humor caracterizado por una mezcla de esperanza y desesperación. Condicionado por Bozan. Sin decidir verdaderamente.

Trabajo: el 22 una idea para una novela. Para el drama, el sentimiento, solamente, que hace falta de la voluntad y del espíritu descansado. Perturbado por A.

24. El humor no ha cambiado. A la noche, ideas para los textos críticos.

25. Humor para trabajar. El personaje de Mornas se devela de pronto. Dormí después del almuerzo, dolor de cabeza al despertar. El humor de trabajo persiste, sin embargo. Anoté poco, por perturbación.

26. Ningún cambio. Impedimentos todo el día.

27. Nada escrito. Humor de trabajo mediocre, pero sin pérdida de contacto con el trabajo, aunque aparentemente flojo.

28. Idem. A mediodía llamado por telegrama.

29. Humor de trabajo y vitalidad en aumento. A la noche, ideas en cantidad.

30. Primer día de viaje.

1/V. Segundo día de viaje.

2. Tercer día de viaje.

3/V. Ocupado todo el día. A la noche, tendría humor para trabajar si estuviera solo en la habitación.

4-7/V. Abatimiento debido al trabajo de escritorio, que me cae mal. El 7 a la noche, de pronto, humor de trabajo.

8/5. Gargarismos con alsol. De pronto, tono físico netamente mejorado.

25/5. Hasta esta fecha (más o menos) mejoría creciente del estado físico.

Del 25/5 al 3/6. Aumento de la sexualidad. Buena capacidad de trabajo. Visión clara de todas las relaciones.

5 y 6/6. Nuevamente restablecido.

8/6. Principio de una verdadera depresión, en los dos planos.

III

Katherine Mansfield

La vida de la vida

Sólo hay una cosa más paciente y encarnizada que la enfermedad pulmonar con la que Katherine Mansfield convivió hasta morir: es el registro que su diario lleva de ella. Prácticamente no hay entrada que no la mencione, ni día en el que no ofrezca alguna manifestación digna de comentario. La enfermedad es mucho más que un tema importante del diario; es su materia única, su obsesión, su presa favorita, y a la vez la que proporciona un ritmo, una cadencia, una regularidad a la escritura. Volver al diario todos los días, puntualmente, como el médico vuelve al lecho donde descansa, inmóvil, el enfermo, para inscribir en su planilla los signos jóvenes de un viejo mal, todo lo que ese día le ha añadido al cuerpo y todo lo que le ha quitado, el modo en que lo transforma, las potencias que va adormeciéndole y las que le inocula. *Historia clínica*: he aquí el género al que pertenece todo diario íntimo. "De todo eso conversé con Sorapure el 21 de junio", escribe Mansfield: "Su punto de vista acerca de la medicina me parece *completamente acertado*. De muy buen grado le permitiría que me sacara la cabeza, que mirara adentro y volviera a colocarla, si él creyera que eso podría servir a las generaciones futuras. El hombre para tener al lado del lecho de muerte. El lograría interesarme tanto en el proceso —pérdida gradual de la sensibilidad, frío en las coyunturas, etcétera— que yo me estaría ahí tendida pensando: éste es un conocimiento muy valioso, tengo que hacer una nota al respecto".

No hay diario que no sea diario de alguna enfermedad, parecen decir estas páginas temblorosas, cegadas por la nitidez y el sarcasmo, que Mansfield escribió a lo largo de doce años mientras trataba de huir de la tuberculosis, saltando como una exiliada entre ciudades y casas siempre provisorias. Es allí, entre esas paredes demasiado frías o demasiado húmedas, donde resuena con una fuerza ejemplar el eco del axioma que Scott Fitzgerald, más tarde, enunciaría en el otro continente: *toda vida es un proceso de demolición.* ¿Por qué este dictamen no engendra lamentos inconsolables sino pasión, ráfagas de movimiento, una suerte de vitalidad nueva, seca, indestructible? Tal vez ni Fitzgerald ni Mansfield crean que la enfermedad sea un accidente exterior, la injusticia que hiere de muerte a la vida condenándola al ejercicio de una eterna nostalgia. La enfermedad, en cambio, es más bien coextensiva de la vida, de toda vida, aun de las más bellas y robustas, del mismo modo que las flores, por magníficas que sean, son ya, siempre, pura podredumbre. No se trata de escapar de la enfermedad sino más bien, en cierto momento, de *preferirla,* de serle fiel como se es fiel a un muerto o a un diario íntimo, de convertirla en una idea fija, en la monomanía frenética capaz de arrastrarnos en alguna dirección nueva. La vida de Katherine Mansfield está cruzada de viajes: Wellington y Karori, Londres, Bandol, Cornualles, Ospedaletti, Menton, Montana, París, Fontainebleau... Pero su diario no cede, atrincherado en el único territorio que le es propio, el de la enfermedad, y se obstina en experimentar con el colmo de los vértigos, que es el desafío nómade por excelencia: quedarse completamente inmóvil: "Parálisis como idea. Una idea placentera. Enfermedad de la columna. Un shock. Paro cardíaco. Algún 'oscuro' horror. Muerte antes del viernes. Una lisiada, incapaz de hablar, mi rostro todo *deformado.* Pero las tapas de este sándwich son un ataque de parálisis; el importante centro, un paro cardíaco. Bien, lo he preparado para mí y lo he

comido día tras día, día tras día... Es un pan *interminable*..."
Vivir, escribir, enfermar... ¿Cómo saber cuál es la enfermedad y cuál la cura en ese juego de erosiones recíprocas que es el diario de Mansfield? A veces el mal, presumiblemente localizado en la vida (la muerte, en 1915, de su hermano menor, caído en el frente de batalla), sólo se alivia un poco gracias a la escritura del diario, a esas páginas alucinadas que son como sesiones de espiritismo ("Oh, fantasma... debo apresurarme").

A veces, en cambio, no hay más dolor que el que destila la enfermedad orgánica, y la posibilidad de otra vida (una vida en la que "pueda penetrar en el mundo exterior, vivir en él, aprender de él, perder todo lo que es superficial..."), que es el único consuelo posible, es incompatible con cualquier forma de escritura porque implica borrar para siempre toda huella ("Julio. Montana. He decidido una cosa. Y es no dejar rastros").

Pero también es muy probable que el mal, el verdadero mal, esté alojado en el centro del escribir, sobre todo en la terrible perversidad que destila el diario, en su capacidad de traición ("nunca escribir lo que imagino"), de distracción y de farsa ("aquí estoy, haciendo ver que escribo").

Vivir, escribir y enfermar son las tres fuerzas que tejen y consumen este diario leve, voraz, delicadamente insidioso. Compuesto por materiales muy heterogéneos, es el resultado de la extraña combinación en la que el azar ha entrelazado varios proyectos distintos: un diario propiamente dicho, hecho de notas y fragmentos inmediatamente literarios, llamados a integrar en algún momento el cuerpo central de la ficción, pero también de cartas nunca enviadas, de confesiones personales, de glosas de lectura (el amado Chéjov, el despreciable Mirabeau, Shakespeare); un carnet de apuntes con destino de publicación, basado verosímilmente en la materia prima del diario; y un enorme "diario de quejas", manuscrito mítico que la misma Mansfield habría destruido por completo.

DIARIO

1914

26 de marzo. Luna nueva, 6 horas 9 minutos de la tarde. (Pero no la vi.) L.M. y yo tomamos el tranvía hasta Clapham. Ella se marchó alrededor de las 9 de la noche, después de vestirme. Cuando salgo de entre sus manos me siento cargada de coronas de flores. Una noche tonta, irreal, en casa de la señora R. Bellas salas y hermosa gente, buen café y cigarrillos en una cigarrera de plata. Una especie de rincón de falsa atmósfera Meredith. A. R. posee un rostro jovial y bonito... eso fue todo. Me sentí desgraciada. No tengo nada que decirles a las mujeres "encantadoras". Me siento como un gato entre tigres. Las damas, cuando quedaron solas, hablaron de fantasmas y de partos. Me siento desgraciadamente infeliz entre todos... y el silencio...

29 de marzo. Hoy voy a empezar una obra.

31 de marzo. Una mañana espléndida, pero como sé que tengo que ir a cambiar el cheque y pagar las cuentas, no puedo hacer nada y me siento desgraciada. La vida es un asunto odioso, no se puede negar. Cuando G. y J. estaban hablando en el parque de bienestar físico y de cómo aún podían desear las "fiestas", casi gimo. Y estoy segura de que J. podría derivar mucho placer de la sociabilidad placentera. Yo no. He terminado con eso y ya ni puedo enfrentarlo. Preferiría mucho más apoyarme ociosamente en el puente y observar las lanchas y la gente libre y desconocida y sentir cómo sopla el viento. No, odio la sociedad. La idea de la obra me parece una total necedad hoy.

2 de abril. Otra vez he empezado a dormir mal y he decidido romper todo lo que he escrito y comenzar de nuevo. Estoy segura de que eso es lo mejor. Esta angustia persiste y me siento tan oprimida. Si pudiese escribir con mi antigua fluidez por *un día*, se rompería el hechizo. Es el esfuerzo continuo, la lenta formación de mi idea y luego, ante mis ojos y sin que pueda hacer nada, su lenta disolución.

1915

1º de enero. ¡Qué pequeño diario despreciable! Pero estoy decidida a continuar este año. Despedimos al año viejo y recibimos al año nuevo. Una noche encantadora, azul y dorada. Las campanas de la iglesia repicaban. Salí al jardín, abrí el portón y casi... me voy caminando. J. estaba de pie ante la ventana, exprimiendo una naranja en una taza. La sombra del rosal caía sobre el césped como si fuese un pequeño ramo. La luna y el rocío habían puesto lentejuelas sobre todas las cosas. Pero a las 12 en punto me pareció oír pisadas en el camino, me asusté y corrí hacia la casa. Pero no pasó nadie. J. pensó que me comportaba como una gran niña durante toda esa noche. El fantasma de L. M. corrió por mi corazón, su pelo desplegado, muy pálida, sus ojos oscuros y espantados.

Para este año tengo dos deseos: escribir, ganar dinero. Consideremos. Con dinero podríamos marcharnos como queremos, tener una casa en Londres, ser libres como lo deseamos, y ser independientes y orgullosos con todos. Es sólo la pobreza la que nos mantiene tan unidos. Bien, J. no desea dinero y no lo va a ganar. Yo debo obtenerlo. ¿Cómo? Primero, terminar este libro. Ese es un comienzo. ¿Cuándo? A fines de enero. Si lo haces, estás salvada. Si escribiera noche y día podría lograrlo. Sí, podría. Siento que la nueva vida se aproxima. Creo, como siempre he creído. Sí, vendrá. Todo andará bien.

2 de enero. Una mañana y una tarde horribles. *Je me sens incapable de tout*, y al mismo tiempo no estoy escribiendo muy bien. Debo terminar mi historia mañana. Debería trabajar en ella todo el día... sí, todo el día y también la noche, de ser necesario. Un día detestable, *J'ai envie de prier au bon Dieu comme le vieux père Tolstoi*. Oh, Señor, hazme una criatura mejor mañana. *Le cour me monte aux lèvre d'un goût de sang. Je me déteste aujourd'hui.* Comí en casa de L. y conversé acerca de la Isla. Se trata de algo muy real, salvo que cierta parte de mí es ciega a él. Hace seis meses yo hubiese saltado.

Lo más importante que siento últimamente acerca de mí es que estoy envejeciendo. Ya no me siento como una niña, ni siquiera como una joven. Siento realmente que ya he pasado la flor de la edad. A veces, el temor de la muerte es horrible. Me siento tanto más vieja que J., y él lo reconoce, estoy segura. Antes nunca lo hacía, pero ahora con frecuencia me habla como un joven a una mujer mayor. Bien, tal vez eso sea bueno.

3 de enero. Un día frío, feo. Ya estaba oscuro poco después de las dos. Lo pasé tratando de escribir y corriendo de mi cuarto a la cocina. No podía entrar en calor realmente. El día parecía interminable. A la noche leí y más tarde con J. leímos mucha poesía. Si yo viviera sola necesitaría mucho de la poesía. Conversé con J. sobre la idea de la isla. Sé que para mí ha llegado demasiado tarde.

4 de enero. Me desperté temprano y vi una rama nevada a través de la ventana. Hace frío, ha caído nieve que ahora se está derritiendo. Los cercos y los árboles están cubiertos con cuentas de agua. Muy oscuro, además, con un viento de alguna dirección. Deseo estar sola por un poco.

Hago la promesa de terminar un libro este mes. Escribiré todo el día y también por la noche, para poder terminarlo. Lo *juro*.

3 de febrero. No puedo hacer nada. He ordenado mi escritorio y tomé un poco de quinina y eso es todo. Pero sé que iré, porque de lo contrario moriría de tristeza. Mi cabeza está tan caliente, pero mis manos están frías. Tal vez esté *muerta* y sólo esté simulando vivir acá. De cualquier manera, no hay ninguna señal de vida en mí.

Ayer compré un libro de Henry James y lo leí, como suele decirse, "hasta avanzada la noche". No era muy interesante ni muy bueno, pero puedo chapotear por páginas y páginas de un James aburrido y ampuloso por ese golpe dulce y repentino, ese violento latido de delicia que él me da a veces. No dudo que eso sea genio: sólo que hay una cantidad extraordinaria de crítica y un pasmoso destello *raffiné*...

Una cosa que quiero acotar. Su héroe, Bernard Longueville, brillante, rico, moreno, ágil, aunque un compañero agudo, es quizá más agudo y más divertido cuando está solo, y se guarda las mejores cosas para sí... Adjetivos calificativos de lado, soy aguda, lo sé, y buena compañía, pero siento que mi caso es exactamente igual al suyo, el grado de alegría minuciosa y delicada que derivo de la observación de la gente y las cosas cuando estoy sola es simplemente enorme, en realidad sólo tengo "perfecta diversión" conmigo misma. Cuando veo pasar a una niñita corriendo sobre sus talones como un ave en el barro, y digo "Caramba, ésa es mi Gertie", me río y me divierto como no podría hacerlo si estuviese con alguien. Lo mismo ocurre con mi actitud hacia lo que se llama "naturaleza". Otra gente no se detiene a ver las cosas que yo deseo observar, o si lo hacen, se detienen para contentarme o para divertirme o mantener la paz. Pero estoy hecha de tal manera que en cuanto estoy con alguien empiezo a darles consideración a sus opiniones y deseos, que no son dignos ni de la mitad de la que merecen los míos. Ahora no extraño en absoluto a J. No quiero ir a casa, estoy muy contenta de vivir acá, en un cuarto amueblado, y observar. Es una mera cuestión de clima, eso es lo que creo. (Acaba de pasar una terrorífica Gertie.) La vida con otra gente se convierte en una confusión: eso ocurre con J., pero cuando estoy sola es enormemente valioso y maravilloso el detalle de la vida, la *vida* de la vida.

Noviembre, Bandol, Francia. Hermano. Creo que he sabido desde hace tiempo que la vida había terminado para mí, pero nunca me di cuenta de ello ni lo reconocí hasta la muerte de mi hermano. Sí, aunque él yace en el medio de un bosquecito de

Francia y yo aún camino erguida y siento el sol y el viento del mar, estoy tan muerta como él. El presente y el futuro no significan nada para mí. Ya no tengo "curiosidad" acerca de la gente; no deseo ir a ninguna parte; y el único valor posible que algo puede tener para mí es que me recuerde algo que ocurría o se daba cuando él vivía. "¿Te acuerdas, Katie?" Oigo su voz en los árboles y las flores, en los olores y en la luz y la sombra. ¿Es que la gente, aparte de estas personas lejanas, existió alguna vez para mí? ¿O siempre fallaron y se desvanecieron porque les negué realidad? Suponiendo que muriera mientras estoy sentada a esta mesa, jugando con mi cortapapel indio, ¿cuál sería la diferencia? Ninguna. ¿Entonces por qué no me suicido? Porque siento que tengo que cumplir un deber hacia la época encantadora en que los dos estábamos vivos. Deseo escribir sobre esa época, y él quería que yo lo hiciera. Lo conversamos en mi pequeña buhardilla de Londres. Le dije: Pondré simplemente en la primera página, "A mi hermano, Leslie Heron Beauchamp...". Muy bien, se hará...

El viento cesó al atardecer. Medio círculo de luna pende en el vacío. Está muy tranquilo. Desde alguna parte oigo a una mujer que canturrea una canción. Quizás está acurrucada ante la estufa en el corredor, porque es la clase de canción que una mujer canta frente a un fuego... meditando, abrigada, con sueño y segura. Veo una casita con islitas de flores, debajo de las ventanas y la suave masa de una parva de heno en el fondo. Todas las aves se han ido a descansar... Parecen manchas de lana en las perchas. El pony está en el establo, cubierto con una tela. El perro está echado en su casilla, con la cabeza sobre sus patas delanteras. El gato está sentado junto a la mujer, con la cola alrededor de su cuerpo, y el hombre, aún joven y despreocupado, se acerca subiendo la calle de atrás. De repente se ve una mancha de luz en la ventana y sobre el macizo de pensamientos que está debajo y él camina más rápidamente, silbando.

¿Pero dónde está esa bella gente? ¿Esa gente joven y fuerte de cuerpos sanos y vigorosos y cabellos ondulados? No son ni santos ni filósofos; son seres humanos decentes... pero ¿dónde *están*?

Miércoles. [Diciembre.] Estoy endureciendo mi corazón. Estoy caminando alrededor de mi corazón y construyendo defensas. Pienso no dejar una abertura ni siquiera para que crezca una plantita de violetas. ¡Dame un corazón duro, Señor! ¡Señor, endurece mi corazón!

Esta mañana pude caminar un poco. Así que fui a la Oficina de Correos. Estaba brillante el sol. Las palmeras se elevaban en el aire, vigorosas y brillantes; los eucaliptos parecían pesados bajo el sol, como de costumbre. Cuando llegué a la calle oí que cantaban. Un pensamiento divertido... "¡Han llegado los ingleses!" Pero, por supuesto, no se trataba de ellos.

Domingo. [Diciembre.] Las cuatro y diez. Estoy segura de que este domingo es el peor de toda mi vida. He tocado fondo. Hasta mi corazón ya no late. Sólo me mantengo viva mediante una especie de zumbido de la sangre en mis venas. Ahora está volviendo la oscuridad; sólo en las ventanas hay un resplandor blanco. Mi reloj suena alto, con fuerza, sobre la mesa de noche, como si estuviese repleto de una vida diminuta, mientras yo me desvanezco... muero.

1916

22 de enero. [*Villa Pauline, Bandol.*] Ahora, realmente, ¿qué es lo que de verdad quiero escribir? Me lo pregunto. ¿Soy menos escritora que antes? ¿Es menos urgente la necesidad de escribir? ¿Aún me parece tan natural buscar esa forma de expresión? ¿La ha satisfecho el habla? ¿Pido algo más que relatar, recordar, asegurarme?

Hay veces en que estos pensamientos casi me asustan y casi me convencen. Me digo: Estás ahora tan realizada en tu propio ser, en estar viva, en vivir, en aspirar a un sentido mayor de la vida y un amor profundo, que lo otro ha desaparecido de ti.

Pero no, en el fondo no estoy convencida, porque en el fondo nunca mi deseo fue tan ardiente. Sólo la forma que elegiría ha cambiado marcadamente. Ya no me siento interesada en el mismo aspecto de las cosas. La gente que vivió o a quien deseé

86

introducir en mis historias ya no me interesan. Los argumentos de mis historias me dejan absolutamente fría. Aceptado que esa gente exista, y que todas las diferencias, complejidades y resoluciones sean verdaderas para ellos, ¿por qué debería *yo* escribir sobre ellos? No están cerca de mí. Todas las falsas cuerdas que me unen a ellos están cortadas del todo.

Ahora... ahora quiero escribir recuerdos de mi propio país. Sí, deseo escribir sobre mi propio país hasta que simplemente agote mis recuerdos. No sólo porque se trate de una "deuda sagrada" que le pague a mi país porque mi hermano y yo nacimos allá, sino también porque en mis pensamientos recorro con él todos los lugares recordados. Nunca me aparto de ellos. Deseo renovarlos por escrito.

Ah, la gente... la gente que amamos allá... de ellos también, deseo escribir. Otra "deuda de amor". Oh, quiero que por un momento nuestro país no descubierto salte ante los ojos del Viejo Mundo. Debe ser misterioso, como si flotara. Debe quitar el aliento. Debe ser "una de esas islas...". Lo diré todo, incluso el asunto de la canasta de la ropa. Pero todo debe ser contado con un sentido del misterio, con brillo, con un resplandor crepuscular, porque tú, mi pequeño sol de ese mundo, te has puesto. Te has caído por el enceguecedor borde del mundo. Ahora yo debo hacer mi parte.

Luego quiero escribir poesía. Siempre me siento temblando al borde de la poesía. El almendro, los pájaros, el bosquecito donde estás tú, las flores que no ves, la ventana abierta por la que me asomo y sueño que te reclinas contra mi hombro, y las veces que tu fotografía "parece triste". Pero principalmente quiero escribir una especie de elegía a ti... tal vez no en poesía. Tal vez tampoco en prosa. Casi con seguridad en una especie de *prosa especial.*

Y, por último, deseo llevar una especie de *libro de pequeñas notas,* que se publique algún día. Eso es todo. Nada de novelas, nada de historias con problemas, nada que no sea simple, abierto.

13 de febrero. Aún prácticamente no he escrito nada, y ahora otra vez el tiempo se está tornando escaso. No hay nada hecho.

No estoy más cerca de mi objetivo que hace dos meses y me paso el tiempo casi dudando de mi deseo de realizar algo. Cada vez que hago una movida mi demonio me dice casi al mismo tiempo: "¡Oh, sí, ya hemos oído eso antes!". Y luego escucho a R. B. en el Café Royal: "¿Aún escribes?". Si volviese a Inglaterra sin un libro *terminado*, me daría por vencida. Sabría que, dijera lo que dijiese, yo no era una escritora y no tenía derecho a "una mesa en mi cuarto". Pero si vuelvo con un libro terminado, será una *profession de foi pour toujours*. ¿Por qué dudo tanto? ¿Es sólo pereza? ¿Falta de voluntad? Sí, creo que es eso, y es por eso que se hace tan importante que me imponga. Hoy he puesto una mesa en mi cuarto, frente a un rincón, pero desde donde me siento alcanzo a ver las ramas más altas del almendro y oigo fuerte el sonido del mar. Hay un vaso de bonitos geranios sobre la mesa. Nada podría ser más hermoso que este lugar, y es tan tranquilo y tan alto, como sentarse sobre un árbol. Creo que aquí podré escribir, en especial hacia el crepúsculo.

Ah, una vez encendida... ¡cómo ardería y quemaría! Aquí tenemos un nuevo hecho. Cuando no estoy escribiendo, siento que mi hermano me llama y que no está feliz. Sólo cuando escribo o estoy en estado de escribir —un estado de "inspiración"— siento que él está en calma... Anoche soñé con él y el padre Zossima. El padre Zossima dijo: "No permitan que el hombre nuevo muera". Mi hermano estaba seguramente allí. Pero anoche me llamó cuando yo estaba sentada junto al fuego. Al fin obedecí y subí. Me quedé en la oscuridad y esperé. La luna se puso muy brillante. Había estrellas afuera, estrellas titilantes muy iluminadas, que parecían moverse mientras las miraba. La luna refulgía. Alcanzaba a ver la curva del mar y la curva de la tierra que la rodeaba, y arriba en el cielo había una nube curva. Tal vez esos tres semicírculos fuesen mágicos. Pero luego, cuando me asomé por la ventana, me pareció ver a mi hermano que se perfilaba sobre todo el campo... Ahora tendido de espaldas, ahora boca abajo, ahora acurrucado, ahora semihundido en la tierra. Mirara donde mirase, ahí estaba él. Pensé que Dios me lo mostraba así por algún motivo especial y me arrodillé junto a la cama. Pero no pude rezar. No había trabajado nada. No estaba en un estado de gracia activo. De modo que finalmente me incorporé y volví abajo. Pero me sentía terriblemente triste... La noche anterior, cuando estaba en la cama, me sentí repentinamente apasionada. Deseaba que J. me abrazara. Pero cuando me volví para hablarle o besarlo, vi a mi hermano tendido y profundamente dormido, y me enfrié. Eso ocurre casi siempre. Tal vez porque me fui a dormir pensando en él, me desperté y era él, por un rato muy largo. Sentí que mi rostro era su rostro serio y adormecido. Sentí que las líneas de mi boca habían cambiado y pestañeé como él hacía al despertar.

Este año tengo que ganar dinero y hacerme conocer. Quiero ganar bastante dinero como para poder darle algo a L. M. En realidad, quiero hacerme cargo de ella. Esa es mi idea, y ganar lo bastante como para que J. y yo podamos pagar nuestras deudas y vivir honorablemente. Me gustaría que se publicara un libro mío y tener cantidades de cuentos preparados. Ah, mientras escribo, el humo de un cigarrillo parece ascender de manera reflexiva y me siento más próxima a esa clase de ser silencioso, cristalizado, que solía ser casi yo.

14 de febrero. Comienzo a pensar en un recuerdo sin final que ha estado conmigo por años. Es una historia muy buena si sólo consigo narrarla bien, y se llama "Lena". Ocurre en Nueva Zelanda y entraría en el libro. Si sólo consigo narrarla bien.

Querido hermano, mientras escribo estas notas estoy hablando contigo. ¿A quién le escribí siempre cuando llevaba esos grandes diarios quejosos? ¿Era a mí misma? Pero ahora, mientras escribo estas palabras y hablo de lograr el clima de Nueva Zelanda, te veo frente a mí, veo tus ojos pensativos que miran. Sí, es para ti. Estábamos viajando... sentados uno frente al otro y circulando muy rápidamente. Ah, mi querido, ¿cómo me he podido negar esta tremenda alegría? Cada vez que tomo la pluma, *tú* estás conmigo. Eres mío. Eres mi compañero de juegos, mi hermano, y juntos recorreremos todo nuestro país. Es contigo que veo, y es por eso que veo tan claramente. Ese es un gran misterio. Hermano, he dudado estos últimos días. He estado en lugares espantosos. Pensé que no podría *llegar* a ti. Pero ahora, de repente, la bruma se está levantando y veo y sé que estás cerca de mí. Estás conmigo más vívidamente en este momento que si estuvieses vivo y yo te escribiera desde una corta distancia. Cuando dices mi nombre, el nombre por el que me llamas y que tanto amo —¡Katie!— tus labios se abren en una sonrisa... tú crees en mí, sabes que estoy acá. ¡Oh, Chumie! Rodéame con tus brazos. Estaba por escribir: Aislémonos de todos. Pero no, no es eso. Sólo que los miraremos juntos. Hermano, tú sabes que a pesar de todo mi deseo, mi voluntad es débil. Hacer cosas, incluso escribir absolutamente para mí y por mí misma, me resulta terriblemente duro. Dios sabe por qué, cuando mi deseo es tan fuerte. Pero así como siempre fue nuestro placer sentarnos juntos... ¿te acuerdas?... y conversar de los viejos tiempos, hasta el último detalle, el último sentimiento, mirándonos y expresando con los ojos, cuando las palabras terminaban, qué íntimamente nos entendíamos, así ahora, mi querido, volveremos a hacerlo. Sabes qué poco feliz he sido últimamente. Casi pensaba: Tal vez "el hombre nuevo" no viva. Tal vez aún no me haya levantado... Pero ahora ya no dudo. Es la idea (siempre ha estado allí, pero nunca como esta noche) de que no escribo sola. Que en cada palabra que escribo y cada lugar que visito te llevo conmigo. En verdad, ése podría ser el lema de mi libro. Sobre la mesa hay margaritas y una flor roja, como una amapola, que se destaca. De margaritas, voy a escribir. De la oscuridad. Del viento... y el sol y de la bruma. De las sombras. Ah, de todo lo que amabas y que también yo amo y siento. Esta noche ha quedado en claro. Por mucho que escriba y reescriba realmente no vacilaré, queridísimo, y el libro estará escrito y pronto.

15 de febrero. He roto el silencio. Me llevó mucho tiempo. ¿Te fallé cuando me senté a leer? Oh, ten un poco de paciencia conmigo. Estaré mejor. Haré *todo*, todo lo que deseemos. Amor, no fallaré. Esta noche el tiempo es muy malo. ¿Oyes? Todo eso es el viento y el mar. Sientes que el mundo se estremece como una pluma, que salta y se mece en el aire como un balón de Lindsay. A veces me parece oír un piano, pero eso es fantasía. ¡Qué fuerte es el sonido del viento! Si cada día escribo fielmente un pequeño registro de cómo he cumplido mi promesa contigo... eso es lo que debo hacer. Ahora estás de nuevo conmigo. Te adelantas, con una mano en el bolsillo. ¡Hermano, mi hermanito muchacho! ¡Tus ojos pensativos! Te veo siempre como me dejaste. Te vi un momento solo, muy solo, y muy desorientado, me pareció. Mi corazón te anhelaba entonces. ¡Oh, te anhela esta noche, ahora! ¿Lloraste? Siempre pensé: El nunca debe ser infeliz. Ahora me acercaré mucho a ti, tomaré tu mano y nos contaremos esta historia uno al otro.

16 de febrero. Encontré "El aloe" esta mañana. Y cuando lo hube releído supe que no era el "correcto" ayer. No, queridísimo, no era el espíritu. "El aloe" está bien. "El aloe" es encantador. Simplemente me fascina y sé que es lo que tú desearías que yo escriba. Y ahora sé cuál es el último capítulo. Es tu nacimiento... tu venida en el otoño. Tú en brazos de abuela bajo el árbol, tu solemnidad, tu maravillosa belleza. Tus manos, tu cabeza... tu desamparo, tendido sobre la tierra y, por encima de todo, tu tremenda solemnidad. Ese capítulo terminará el libro. El próximo libro será tuyo y mío. Y tú debes significar el mundo para Linda; y antes de que tú nazcas Kezia debe jugar contigo... su pequeño fantasma. Oh, fantasma... debo apresurarme. Todos ellos deben tener este libro. ¡Es bueno, mi tesoro! Hermanito, es bueno, y eso es lo que realmente queríamos.

17 de febrero. Estoy triste esta noche. Tal vez sea el viejo y melancólico viento. Y pensar en ti *espiritualmente* no basta esta noche. Te quiero a mi lado. Debo meterme profundamente en mi libro, porque entonces seré feliz. Perderme, perderme para encontrarte, queridísimo. Oh, deseo que este libro esté escrito. DEBE ser escrito. Debe ser encuadernado y envuelto y enviado a Nueva Zelanda. Lo deseo con toda mi alma... Se hará.

2 de abril. París. No estoy haciendo lo que juré que haría en Bandol. Otra vez debo escribir la palabra

DISCIPLINA

y debajo

¿QUE PREFIERES?

Y cada día, después de esto, mantener un estricto control de aquello en lo que fallo. He fallado mucho estos últimos días y esta noche fue un "comble". *Esto*, para los no iniciados podrá parecer una gran tontería. Sospecharía no sé qué de mí. ¡Si sólo supieran la infantil verdad! Pero no lo sabrán. Ahora, Katherine, aquí va para mañana... Persiste, muchacha. Es una oportunidad tan buena ahora que L. M. no espía.

Junio. Parálisis como idea. Una idea placentera. Enfermedad de la columna. Un shock. Paro cardíaco. Algún "oscuro" horror. Muerte antes del viernes. Una lisiada, incapaz de hablar, mi rostro todo *deformado*. Pero las tapas de este sándwich es un ataque de parálisis; el importante centro, un paro cardíaco. Bien, lo he preparado para mí y lo he comido días tras día, días tras día... Es un pan *interminable*... Y me gustaría dejar asentado que el dolor es un poco menos que insoportable... sólo un poco menos que insoportable.*

Hoteles

Parece ser que paso la mitad de mi vida llegando a extraños hoteles. Y preguntando si puedo irme a la cama inmediatamente.

"¿Y tendría inconveniente en llenar mi botella de agua caliente?... Gracias, es una delicia. No, no necesitaré nada más."

Las puertas extrañas se cierran sobre la extraña y luego me deslizo entre las sábanas. Esperando que las sombras surjan de los rincones y tejan su lenta, lenta telaraña sobre el "empapelado más feo de todos".

Tuberculosis pulmonar

El hombre que está en el cuarto de al lado sufre de lo mismo que yo. Cuando me despierto en la noche lo oigo darse vuelta. Y

---

* En el margen: *AMOR. Debe leerse después de que haya sucedido.*

luego tose. Y tose. Y después de un silencio yo toso. Y él vuelve a toser. Esto continúa por un largo rato. Hasta que siento que somos como dos gallos que se llaman mutuamente en un falso amanecer. Desde fincas lejanas y ocultas.

La eterna pregunta

Me planteo, una vez más, *mi* eterna pregunta. ¿Qué es lo que torna tan difícil para mí el momento de la realización? Si ahora debiera sentarme y escribir, sin más, algunas de las historias... todas escritas, ya listas, en mi mente, me llevaría días. Son tantas. Me siento y las *pienso*, y si supero mi lasitud y tomo la pluma, deberían escribirse solas (están completas). Pero es la actividad. No tengo ningún lugar para escribir, la silla no es cómoda... sin embargo, aunque me queje, *éste* parece ser el lugar y *ésta* la silla. ¿Y no deseo escribirlas? ¡Señor! ¡Señor! Es mi único deseo, mi *cuestión feliz*. Y sólo ayer estaba pensando: incluso mi estado actual de salud es una gran ventaja. Torna a las cosas tan ricas, tan importantes, tan deseadas... cambia el enfoque.

... Cuando una es pequeña y está enferma y alejada en un dormitorio remoto, todo lo que ocurre *más allá* es maravilloso... Alors, yo estoy siempre en ese dormitorio remoto. ¿Es por eso que me parece ver, esta vez en Londres, sólo lo que es maravilloso, maravilloso, e increíblemente hermoso?

La corriente es completa en Redcliffe Road. Una por una se han abierto las puertas, se han cerrado con un golpe. Ahora, a su ciega manera, las casas están alimentadas. Ese pobre violincito continúa, arrancando nota tras nota... hay una extraña y refulgente nube blanca sobre las casas y un charco de azul.

De todo esto conversé con Sorapure el 21 de junio. Su punto de vista acerca de la medicina me parece *completamente acertado*. De muy buen grado le permitiría que me sacara la cabeza, que mirara adentro y volviera a colocarla, si él creyera que eso podría servir a las generaciones futuras. El hombre para tener al lado del lecho de muerte. El lograría interesarme tanto en el proceso —pérdida gradual de sensibilidad, frío en las coyunturas, etcétera— que yo me estaría ahí tendida pensando: éste es un conocimiento muy valioso, tengo que hacer una nota al respecto.

Mientras estaba junto a la puerta decía: "Nada es incurable; todo es una cuestión de *tiempo*. Lo que parece tan inútil hoy puede ser justamente el vínculo que hará que todo sea claro para una generación futura...". Tuve un sentido del *aliento mayor*, de las vidas misteriosas dentro de las vidas, y el parásito egipcio iniciando su nuevo ciclo de vida en un caracol de agua me impresionó como una *gran* obra de arte. No, no es eso lo que quiero decir. Me hizo sentir cuán *perfecto* es el mundo, con sus gusanos y ganchos y óvulos, cuán increíblemente perfecto. Está el cielo y el mar y la forma de una lila, y está todo esto otro también. ¡Qué perfecto el *equilibrio*! (¡*Salut*, Chéjov!). No quisiera tener el uno sin el otro.

Los relojes están dando las diez. Aquí en mi cuarto el cielo se ve lila, en el baño es como la piel de un durazno. Las niñas se están riendo.

Tengo tuberculosis. Hay aún una gran cantidad de humedad (y dolor) en mi pulmón malo. Pero no me importa. No deseo nada que no pueda tener. Paz, soledad, tiempo para escribir mis libros, hermosa vida exterior para observar y ponderar... nada más. Oh, quisiera tener un hijo también, un varoncito, *mais je demande trop!*

Diciembre. A menudo me ocurre que cuando me acuesto a dormir por la noche, en lugar de amodorrarme me siento más despierta que nunca y, allí tendida en la cama, empiezo a revivir escenas de la vida real o escenas imaginarias. No es exagerado decir que son casi alucinaciones: son maravillosamente vívidas. Me tiendo sobre mi lado derecho y levanto mi mano izquierda hasta la frente, como si estuviese orando. Esto parece inducir el estado. Luego, por ejemplo, son las 10.30 de la noche en un gran buque de línea en el medio del océano. La gente comienza a salir de la Cabina de Señoras. Papá asoma la cabeza y pregunta si "alguna de ustedes quiere dar un paseo antes de acostarse. En la cubierta el clima es glorioso". Así se inicia. Estoy *allá*. Detalles: papá frotando sus guantes, el aire frío, el aire *noc-*

turno, el diseño de todo, la sensación del pasamanos de bronce y de los peldaños de goma. La cubierta, la pausa mientras se enciende el cigarro, el aspecto de todo, a la luz de la luna, el *tranquilizador* sonido del buque, el primer oficial en la cubierta, tan por encima de las campanas, el camarero que va al salón de fumar con una bandeja y sube el alto escalón con ribetes de bronce... Todas estas cosas son más reales, tienen más detalles, son *más ricas* que la vida. Y creo que podría continuar hasta... Esto no tiene fin.

Puedo hacer esto con todo. Sólo que no hay personalidades. Tampoco estoy yo allá personalmente. La gente sólo es parte del silencio, *no* del modelo... enormemente diferente de esa parte del *esquema*. Siempre pude hacer esto en cierta medida; pero es sólo desde que me enfermé realmente que me fue dado este... ¿cómo llamarlo?... "premio consuelo". ¡Mi Dios!... es una cosa maravillosa. Puedo evocar a ciertas personas, al doctor S., por ejemplo. Y luego recuerdo cómo solía decirle yo a J. y a R.: "A él se lo veía muy buen mozo hoy". No sabía qué estaba diciendo. Pero cuando lo invoco y lo veo "en relación", él *está* maravillosamente buen mozo. Otra vez aparece completo, hasta el menor detalle, hasta la forma de sus pulgares, hasta su mirada por encima de los anteojos, sus labios mientras escribe, y en especial en todo lo relacionado con poner la aguja en la jeringa... Revivo todo eso a voluntad.

"¿Hijos?", preguntó él tomando su estetoscopio mientras yo me debatía con mi bata de dormir.

"No, ningún hijo".

"¿Pero qué hubiese dicho si yo le hubiera comentado que hasta unos pocos días antes yo había tenido a un hijito, de cinco años y tres cuartos, de sexo indeterminado? Algunos días era varón. Ahora, desde hacía dos años, a menudo había sido una niñita..."

Diciembre. Seguramente yo sé más que otra gente: he sufrido más, y he soportado más. Sé cuánto desean ser felices, y qué preciosa es una atmósfera de amor, un *clima* que no atemorice. ¿Por qué no intento tener esto presente y trato de cultivar mi jardín? Ahora desciendo a un lugar extraño entre extraños.

¿No puedo conseguir que se me perciba como una fuerza personal real? (¿por qué deberías hacerlo?). Ah, pero sí *debería*. He tenido experiencias que ellos desconocen. Ya debería haber aprendido el obiter dictum de C., qué verdadero podría ser. *Debe* ser.

1920

29 de febrero. ¡Oh, ser un *escritor*, un real escritor dedicado a escribir y nada más! Oh, fracasé hoy; me volví, miré por encima de mi hombro y de inmediato ocurrió, me sentí como si también a mí me derribaran. El día se puso frío y oscuro en ese instante. Parecía pertenecer al crepúsculo de verano en Londres, al ruido de los portones cuando cierran el jardín, a la profunda luz que tiñe las altas casas, al perfume de las hojas y el polvo, a la luz de la lámpara, a esa excitación de los sentidos, a la languidez del crepúsculo, el aliento de esa hora en la propia mejilla, a todas esas cosas que (hoy lo siento) se han ido de mí para siempre... Hoy siento que moriré pronto y repentinamente: pero no de mis pulmones.

La muñeca

"¡Bien, mira!", murmuró la señorita Gorrión. "No tengo de qué avergonzarme. Mira tanto como quieras. Te desafío. Esto es todo lo que he deseado toda mi vida", gritó con voz quebrada, "y ahora lo tengo. Te desafío. ¡Desafío al mundo!". Y ella se incorporó frente a la ventana, orgullosa, orgullosamente; sus ojos centelleaban, sus labios relucían. Apretó la muñeca contra su pecho chato. Era la Madre no Casada.

Por supuesto, no puedo *escribir* eso. Me sorprende haber hecho una nota tan mal acabada. Esa es la idea básica, como se suele decir. Lo que debería hacer, sin embargo, es escribirla, *de alguna manera*, inmediatamente, aunque no sea buena como para que se publique. Mi falla principal, mi abrumadora falla, es *no escribirla*. Bien, eso ahora lo sé (y la enfermedad es muy antigua), ¿por qué no comienzo, al menos para seguir un tratamiento definido? Es mi experiencia que cuando se reconoce un "mal", toda demora en el intento de erradicarlo resulta fatalmente debilitadora. Y yo, que amo el orden, con mi manía por lo "limpio", por que cada cosa esté bien arreglada... ¡sé que existe un punto tan feo en mi mente! La maleza florece en la negligencia. Debo mantener mi jardín abierto a la luz y en orden. A toda costa debo plantar estos bulbos y no dejarlos (¡oh, vergonzoso!) que se pudran en los senderos del jardín. Hoy (18 de octubre de 1920) es lunes. He levantado mi mano derecha y he jurado. ¿Soy feliz alguna vez, salvo cuando soluciono dificultades? Nunca. ¿Estoy alguna vez libre de la sensación de culpa? Nunca. Cuando hube terminado el borrador de *La joven* ¿no se produjo un momento que supera a los otros? Oh, sí. Entonces... ¿por qué dudas? ¿Cómo puedes? Lo juro. No pasará un solo día sin que escriba algo... original.

La última sala de espera

Se debe escribir un relato acerca de la sala de espera de un médico. Las puertas de cristal con el sol que las atraviesa; los árboles del otoño, pálidos y finos; el ciclamino, como cera. Ahora un carro de zangolotea muy cerca.

Pensar en los extraños lugares a los que la enfermedad lo lleva a uno; la extraña gente entre quienes uno pasa de mano en mano; la sucesión de caballeros de chaqueta negra a quienes ella les ha susurrado 99, 44, 1-2-3. La última sala de espera. Antes todo había sido tan alegre.

"¿Entonces no cree que mi caso sea desesperado?"

"La enfermedad es antigua, pero por cierto *no* es un caso desesperado". Este, sin embargo, se reclinó en su silla y dijo: "¿Usted realmente quiere saber?"

"Sí, por supuesto. Puede ser muy franco conmigo".

"Entonces, ¡lo soy!"

Llegó el coche y se la llevó, su cabeza hundida en el cuello.

Pero el champagne no fue nada bueno. Debí beberlo porque estaba allí, pero había algo decididamente malicioso en la forma en que las pequeñas burbujas se elevaban hasta el borde, danzaban, estallaban. Parecían estar burlándose de mí.

Sufrimiento

Deseo que se acepte esto como mi confesión.

No hay límite para el sufrimiento humano. Cuando uno piensa: "Ahora he tocado el fondo del mar... ya no puedo ir más abajo", uno se hunde más. Y así es para siempre. El año pasado en Italia pensé: La mínima sombra más y sería la muerte. ¡Pero este año ha sido tanto más terrible que pienso en la Casetta con afecto! El sufrimiento es infinito, es la eternidad. Un remordimiento es el tormento eterno. El sufrimiento físico es... juego de niños. ¡Tener el pecho aplastado por una gran piedra... uno podría reírse!

No quiero morir sin dejar asentada mi convicción de que el sufrimiento puede superarse. Porque de verdad lo creo. ¿Qué se debe hacer? No tiene sentido lo que se denomina "ir más allá del dolor". Eso es falso.

Uno debe *rendirse*. No resistirse. Aceptarlo. Dejarse abrumar. Aceptarlo por completo. Convertirlo en *parte de la vida*.

Todo lo que realmente aceptamos de la vida sufre un cambio. Así, el sufrimiento debe convertirse en Amor. Este es el misterio. Eso es lo que debo hacer. Debo pasar del amor personal al amor más grande. Debo darle a la totalidad de la vida lo que le di a uno. La presente agonía pasará... si no mata. No durará. Ahora soy como un hombre a quien le han arrancado el corazón... pero... ¡hay que soportarlo... hay que soportarlo! Tanto en el mundo físico como en el espiritual, el dolor no dura para siempre. Sólo que es tan agudo ahora. Es como si hubiese ocurrido un espantoso accidente. Si puedo dejar de revivir toda la conmoción y el horror del dolor, si ceso de recordarlo, me pondré más fuerte.

Aquí, por una extraña razón, surge la figura del doctor Sorapure. El era un buen hombre. Me ayudaba no sólo a soportar el dolor, sino que sugería que quizá la enfermedad física sea necesaria, sea un proceso reparador, y siempre me decía que consideraba cómo el hombre solo desempeñaba sólo una parte en la historia del mundo. Mi dolor simple y amable era puro de corazón, como Chéjov. Pero para estas enfermedades, uno es el propio médico. Si el "sufrimiento" no es un proceso reparador, yo lo convertiré en tal. Aprenderé la lección que enseña. Estas no son palabras vanas. Estos no son los consuelos del enfermo.

La vida es un misterio. El dolor que atemoriza se atenuará. Debo dedicarme a mi trabajo. Debo poner mi agonía en algo, cambiarla. "La pena se convertirá en alegría."

Es perderse de manera más total, amar más profundamente, sentirse parte de la vida, no separado.

¡Oh, Vida! Acéptame... hazme digna... enséñame.

Escribo eso. Levanto la vista. Las hojas se mueven en el jardín, el cielo está pálido, y me sorprende a mí misma llorando. Es duro... es duro hacer una buena muerte...

Vivir... vivir... eso es todo. Y dejar la vida sobre esta tierra como la dejaron Chéjov y Tolstoi.

Después de una terrible operación, recuerdo que cuando pensaba en el dolor de estar toda tendida, me ponía a llorar. Cada vez volvía a sentirlo, y era insoportable.

Eso es lo que se debe controlar. ¡Extraño! Las dos personas que quedan son Chéjov, muerto, y el indiferente doctor Sorapure. Esos son los dos hombres buenos que he conocido.

19-12-1920

Katherine Mansfield

Mentes cultivadas

Una mente tan cultivada en realidad no me atrae. La admiro, aprecio todos "les soins et les peines" que han entrado en su formación, pero me deja fría. Después de todo, la aventura ha terminado. Ahora no queda nada por hacer salvo recortar, podar y preservar, tareas todas levemente deprimentes. No, no, la mente que amo aún debe poseer lugares salvajes, un huerto enmarañado donde las ciruelas oscuras caigan sobre el pasto alto, un bosquecito muy arbolado, la posibilidad de una o dos serpientes (serpientes reales), un lagunajo cuya profundidad nadie haya sondeado, y senderos entre florcitas plantadas por la mente.

También debe poseer escondites *reales*, no artificiales, ni belvederes ni laberintos. Y aún no he conocido la mente cultivada que no haya tenido sus arbustos. Odio y detesto los arbustos. Permíteme recordar, cuando escribo, de aquel violín, cómo sube ligeramente y se desliza hacia abajo con tristeza; cómo *busca*... Con encaje blanco, el extendido velo y las perlas, ella parecía una gaviota. Pero una gaviota rápida y hambrienta con un apetito absolutamente insaciable de pan. "Ven a alimentarme. ¡Aliméntame!", decía esa rápida mirada. Era como si toda su vitalidad, sus gritos, sus movimientos, sus vueltas, dependieran de la persona del puente que llevaba el pan.

1921

Mi carácter está malo; mis hábitos personales no están por encima del reproche; soy poco afable... mentalmente desprolija. Dejo pasar cosas que no entiendo (¡imperdonable!) y me disculpo a mí misma, invento pretextos para no trabajar. Pero, ¿es mi deseo de estar ociosa mayor que mi deseo de trabajar? ¿Es mi amor por el ensueño mayor que mi amor por la acción? ¡Hábito traicionero! ¡Hábito malo por encima de todos los otros, y antiguo! Debo abandonarlo de inmediato o perderé mi propia estima... El que falla en las pequeñas cosas no llevará a cabo las grandes cosas. Hasta mi caligrafía. A partir de este momento también ella debe cambiar. Después de la comida debo iniciar mi Diario y llevarlo día a día. ¿Pero *puedo* ser honesta? Si miento, no sirve.

Julio. Montana. He decidido una cosa. Y es *no dejar rastros.* Hubo una época —no hace mucho— en que yo hubiera escrito *todo* lo que ha ocurrido desde que partí de Francia. Pero ahora deliberadamente prefiero no decirle nada a ningún ser viviente. Guardo silencio como Mamá guardaba silencio. Y si bien hay momentos en los que el antiguo hábito me "tienta" y puedo llegar hasta escribir una página, ésos son sólo momentos, y cada día son más fáciles de vencer.

Chalet des Sapins, Montana. Por ahora no digo una palabra acerca de mi traicionero corazón. Si se va a detener, se detendrá, y nada más. Pero ya he estado en esta casita por casi dos días y ni una sola vez se ha aquietado. ¡Qué manera espantosa de vivir! ¿Pero qué sentido tiene decir nada? No, alma mía, quédate tranquila...

13 de julio. Fui al Palace y me hice punzar la glándula. Es poco probable que salven el pellejo. Estoy segura, por lo que siento, que no, y que este asunto sólo está comenzando. Volveré al Palace antes del fin de la semana. Entretanto estoy agotada y no puedo escribir un solo *trazo*.

Bien, debo confesar que he tenido un día ocioso. Dios sabe por qué. Todo debía ser escrito, pero simplemente no lo escribí. Pensé que podía, pero me sentí cansada después del té y en cambio descansé. ¿Es bueno o malo de mi parte comportarme así? Tengo una sensación de culpa, pero al mismo tiempo sé que descansar es lo mejor que puedo hacer. Y por alguna razón hay una especie de zumbido en mi cabeza, que es horrible. Pero aún me persiguen las marcas de la degradación terrenal. No soy clara como el cristal. Por encima de todo, aún carezco de aplicación. No está bien. Hay tanto que hacer y yo hago tan poco. La vida sería casi perfecta aquí si sólo cuando *simulo* trabajar estuviera trabajando. Pero con seguridad no es demasiado duro. Ahí están los cuentos que esperan y esperan ante el umbral. ¿Por qué no los dejo entrar? Y el lugar de ellos sería tomado por otros que están acechando un poco más atrás, que esperan su oportunidad.

El día siguiente. Pero tomemos esta mañana, por ejemplo. No quiero escribir nada. Está gris, pesado y triste. Y los cuentos parecen irreales e indignos de realización. No quiero escribir; deseo *vivir*. ¿Qué quiere decir ella con eso? No es fácil saberlo. ¡Pero ahí tienes!

Extraño este hábito mío de ser locuaz. Y no me propongo que otros ojos que no sean los míos lean esto. Esto es... *realmente privado*. Y debo decirlo... nada me proporciona el mismo alivio. Lo que siempre ocurre, si continúo lo bastante: me *desbordo*. Sí, es como arrojar piedras planas y muy anchas a la corriente. Pero la cuestión es por cuánto tiempo esto resultará eficaz. Hasta ahora, confieso, nunca me ha fallado...

Un sentido de la importancia de los pequeños sucesos es muy *juste* acá. No son nada importantes... ¡Extraño! De repente me encontré fuera de la biblioteca en Wörishofen: primavera, lila, *lluvia*, libros encuadernados en negro.

Y sin embargo me gusta este día tranquilo y nublado. Suena una campana desde lejos; los pájaros cantan uno tras otro como si llamaran a través de las copas de los árboles. Me encanta esta quietud establecida, y esta sensación de que en cualquier momento puede caer la lluvia. Donde el cielo no es gris es de un blanco plateado, salpicado por pequeñas nubes. La única característica desagradable del día son las moscas. Son realmente enloquecedoras y en verdad no hay casi nada que hacer con ellas: siento eso acerca de casi todo.

Septiembre. ¡Me he atascado de manera indescriptible y nuevamente me parece que lo que estoy haciendo no tiene *ninguna forma*! Debería terminar mi libro de *cuentos primero* y luego, cuando me lo haya sacado de encima, dedicarme realmente *a mi novela, Kaori.*

Por qué debería estar tan apasionadamente decidida a disimular esto, en verdad no lo sé. Pero aquí miento, simulando, como Dios sabe cuántas veces lo he hecho antes, escribir. ¿Y si renunciara a esta simulación y realmente intentara? Si sólo escribiera media página por día... sería media página para bien; y al menos estaría acostumbrando mi mente al desempeño regular. Tal como están las cosas, cada día me aparto más de mi meta. *Y*, una vez que terminara este libro, estaría libre para iniciar el verdadero. *Y* es cuestión de dinero.

Pero mi idea, incluso del cuento, ha cambiado bastante últimamente... ¡Eso fue una suerte! J. abrió la puerta suavemente y en apariencia yo estaba de verdad ocupada... Y... no, suficiente de esto. Ha servido su propósito. Me ha devuelto a los carriles correctos.

13 de noviembre. Es hora de que inicie un nuevo diario. Ven, mi ausente, mi desconocido, conversemos. Sí, en las últimas dos semanas no he escrito casi nada. He estado ociosa; he *fallado.* ¿Por qué? Muchas razones. Ha habido una especie de

102

confusión en mi conciencia. Ha parecido como si no hubiese tiempo para escribir. Las mañanas, si son soleadas, las ocupo con el tratamiento de sol; el correo se devora la tarde. Y por la noche estoy cansada.

"Pero todo eso va más adentro". Sí, tienes razón. No he podido ceder a la clase de contemplación que es necesaria. No me he sentido pura de corazón, ni humilde, ni buena. Ha habido una agitación de sedimento. Miro las montañas y no veo más que montañas. ¡Sé franca! Leo basura. Caigo en la escritura de cartas. Quiero decir que me rehúso a cumplir mis obligaciones, y esto por supuesto que me debilita en todo sentido. Luego, no he cumplido mi promesa de criticar los libros para *The Nation.* Otro *punto negro.* ¿Descontrolada? Sí, eso lo describe... disipada, vaga, no *positiva*, y por encima de todo, sin trabajar como debería estar trabajando... perdiendo tiempo.

Perdiendo tiempo. El viejo grito... el primero y el último grito: ¿Por qué te demoras? Ah, ¿por qué, en verdad? Mi más profundo deseo es ser una escritora, tener "un cuerpo de trabajo" hecho. Y allá está el trabajo, allá me esperan las historias, *se cansan*, se marchitan, se desvanecen, porque yo no voy. Y los oigo y las *reconozco*, y sin embargo continúo sentada ante la ventana, jugando con la pelota de madera. ¿Qué se debe hacer?

Debo hacer otro esfuerzo, de inmediato. Debo empezar todo de nuevo. Debo tratar de escribir simplemente, completamente, libremente, desde mi corazón. "En calma", sin que me importe nada el éxito o el fracaso, sino siguiendo.

Debo llevar este libro para tener un registro de lo que hago cada semana. (Aquí una palabra. Mientras releía las pruebas de "En la bahía", me pareció chato, aburrido, de ninguna manera un logro. Me sentí muy avergonzado de él. Lo estoy.) ¡Pero ahora hay que decidirse! Y en especial mantener el contacto con la Vida... con el cielo y esta luna, estas estrellas, estos picos fríos y cándidos.

1922

17 de enero. Chéjov cometió un error al pensar que de tener más tiempo hubiera escrito más completamente, describiendo la lluvia, y a la partera y al doctor tomando el té. La verdad es que se puede entrar sólo hasta *cierto punto* en una historia; siempre hay un sacrificio. Se debe dejar fuera lo que se conoce y se desea utilizar. ¿Por qué? No tengo idea, pero ahí está. Es siempre una especie de carrera poner todo lo posible antes de que *desaparezca*.

Pero realmente el tiempo no entra en eso. Sin embargo, espera. No lo entiendo ni siquiera ahora. Yo misma estoy perseguida por el tiempo. La única ocasión en que me sentí cómoda fue mientras escribía *Las hijas del difunto coronel*. Y al final estaba tan terriblemente triste que escribía tan rápido como era posible por temor de morir antes de enviar el cuento. Me gustaría sentir eso, trabajar con *real comodidad*. Sólo así puede hacerse.

1 de febrero. A las 5.30 fui a la *clinique* y vi al otro hombre, D. Le pedí que me explicara el tratamiento, etcétera. El lo hizo. Pero primero, mientras me acercaba a la puerta ésta se abrió y se vio el hall, muy iluminado, con la sirvienta sonriente que lucía un pequeño chal y sostenía la puerta abierta. A través del hall se deslizó rápidamente un hombre que llevaba lo que pensé que era una *cruz* de hojas verdes. De repente los brazos de la pequeña cruz se estremecieron débilmente y vi que era un pequeño niño atado a una bandeja de madera. Mientras esperaba oí voces que llegaban de otro cuarto, voces muy altas, y por encima de ellas la de M. *¡Da! ¡Da!* y luego un interrogatorio: *¿Da?* Tengo la sensación de que M. es realmente un hombre bueno. Tengo también la secreta sensación (uso esa palabra, "secreta", avisadamente) de que es una especie de impostor inescrupuloso. Otra prueba de mi naturaleza escindida. Todo está desunido. Mitad abucheos, mitad aplausos.

Sí, eso es. Para hacer algo, para ser alguien, uno debe reunir sus fuerzas y "reforzar su fe". Nada de valor puede provenir de un ser disociado. Es sólo por accidente que escribo algunas páginas que valgan algo, y luego es sólo rozando la superficie, no más. Pero recuerdo que *Las hijas* [*del difunto coronel*] fue escrito en Mentone en noviembre, cuando yo no estaba tan mal como de costumbre. Estaba tratando con toda el alma de ser buena.

Aquí lo intento, y fracaso, y la conciencia hace de cada fracaso separado algo muy importante, cada uno un *pecado*. Si, combinado con el tratamiento de M., me trataré a mí misma, si eludiera este cenegal de desaliento, si viviera una vida honorable y, por encima de todo, normalizara mis relaciones con L. M. ... soy una *farsante*. También soy una egoísta del más subido tono... a tal punto que fue muy difícil confesarlo por temor de que este libro pudiera encontrarse. Incluso el hecho de estar bien es una especie de ocasión para la *vanidad*. No hay nada peor que el egoísmo para el alma. Por lo tanto...

3 de febrero. Fui a ver a M. por un tratamiento. Queda una curiosa impresión. El hermoso gesto de M. al entrar en la sala fue perfecto. Pero D. gritó tanto, empujó su rostro hacia el mío, formuló preguntas *indecentes*. Ah, ése es el horror de estar enfermo. Uno debe exponerse a que se ventilen sus secretos y a que se los considere con una fría mirada. D. es un correcto francés. "Etes-vous constipeé?". ¿Olvidaré alguna vez eso, y la entretela de su corbata que se veía sobre su guardapolvo blanco? M. se sienta aparte, fumando, y su cabeza —que es de una forma curiosa: uno tiene consciencia de ella todo el tiempo como si se tratara de un instrumento— pende hacia adelante. Pero él es profundamente diferente. Desea tranquilizar. "Pas de cavernes".

Tuve palpitaciones desde el momento de colocarme sobre la tabla hasta las 5. Pero cuando lo noté, mientras los rayos estaban funcionando, me sentí simplemente muy insensible. Pensé: Bien, si esto me mata... ¡que sea! ¡Voilà! Eso demuestra qué mala soy.

4 de febrero. Massingham acepta la idea de un cuento regular. K. me dio noticias... de "gente". Fue un día bastante horrible. Me sentí mal y por la noche tuve uno de mis horribles ataques de ira por un paquete. ¿Es posible que sea tan intratable?

Tuve noticias de J., quien dice que se quedará en Montana. En su carta se percibe el alivio del esfuerzo. Es notable. No cree una palabra acerca de M. y habla de venir a "buscarme" en mayo. Bien, si estoy mejor, no habrá más *"búsquedas"*. En cuanto a eso estoy decidida. La carta me tuvo despierta hasta muy tarde. ¡Y mi ciático! Hay que registrarlo, por si alguna vez se va, qué tremendo dolor es. Recordar de atribuírselo a alguien en un cuento alguna vez. L. M. es una figura muy trágica. Recuerdo sus ojos, las pupilas oscuras, negras, y su blancura. Hasta su pelo parece tornarse pálido. Ella plegó el cobertor y lo sostuvo en los brazos como si fuera un bebé.

19 de octubre. He estado pensando esta mañana hasta que parece que puedo arreglar las cosas si trato de escribir donde estoy.

Desde que llegué a París he estado tan enferma como siempre. En realidad, ayer creí que me moría. No es imaginación. Mi corazón está tan agotado y tan obstruido que sólo puedo caminar hasta el taxi y de regreso. Me levanto al mediodía y me voy a la cama a las 5.30. Trato de "trabajar" espasmódicamente, pero el tiempo pasa. No puedo trabajar. Desde abril no he hecho prácticamente nada. ¿Pero por qué? Porque si bien el tratamiento de M. mejoró mi sangre y me dio buen aspecto y tuvo un efecto positivo sobre mis pulmones, no ayudó en nada a mi corazón, y sólo obtuve esa mejoría llevando la vida de un cadáver en el Victoria Palace Hotel.

Mi espíritu está casi muerto. Mi surtidor de vida está tan agotado que apenas no está seco. Casi toda mi mejorada salud es una simulación... una actuación. ¿Qué implica? ¿Puedo caminar? Sólo me arrastro. ¿Puedo hacer algo con las manos o el cuerpo? Nada en absoluto. Soy una inválida completa. ¿Qué es mi vida? ¿Es la existencia de un parásito? Y ya han pasado cinco años y me siento más acorralada que nunca.

Ah, ya me siento un poco más calma por estar escribiendo. ¡Gracias a Dios por poder escribir! Estoy tan asustada de lo que voy a hacer. Todas las voces del "Pasado" dicen: "No lo hagas". J. dice: "M. es un científico. El hace su parte. A ti te corresponde hacer la tuya". Pero eso no sirve. No puedo curar mi psiquis, como no puedo curar mi cuerpo. Menos aún, me parece. ¿Acaso a J., que está perfectamente bien, no lo deprimen mucho los forúnculos en el cuello? Pensar en un confinamiento de cinco años. Alguien debe ayudarme a salir. Si ésa es una confesión de debilidad... lo es. Pero es sólo la falta de imaginación la que la considera tal. ¿Y quién va a ayudarme? Recordar Suiza: "Soy impotente". Por supuesto, lo es. Un prisionero no puede ayudar a otro. ¿Creo en la medicina solamente? No, nunca. ¿En la ciencia sola? No, nunca. Me parece infantil y ridículo suponer que uno puede ser curado como una vaca *si no se es una vaca*. Y aquí, todos estos años, he estado buscando a alguien que estuviese de acuerdo conmigo. He tenido noticias de G., quien parece no sólo estar de acuerdo sino saber infinitamente más al respecto. ¿Por qué hesitar?

Temor. ¿Temor de qué? ¿No se reduce todo al temor de perder a J.? Creo que sí. Pero, ¡por Dios! Enfrentar las cosas. ¿Qué tienes de él ahora? ¿Cuál es tu relación? El conversa contigo, a veces, y luego se marcha. Piensa tiernamente en ti. Sueña una vida contigo *algún día*, cuando el milagro se haya producido. Tú eres importante para él como sueño. No una realidad viviente. Porque ustedes no son uno. ¿Qué comparten? Casi nada. Sin embargo, hay una profunda, dulce, tierna avenida de sentimiento en mi corazón que es amor por él y deseo de él. ¿Pero de qué sirve, tal como están las cosas? La vida juntos, conmigo enferma, es una simple tortura con momentos felices. Pero no es vida... Tú sabes que J. y tú son sólo una especie de sueño de lo que podría ser. Y eso no podrá ser nunca, nunca a menos que estés bien. Y tú no te pondrás bien con sólo "imaginar" o "esperar", o intentando producir el milagro tú misma.

Por lo tanto, si el gran lama del Tíbet prometió ayudarte... ¿cómo puedes dudar? ¡Arriesga! ¡Arriesga todo! No te preocupes más por la opinión de los otros, por esas voces. Haz la cosa más dura de la tierra por ti. Actúa por ti misma. Enfrenta la verdad.

Es verdad, Chéjov no lo hizo. Sí, pero Chéjov murió. Y seamos honestos. ¿Cuánto sabemos de Chéjov a través de sus cartas? ¿Era eso todo? Claro que no. ¿No crees que tenía una completa vida de deseo de la que casi no hay una palabra? Entonces lee las cartas finales. El nos ha dado esperanzas. Si desentimentalizas esas cartas finales, son terribles. No hay más Chéjov. La enfermedad lo ha devorado.

Pero quizá para la gente que no está enferma todo esto sea

una insensatez. Nunca han recorrido este camino. ¿Cómo pueden ver dónde estoy? Razón de más para avanzar audazmente sola. La vida no es simple. A pesar de todo lo que decimos acerca del misterio de la Vida, cuando llega el caso deseamos encararlo como si se tratara de un cuento de niños...

Ahora, Katherine, ¿qué quieres significar con salud? ¿Y para qué la quieres?

Respuesta: Al decir salud me refiero a la capacidad para llevar una vida plena, de adulto, respirándola en estrecho contacto con lo que amo: la tierra y sus maravillas, el mar, el sol. Todo lo que queremos significar cuando hablamos del mundo externo. Deseo entrar en él, ser parte de él, vivir en él, aprender de él, perder todo lo superfluo y lo adquirido en mí y convertirme en un ser humano directo consciente. Deseo entender a los otros, entendiéndome a mí misma. Quiero ser todo aquello de lo que soy capaz para poder ser (y aquí me he detenido y esperé y esperé pero no sirve... sólo hay una frase que sirve) *hija del sol*. En cuanto a ayudar a los otros, a llevar una luz, etcétera, parece falso decir una sola palabra. Que quede así. *Una hija del sol*.

Luego deseo *trabajar*. ¿En qué? Quiero vivir de tal manera que trabaje con mis manos y mis sentimientos y mi cerebro. Quiero un jardín, una casita, césped, animales, libros, cuadros, música. Y de esto, la expresión de esto, deseo estar escribiendo. (Aunque puedo escribir de cocheros. Eso no importa.)

Pero cálida, ansiosa, viviendo la vida... estar enraizada en la vida... aprender, desear, saber, sentir, pensar, actuar. Eso es lo que quiero. Y nada menos. Eso es lo que debo intentar.

Escribí esto para mí. Ahora me arriesgaré a enviárselo a J. El puede hacer con esto lo que le guste. Debe saber cuánto lo amo.

Y cuando digo "temo"... que no te perturbe, queridísimo corazón. Todos tememos cuando estamos en salas de espera. Sin embargo debemos pasar por ellas, y si el otro puede mantenerse calmo, ésa es toda la ayuda que podemos darnos mutuamente...

Y todo esto suena muy enérgico y serio. Pero ahora que he luchado con ello, ya no lo es. Me siento feliz... profundamente. *Todo está bien.*

IV

Bertolt Brecht

Los años locos

Hay dos usos del diario en Bertolt Brecht. Uno es el que popularizaron sus célebres *Diarios de trabajo* (1938-1955), fenomenal laboratorio experimental donde el escritor, mientras huye de la Alemania nazi, monta y desmonta la máquina de su pensamiento y de su práctica. Mecanografiado en hojas sueltas que Brecht después iba pegando sobre las páginas de un cuaderno, el diario tiene el aspecto de un *patchwork* gigantesco y evoca, por la diversidad social de sus materiales, la estética de los *collages* de la vanguardia soviética de los '20: fotografías, recortes de diarios, mapas, dibujos, etc. Fiel puesta en escena de la línea de montaje brechtiana, la única situación de intimidad que parece tolerar es ese cuerpo a cuerpo del escritor con los instrumentos y los materiales de su pensar, con las experiencias artísticas y los contextos políticos.

El otro uso es el que aparece en sus *Diarios* de juventud, que van de 1920 a 1922. Esos dos breves años no fueron, al parecer, los únicos que el impetuoso Brecht puso por escrito, pero sí son los únicos que sobrevivieron y los que inauguran, de algún modo, un linaje de textos autobiográficos que abarcan prácticamente toda su vida. Al revés que los diarios de trabajo, donde no parece haber otra vida que la que despliega la producción intelectual, éstos reivindican un vitalismo enfático y gritón, algo prepotente, una suerte de vida original, incontaminada, que mantiene con el mundo de las ideas la misma relación de distancia que mantendría con cualquier fuerza que pudiera amenazar su salud. "¡La vida como pasión!", anota hacia 1920: "Así la vivo. ¡Es evidente que acabará destruyéndome!" Colocado bajo el imperio del *carpe diem*, el diario pasa a ser la crónica de una voracidad urgente e insaciable: "Tengo un gran deseo: que el mundo me sea transmitido en su totalidad. Deseo que todas las cosas me sean entregadas, así como el poder sobre los animales; y fundamento mi exigencia arguyendo que sólo existiré *una* vez".

Mezcla de populismo anarcoide, dandismo acanallado y erudición, los diarios del joven Brecht son rápidos, directos, muchas veces taquigráficos, y aunque a menudo contradicen alegremente ciertas certidumbres posteriores ("Ahora estoy totalmente en contra del bolchevismo: servicio militar obligatorio, racionamiento de víveres, control, manejos ilícitos, nepotismo"), ya ostentan ese talento político para producir frases *citables* que más tarde hará famoso a su autor. Son diarios mucho más narrativos que ensayísticos, y tal vez el ejemplo más notable de ese predominio sea el período que va de febrero a mayo de 1921, del que hemos extractado los fragmentos que integran este libro.

Verdadera temporada en el infierno, esos cuatro meses narran el complicadísimo *ménage à trois* que Brecht protagoniza con Marianne Zoff, la cantante con la que se casaría un año más tarde, y con un actor hipersensible, presumiblemente mediocre, que tiene el freudiano mal gusto de llamarse Recht. El episodio es una especie de vodevil tragicómico, sobresaltado de llantos y de obscenidades sentimentales ("La muy puta no debiera tener hijos", razona Brecht en un arrebato de lucidez despechada: "¡mi hijo se le murió porque no era pura de corazón!"). Difícilmente tendría otro interés que el de la simple curiosidad biográfica (malhablado y fornicador, este Brecht tiene un encanto culpable muy parecido al que tenía el primer Borges, mazorquero y nacional, que el segundo Borges se empeñó durante años en desterrar de las memorias y las bibliotecas) si no fuera por una curiosidad accesoria, casi más propia del género que de la pluma de Brecht. Apenas se declara el triángulo amoroso, el diario parece dejarse arrastrar por una formidable precipitación narrativa, y todos los demás materiales, cuando no desaparecen, pasan a un segundo plano. Más que leer un diario, entonces, el lector asiste a un nacimiento y se convierte en testigo privilegiado de algo que los escritores muy rara vez dejan al desnudo: el momento mismo en que un relato *se constituye*. He aquí el verdadero placer "voyeurista" que deparan estos diarios juveniles de Brecht: sorprender ese instante mágico en el que el género, de golpe, articula las nimiedades biográficas y atmosféricas que venía desplegando y las dinamiza en una pulsión narrativa. Cada día es un capítulo nuevo de la intriga; cada entrada, una flexión especial que tuerce la situación, y el diario, totalmente ajeno a esa higiene de la que ninguna ficción seria podría despreocuparse (supresión de lo innecesario, transiciones fluidas, elipsis, etc.), se da el lujo de *contarlo todo*, no sólo el relato sino también sus impurezas y sus distracciones, toda esa hojarasca secundaria con la que ninguna narración sensata aceptaría quedarse si supiera que alguna vez será leída.

DIARIOS

1921

Mientras la hierba crece, el rocín muere
BERT BRECHT

Febrero

Miércoles, 9. Es Miércoles de Ceniza, día en que uno está despabilado, impecable, y se enmienda. La mascarilla funeraria de Napoleón yace sobre el lavatorio; afuera hay nieve; en la cama, una mancha de sangre. Estuvimos en la sala *Steinicke*, con Cas, Otto y también los Feuchtwanger. Bailé un rato con la esposa, pero luego me escabullí y seguí bailando con Marianne, mejilla contra mejilla. Poco después, llenos de aguardiente de bergamota, nos metimos en un coche y volamos a casa. También estaban la pobre señora Jörgen, maquillada de blanco, enferma (quiso abordarme, pero yo cogí a Mar de la mano), y la pequeña Edith Blass, tan vieja que pronto se le caerán los dientes. No pude pegar el ojo; Mar me dijo que estuve bailando sensualmente con la señora F[euchtwanger] y que había muy pocas mujeres. Se sintió mal un momento, luego lloró por no tener un hijo y se puso muy bonita: ¡habrá que perdonarle muchas cosas! Fue al baile vestida de paje y era la mujer más guapa; trataba extraordinariamente a los hombres, con aires de gran dama, pura, sosegada, alegre, inabordable y, sin embargo, nada orgullosa. Era la única que podía ir al baile, pues desentonaba. Lo organizaron exclusivamente en su honor, pero ella como si nada.

Domingo, 13. A[ugsburgo]. Por la tarde, los Aicher. Dejé que Recht actuara. *Ricardo III*. Agotó muy pronto sus gestos de maldad. Descubrí también los límites de su temperamento. En determinado momento se negó a tomar un cuchillo en la mano (yo también tenía uno): es cobarde. Mar me contó historietas turbias en la cama. En cierta ocasión al tipo le fue mal y comenzó a robar. Robaba en todas partes: en casa de los padres de ella, de su hermano, etc. Sí, hasta en casa de los padres (en el armario). Y ahora estaba otra vez sin blanca. Había robado dinero en una empresa donde era apoderado: directamente de la caja, y ahora amenazaba con denunciar los negocios sucios de la empresa si lo denunciaban a él. Y todo esto por una mujer a la cual le produce asco. Mar fue a ver a su hermano, que sin embargo no habló con R[echt]. Ella misma se lo dijo: que no pensaba casarse antes del verano, que se fuera a dormir a otra parte, y que de nada serviría hacer escenas. Y él, pequeño e intimidado, le prometió cuanto ella quiso y salió a llorar afuera. Le gusta Maquiavelo. Pero ella le dejó pasar la noche en casa; el tipo no le hizo nada, y ella no quiso actuar tan de golpe: le tuvo lástima.

Lunes, 14. Pasamos toda la noche juntos. Ella ha cambiado. Tiene un aire infantil, inseguro; pequeños gestos y una vocecita sin aliento a ratos. Una vez no pude poseerla; tuve que dejarla y ella se rió muy suavemente: feliz, se rió de mí: "Bien hecho, me parece muy bien que no siempre puedas, yo ya he adelgazado. Muy bien".

Viernes, 25. Proyectos de películas. Nueva teoría sobre el dinero: Pantalones grises y holgados, cómodos, de corte elegante, remangados; sombrero ligeramente aplastado, cara estirada, algo angulosa; serenidad rayana en lo temerario... pero con respeto por lo material, que no es sino trabajo visualizado; repartir, acaparar, multiplicar por todas partes; para los amigos, empresas de todo tipo. Pero con la mano izquierda: extraer oro en barras. Incluso en suelo remojado. Lavar oro. Acumular, invertir, dejar circular, prescindir siempre del medio (que es oro), tener presente al ser humano: tiene que trabajar, holgazanear, poder hacer estupideces. Ninguna ambición: que cada cual haga lo que pueda. No tengo por qué fabricar la mejor salchicha.

A menudo pienso en Marianne, que viaja en coche cuando quiere. Se hace regalar abrigos de piel, sortijas, vestidos. Para ella misma. ¿Hacerla cambiar de vida? Yo no puedo pagarle ni comprarle nada. Y ¿qué soy? Un bulto pequeñejo y descarado cuya cara aún no se ve, una promesa al crédito, y ¿para sacar qué cosa? ¿Ropa, jabón, un piso con luz, teatro, buena comida, música, sentimientos refinados, pereza, respeto por parte de la gente, ausencia de fricciones, viajes, belleza, juventud, buena salud, arte, libertad?

¡Tirar todo esto a la basura por obedecer a un instinto fisiológico que, una vez satisfecho, se agota! ¿O porque parezco bueno, yo, que siempre estoy cambiando? ¿O porque en mi casa hay luz, teatro, se come mejor, se oye música, abundan los sentimientos fuertes, se respeta al que trabaja, hay aventuras, no hace falta viajar y hay fuerza, vigor, novedades, confianza? Lo que tampoco es muy seguro...

Y no puedo casarme. Necesito libertad de movimiento, poder escupir cuando me plazca, dormir solo, carecer de escrúpulos.

De 7 de la noche a 9 de la mañana con Marianne en el Kraal.

Le leo la escena del banquete fúnebre en la *Sinfonía estival* y dice que podría interpretarla. Yo también lo creo. Pero de noche, en la cama, se me ocurre una idea. La pieza termina cuando la mujer se rinde y se queda con Tauli, el hombre malo. Es decir, se sobrepone a su colapso, supera su debilidad con dogmatismo, saca toda su fuerza de la decisión.

Sábado, 26. Lo peligroso salta a la vista: el resto, lo que no retoñó ni fue digerido, el residuo indomeñable. Los negocios no verificados y las vivencias semidigeridas nos van obstruyendo lentamente. Lo no consumido envenena. Todo lo enterrado duerme mal. La tierra, que debiera ayudarnos a digerirlo, lo vomita. Lo que el viento no secó ni la lluvia lavó, sigue creciendo y envenena la tierra. Los cadáveres son productos del miedo. El miedo queda. ¿Por qué no pueden acabar con los judíos? Porque hace miles de años que los descuartizan, torturan y someten al suplicio de la rueda. También les escupen, pero la saliva cae antes que el judío. Tristes, de una amargura estremecedora son los violentos acontecimientos contra los cuales nosotros, mendazmente, hemos inventado lo trágico. Dondequiera que al espíritu le taponaron la boca con tierra, no se escuchó grito alguno a través de los siglos. El cáliz fue rechazado y la tragedia no ocurrió (y era necesaria).

Domingo, 27. Días claros y soleados; vuelvo a ponerme en forma. Siempre lleno de piojos, pero con más capacidad de resistencia. El pogrom se aproxima. Orden en todas las líneas, ¡pero a costa de qué sacrificios! Marianne ya no piensa casarse con Recht, ahora se casará conmigo; Dios proveerá de nuevo, y Asia quedará incólume. Pero si me repliego en mi caparazón (y corre un viento helado), ella se desploma, las manos se le ponen azules y no puede acercarse. En casa de los Aicher adopta un tonito falso, y yo que me he pasado horas sufriendo... Me retiro, volvemos calladamente a casa (la de ella), nos reconciliamos y nos separamos como amigos porque ya era muy tarde y mañana tiene ensayo. Después sube y se asoma al balcón a ver si yo no me he instalado en la esquina como el caballero Toggenburg al volver de la cruzada. Escribe una carta diciendo que algo no va bien, que se desmaya con mucha facilidad, y me llama al mediodía siguiente.

Sábado, 5. Tiempo primaveral. Leo (sólo durante las comidas) el *Wallenstein* de Döblin. ¡Lástima que haya en él tanta histeria y fuerza física, que se digan tantas superficialidades en un estilo titánico! ¡Qué barroco! ¡Vaya panorama (neutral)! ¡Qué causa (ideológica) tan peligrosa: esa aparente democracia en la representación! ¡Y todo tan grueso, salchichas polícromas, y todo tan acentuado, tan decantado a lo folletinesco y visto desde fuera! El *Wadzek* es mucho más efectivo. El estilo en *Wadzek* era una lente de aumento sin la cual no se veía nada. En el *Wallenstein* es un cristal común, y se ven cosas falsas. (Pues nada es lo que parece... ¡a través de un cristal común!)

¡No prestar atención a los hechos de los hombres, hacer caso omiso de sus opiniones! Ambas cosas pueden ser falsas. Lo que ocurre con los hombres pasa de castaño oscuro. ¡Dejadme en paz con vuestros errores! ¿Para qué ocuparme de la diferencia entre Meir y Schmidt? ¿Para qué estropearme los ojos? Una mujer se deja vapulear por un hombre, vender en el lecho del ocio, insultar; deja que a sus padres los maltraten y les roben, deja que su marido cometa estafas y robe cajas fuertes, que implore perdón a los jefes de empresa estafados... y duerme con él sin amarlo. Se deja poseer por el tipo a cuyos pies puso al marido; incluso años después, y aunque casi se muere —según dice—, aborta un hijo, se dedica a la mala vida, deja que el violador trabaje "al menos" para sí; deja, pese a seguir amando, que una serie de tipos puercos y sinvergüenzas la enlacen, la besen, la tuteen; es amable con el marido porque él se va; duerme con un muchacho perverso que hace de paje, se humilla ante el marido, a quien engaña y cuya calidad admite; deja que éste le regale perfumes y luego diga: todo lo que tengo huele a ese perfume. Y sin embargo, aunque todo esto es cierto y nadie sabe qué otras cosas hace, es una mujer buena, inocente y de confianza, en nada comparable a las otras.

Mar y Recht van por la tarde al teatro; yo salgo y me encuentro a Recht en el *Maxim*. Luego, él se va al *Lamm* y me pide que le envíe a M[arianne]. Cuando ésta llega, el tío se esconde en su abrigo. Ella se sienta con Cas y conmigo, y él se acerca: "¿Vienes? No puedo quedarme aquí parado y en abrigo". Pero ella no se levanta: "Pues volveré luego". Y él, furioso, hace mutis. Al cabo de un rato le pido que lo siga, y ella, sonriente pero con una amargura secreta: "¡Y así te liberas de mí!". Salimos juntos. (Le propuse que nos despidiéramos en el local y ella me precediera... pero se negó.) Después quiso llevarnos al *Lamm*, pero yo no quise. (Calabazas constantemente...) Luego los seguí con Cas y dimos vueltas por casa de ella. Su ventana no se iluminó en ningún momento. Sin duda estuvieron paseando largo tiempo. El anda con un bastón de estoque desde que no duerme con ella.

Martes, 8. Temprano, compuse la *Balada del cerdo enamorado* para Recht. Al mediodía: Munich, dicté a Klette el primer acto del *Misterio del Bar Jamaica.* El tipo se quedó con la boca abierta, y al final le vino dolor de cabeza: no había hecho nada. Buñuelos, Bi. Estación. Allí estaban, junto al vagón, Recht y Marianne. Yo me acerco, sorprendido, subo y escucho un cambio de palabras: "¿Cómo te atreves? ¿Por qué me tratas así? Te daré un par de sopapos como sigas. No te muevas". Ella sube, él la retiene, Mar me pide ayuda, yo la ayudo y digo: "¡No se ponga así! ¡Venga con nosotros!". Y el tipo viene. Ella se siente mal y dice: "No te vayas hoy". El, sentado junto a ella, sonríe malignamente y tamborilea sobre su bastón de estoque. Ella sonríe con dificultad. Yo me pongo a fumar y a difundir tranquilidad. Le sugiero que vaya donde los Aicher. Y allí vamos, en coche. Él me pide que no vaya. Yo miro a Marianne y voy. El estalla. "Hasta ahora me he estado dominando: ¡no venga! No respondo de nada." Viaje tranquilo. Ella tiene cara de haber sido violada. Luego Aicher, con su palidez cadavérica y los ojos bien abiertos, tiritando, sin palabras. Recht: "¡Váyase a casa, no exagere! Si quiere jugar al caballero y a la dama, tendrá que asumir las consecuencias". "Pues las asumiré. ¿Qué más quiere?" Aicher: "¡Pero hombre, váyase! ¿Qué quiere que haga? ¡Váyase!". Recht: "¡Salgamos al pasillo!". Y me cierra la puerta en las narices. Yo lo empujo a un lado; bastante robusto. "¡No se meta! ¡Usted está loco!" Y me echo a reír en el pasillo. Aicher no deja de rogarme que me vaya. Recht grita, oprimido: "¡No se meta en mis asuntos!". Y Marianne dice, temblando: "¡Vuelva a casa; quisiera dormir en vuestra casa, Rudi!". Y luego, cuando él aprueba: "¡Qué muchacho tan inocente es usted!". (Ella sigue actuando.) Yo me voy. Más tarde, al pasar, veo todas las ventanas de la casa iluminadas.

Miércoles, 9. Con la cabeza despejada, pienso que ella debe irse. No aceptarle dinero, no dejarlo entrar más y, en el peor de los casos, llamar a la policía. Cuando él dispara, dispara. En Aicher no se puede confiar. Yo puedo hacer poco o nada, porque no tengo dinero. Pero ella aún puede vivir varios meses con el dinero, alhajas, etc., que tiene, e irse luego a Austria con sus padres. O en el peor de los casos, a Berlín, donde Hedda.

Me la encuentro al mediodía. Nos vamos al Siebentischwald. Le reprocho que trate falsamente a R[echt], que lo tome en serio. Y siga aceptándole dinero. R[echt] no se lanza contra muros de piedra, sino de goma solamente. Lo que ella quiere, en definitiva, es tranquilizarlo. Y él lo sabe: su último refugio no es el bastón de estoque, sino el lloriqueo. Ayer quiso asfixiarla, y amenaza constantemente con el asesinato. Mar tendrá que armarse, está totalmente inerme. Cuando él la ataque, ella tendrá que fulminarlo como a un perro rabioso. Tal vez sea mejor marcharse, aunque él la seguiría.

De 4 a 7 en el Kraal. Estupendo. Ella es adorable cuando goza: juvenil. Cuando hace escenas se avejenta y tiene aspecto de usada. Tiene mucho que ocultar, lo que le cuesta grandes esfuerzos. Hay colegas que le dicen: "¡Qué tal, Marianderl!". Y ella cuenta que luego les pide explicaciones por eso, y ellos le dicen que igual se lo preguntarían estando yo. El secretario la trata mal, y ella arma escándalos en la puerta del palco y le exige presentarle excusas, que si no, Recht lo abofeteará. Modales de teatro. Pero no es por eso que no me casaré con ella. Sino porque simplemente no puedo, necesito mi libertad, necesito dormir. Y soy malo, un verdugo trimestral. Y ellas te cortan las uñas, te peinan y te alimentan hasta la muerte, y contemplan tus sueños y se van contigo al bosque. Se frotan cebollas en los ojos cuando dices que quieres ser libre, se envenenan con amargura como con morfina, y te sirven sus propios cadáveres a la hora del té. Uno es actor junto al plato de sopa y todos son aplausos cuando lames el plato y elogias al cocinero. Te perdonan que orines porque eres un cerdo. Y lo más terrible: de tu cónyuge ves sólo los lados malos, porque tú mismo eres un amargado y tienes los ojos llorosos, y tu cónyuge también vive amargada.

Jueves, 10. Aunque nos convirtamos en huéspedes pacíficos y pescados borrachos, la agitación se extiende alrededor de nosotros y los animales se esconden bajo las mesas y enseñan los dientes. Cuando los cuartos han sido trapeados y las camas lucen impecables, es porque en las camas han muerto enfermos de peste y los cuartos han estado largo tiempo vacíos. Aunque nada digamos, todos piensan que tenemos demasiado que ocultar y se asustan de nuestros secretos. Por los campos llegan ratones en la misma primavera en que lo hacemos nosotros, pero nosotros ya hemos devorado el último panecillo. No se sabe por qué no somos populares. Olemos a cal...

Tal vez escriba la tercera escena de *Galgei*, en la que un tipo se enrola y hay papeles de por medio: es el espíritu de la época. Cuando las cosas se van poniendo muy oscuras y enredadas, hay que recurrir a los papeles: ésa es la seguridad. Los papeles son algo seguro; escribir es algo más que actuar, hay diferencia entre escribir y actuar: el papel multiplica, simplifica. Se ve lo que no existe; lo incalculable adquiere cifras, y uno puede elegir entre los números, que no tienen pasiones ni cabezas propias. Fíjate: firma un papel y se convierte en Pick; ahí lo tienes, y el papel sólo vale para Pick. Y ahora es Pick, aunque siga con la camisa y el traje de Galgei.

Creo que al separar a esos dos, correría sangre. Ahí está la máscara de cartón que escupe sangre de mono, el imitador de Napoleón con su bastón de estoque y su automutilación. Y la mujer, aquel fetiche que bendice sus chanchullos y perdona sus crímenes, que deja maltratar a su propia madre, que duerme con él, lo engaña y, por miedo, se deja acogotar o decir puta y se hace mantener. El roba y se mete en las casas; ella pide un abrigo de pieles aunque duerma conmigo. Y, por otra parte, es lo suficientemente infantil como para dejarse hacer un hijo, llorar cuando se lo hacen, besarme cuando pongo cara de perplejidad y aferrarse a mí con ímpetu conmovedor. Pero yo marcho a su lado, indiferente, con la misma cara, gozando en la cama y sin responsabilidades, tramposo quizá, capaz de saltar por encima de mi situación, bastante frío, totalmente apolítico.

Viernes, 11. Ayer por la noche, ella vigilaba mientras yo dormía. Piensa que acaso llegue a asquearse de R[echt]. Pero todo esto suena a falso. Además, no le viene la regla. Un niño no sería ahora muy bonito. Y sin embargo me alegro, soy un idiota consumado.

La posición de Orge se consolida, y él sigue almacenando experiencias. Las mías, expuestas a la intemperie por mis constantes mudanzas, se pudren y son robadas. El tiene ya una especie de sistema. Pronto volverá a adquirir jerarquía. En su gran teatro metafísico yo represento siempre el papel de malo. Yo soy el político y el intrigante, corrompo jovencitos y devoro chiquillas. El busca y encuentra un trasfondo político en todo lo que hago. Instintivamente desempeño ya una actividad política; cuando orino, calculo; me lavo para causar buena impresión y converso para obtener ventajas. El tiene a su Fannerl, lo cual es de mal gusto, una figurilla de formato diminuto en la que invierte bondad acumulada. Pero no la posee del todo, por ahí tampoco le resulta, hay unos cuantos puntos débiles, tiene algo que ocultar. El sospecha que a ella no la toman en serio; uno sospecha que ella no lo toma en serio. El barrunta resistencias, comparaciones, todo el viejo sistema de las diferencias de clase. Pero lo único cierto es que ella lo llevará a la ruina. Con el ayuntamiento Orge se ha reconciliado, cualquier ocupación es igualmente buena, pero yo prefiero holgazanear. (Olvidar que el trabajo no es bueno. ¡¡¡Porque todo trabajo es igualmente bueno!!!) En cuanto a su virginidad... Pues, uno posee lo que no coge. El se siente empujado hacia algo, es la naturaleza; pero siento que yo también empujo. Yo soy el devorador, el pelmazo, el saqueador. Detrás de mí ya no crece la hierba, él lo ha oído. Y así nos separamos.

Por la noche viene Marianne. Es muy extraño, pero la regla no le llega. Algo se me atasca en la garganta. Ya lo había olvidado, Dios mío, ¡y ahora el buen Dios vuelve a entrometerse! Pues rompo a reír y soy bueno con ella. Ella también se ríe.

Sábado, 12. Por la mañana se me ocurren cosas; pero al mediodía me levanto y veo: el mar. Pase lo que pase, al final queda: ¡el mar! Que me vaya mal, pero: ¡solo! Su cuerpo es mejor que cualquier otro; ella es fuerte e infantil, una buena madre, no se arruinará así como así. Ha soportado a Recht cuatro años, fue violada y casi se muere a consecuencia de un aborto, vapuleada a menudo, amada muchas veces y siempre salvada. Aún no tiene treinta años, es guapa e inteligente, y no protesta. Hubiera debido abandonar a Recht, pero necesitaba un hijo. Es muy feo que me vaya, pero ¿qué puedo hacer a su lado? No gano un céntimo, no soy bueno ni quiero quedarme con una mano atrás y otra delante. Y no me gustan los contratos.

Por la noche baja: R[echt] la ha traído a casa, pasa a mi lado, tambaleante, ciego, como borracho (esta vez él me huele). No la dejo ir a su casa, adonde él puede ir; la llevo al Kraal, enciendo la lumbre, preparo una cama en el chelsón. Ella duerme en la cama.

Domingo, 13. Tendré un hijo de Marianne Zoff, la chica de cabello castaño y piel morena que canta en la ópera. Me arrodillo en tierra, lloro, me doy golpes de pecho y hago la señal de la cruz varias veces. El viento de primavera me atraviesa como a una cometa de papel; me inclino. Me nacerá un hijo. Nuevamente.

Con Kra[mer] en el prado junto a la Torre Bismarck. La hierba aún está amarilla. Los pajaritos juguetean sobre ella. Kra[mer] dice: "O madre o puta". *Yo* no lo digo. ¡De noche, las estrellas!

Jueves, 17. Dice que si vende sus joyas, sus padres podrían comprarse un cortijo. Y que ella podría vivir ahí sólo si se casa conmigo. De lo contrario sólo sería tolerada, y eso le resulta inaceptable. O sea que tenemos que casarnos. Pero *yo* no puedo. Pasa la noche allí.

120

Lunes, 21. Pasé todo el domingo trabajando en *El tragana-ranjas*: ya está listo. Ahora estoy metido a fondo en el *Misterio del Bar Jamaica.* ¡Qué intrigas tan complicadas! Yo siempre las resuelvo, pero quedo agotadísimo y al final me derrumbo, y la filmación continúa. Aún sigo dando vueltas al globo con puras películas. Y entre ayer y hoy ha llegado Marianne, que parece una figura de Gauguin; se echa a reír porque está esperando un hijo, y sonríe de vez en cuando: "Tal vez vaya a ver al médico por lo del contrato; me he reconciliado con R[echt] porque tengo que quedarme en su casa hasta junio debido al bebé; le dije que él no era normal sexualmente, que nunca pudo darme nada". Y yo, bajo el impacto de las películas, pienso en cambio: "Está dudando. No tendrá al niño. Yo le he dado su primer goce sexual. Es un estallido romántico. No tendrá al niño. Y luego envejecerá". Un hijo es algo positivo. Pero las cadenas oprimen y la pobreza descarna. Y yo no tengo las manos libres. Ella piensa: "Aborta-ré". Y luego: "Me casaré con Recht". Y cuando está echada a mi lado, se ríe y dice: "No puedes vivir sin mí". Y: "Ahora tendré un hijo tuyo. Ahora soy tuya". Y yo pienso: "Tahití". Sigo viendo agua. En ella se ahoga el niño. Sólo la poseí cuando quiso un hijo. Ahora tendrá que quererlo. La dejo. ¡Y nada de aplazamientos! ¡Basta de propósitos de enmienda! ¿Soy yo su salvador? La ayudaré. Mas no me sentaré a su lado a engordar. Sin embargo: pase lo que pase... soy un pequeño punto provisional, una cosa débil que no aguanta mucho y a la que ha de irle bien; y no puedo darme el lujo de instalarme aquí por unas cuantas reali-dades. Que construyan veinte productoras de cine a mi alrede-dor porque las palomas cagan en mi cabeza; que me esperen chupándose los dedos contra la pared: no necesito asistir a sus funerales en todos los camposantos del continente, no tengo por qué despertar a nadie y el desesperado bocinazo de los accio-nistas perjudicados no me arrancará de mi sueño ni probará nada contra mi debilidad. Ya tengo un hijo que se cría entre campesi-nos. ¡Ojalá engorde, sea juicioso y no me maldiga! ¡Pero ahora los no-nacidos me reclaman con insistencia! Dejar que todo siga su curso y marcharse; eso funciona cuando ya no se tienen pre-ferencias.

Miércoles, 23. Días soleados. Debe tener al niño. Casarse con Recht. Pero ahora escribo guiones cinematográficos, ahora intento ofrecerle un techo. Ella dice: "Soy como tú. He ido de uno al otro. Soy una gitana". Y quiere decir: "Necesito alguien que sea diferente. Alguien que me retenga para no echar a correr. ¡Nada de gitanos!". Pero yo pienso distinto: hay que reeducarla. Y nada retiene más que una cara. No hay vínculo si éste no atraviesa campos y praderas. No hay amor, si no es correspondido. Con las manos no se retiene. Un techo de madera: por él contra la lluvia. Y si no es lluvia, serán cosas peores. El agua no fluye para el que sólo quiere nadar en verano. Y al que quiere hundirse es imposible sujetarlo. Un buen rostro es mejor que una buena acción. Sin duda: lo seguro es más fácil que lo inseguro. Pero lo único seguro es la muerte.

Ayer la fui a buscar al teatro; estaba moribundo de tanto escribir guiones y me recosté en su casa por la tarde, en el sofá; me caía de cansancio y la acompañé al tranvía; ella intentó atraparme, se rió, y sentí la cálida y prolongada presión de su mano fina. Sacudí la cabeza, me reí, me detuve, y ella siguió viaje: todavía siento la presión de su mano. Hoy me llega un mensajero con una carta: que quiere casarse con Recht y no hablar más conmigo. Yo me rebelo, titubeo, trago saliva, me siento y espero. Luego sigo escribiendo el guión, el inútil guión cinematográfico. Ya vendrá.

> Pero bajo la afrenta
> y cubierto de acusaciones,
> el tipo se alejó pesadamente
> y no se purificó,
> ni alzó la mano para tirar piedras,
> sino que caminó debajo de ellas,
> y no levantó mano alguna
> y las ofensas le parecieron muy pocas
> puesto que sabía:
> cómo era.

Ella no vino. Son cien escenas, la película está, pues, lista a medias; *El traganaranjas* está terminado: 190-200 escenas. Klette prometió 10.000 marcos por la primera, aún deben quedar 6.000. Y ella no viene. Yo le dije: "¡Dame tres meses!". Y no me los da. Se mete bajo un techo, con el cerdo aquél. Ya estoy cepillando las tablas, trabajo como un loco, la semana próxima terminaré tres películas, y ella se casa. Yo tal vez no quiera entregar Tahití; tal vez ella no tenga marido luego, pero ¿tendrá en Recht a un marido? Y puedo darle el dinero, ¿o tal vez no? Sólo puedo emborronar cuartillas. En cuatro semanas quiero intentarlo todo para salvarla: ir de un lado a otro, mendigar, despilfarrar lo que tengo. Ella se va, simplemente.

Me paso la tarde bebiendo con Cas y calculo si en cuatro semanas puedo emborronar lo suficiente como para sacar unos dos mil, lo que un chanchullero gana en una mañana. ¿Debe una mujer naufragar por un dinero que hoy falta y llegará mañana, sólo porque tiene miedo y quiere dormir en el bote salvavidas, aunque todo esté en orden? Claro que yo quiero Timbuktú, y un hijo, y una casa, y sin puerta; y quiero estar solo en la cama y con una mujer en la cama, las manzanas del árbol y la madera del árbol, y no manejar hachas y tener un árbol con flores, manzanas y hojas frente a mi ventana, en un primer plano. Y un criado para abonarlo.

Jueves, 24. Ayer me bebí cuatro bitters y, como la noche era tibia, pasé frente a la casa de Mar, donde no había luz detrás de las cortinas. Hoy me desperté con náuseas; de pronto llaman a la puerta y, a las siete, entra Marianne corriendo y se me tira encima: Que no, que ahora mismo acabará con Recht: ya no da más; se puso a pensar cómo se portaría él con el niño, un hijo de ella, y se aterró, tuvo que vomitar y venirse pitando. Buen síntoma: quiere tener el hijo. Yo trabajaré, debo tener confianza en mí, tal vez venda las cuartillas, muchos lo hacen. Y con niños no se puede esperar. Timbuktú está bien, y un hijo también lo está: ambas cosas son posibles. Se llama Peter o Gise, nadie lo va a matar. Bien. Pues entonces trabajaré para Gise, haré lo que pueda. Y es lo mejor para la madre, el cerdo aquél no es un marido para ella, y un hijo es mejor que cualquier cosa. La ayudaré aunque no me case, porque soy una solución provisional y aún tengo que tomar distancia: estoy creciendo.

Sábado, 26. Vivo a todo lujo, con la mujer más guapa de Augsburgo, y escribo guiones cinematográficos. Todo en pleno día, la gente nos sigue con la mirada. ¿Hasta cuándo seguiré sentado en esta piedra para que los perros me orinen?

Por la tarde: la catástrofe.

Estuvimos por la tarde a orillas del Lech: Cas, M[arianne] y yo. Después, M[arianne] se fue donde los Aicher; yo pasé a buscarla a las 10, y salió Aicher: "Recht está aquí. Lo sabe. M[arianne] no puede irse". Intento subir, pero él me dice que todo está tranquilo, que M[arianne] pasará la noche en su casa: ya no podrán verse durante 14 días. Yo le creí, y me fui al *Lamm* a esperar. Me prometió acompañar a M[arianne] a mi casa, mañana. Pero a las 11 y media pasé por su casa y silbé. M[arianne] me tiró la llave. Recht la estuvo buscando varias horas esa tarde, con la certeza de que había pasado la noche fuera. Ella confesó que había estado conmigo y él la embistió, la tiró de los cabellos, etc. Tenía varios chichones; no sabía si irse o quedarse. Yo me la llevé en seguida, y corrimos a su casa a hacer maletas. Por la noche, la huida a Egipto, ¡antes de la matanza de los inocentes!

Domingo, 27. Temprano a Munich. Kramer nos acompaña. Mar va donde sus padres; yo me afeito; luego vuelve con Kramer: no había nadie en casa. Voy a ver al Dr. Zoff, mientras Mar se acuesta, deshecha, con su permanente estado nauseoso. Me encuentro a un hombre pequeño, seco, moreno, cuyo rostro enjuto se parece a la (verdadera) mascarilla funeraria de Beethoven, que me lanza una mirada imperturbable y astuta; me dice que traiga a su hermana. Comí con Mar al mediodía, decidí terminar la novela y la acompañé donde su hermano. Al llegar a la casa vemos a Recht frente a la puerta: baja del coche, pálido, y nos sale al encuentro bañado en sudor frío. "¿Vas a ver a Otto?" Ella asiente. Yo, sin mirarlo, sigo subiendo junto a Mar. El nos sigue pesadamente y jadeando. Después dice que quiere hablarme, y yo invito a Zoff. Nos sentamos en un gran salón. El tipo está dispuesto a negociar, me cuenta todo: su inquietud desde hace meses, sus miedos, cómo fue engañado. Es su marido hace cuatro años; para ella significa más de lo que yo sé, y de lo que ella misma sabe, en el pequeño caos de esta etapa. Que me vaya por 14 días, hasta que se aclaren las cosas. Le pregunto si luego respetaría la decisión de Mar, y él: "No. Nunca". Después me amenaza. Yo lo interrumpo: "¡Eso es asunto *suyo*, dejémoslo estar!" El grita: "¡Pero bueno! ¿También quiere que le tienda la cama?". Yo le digo: "No. No haga usted *nada*". El vuelve a amenazar: "Lo que haré con *usted* es otra cosa". Y yo: "No sigamos hablando. ¡Hágalo!". Y añado: "Tengo mis derechos. Siéntese, que debo decirle algo". El da vueltas a mi alrededor, empalidece, me mira de abajo arriba, sospecha. Yo le digo: "Está esperando un hijo. Vino a verme la noche siguiente a la escena de la estación" (ella se lo había dicho...). El pega un salto, corre hacia Zoff. "¿Y tú qué opinas?" El otro dice, sentándose: "Es tan absurdo...". Recht sigue dando vueltas, gesticula: "Pero no puede ser. Hace ocho días que tuvo la regla. Me enseñó su camisón con las manchas de sangre" (El estaba enfermo y durmió en el cuarto de ella). Luego me pidió permiso para hablar con Mar. Yo le pregunté a ella si quería y le dije: "¡Pues hazlo!". Y salí. Cuando Zoff me dio alcance, R[echt] había llorado; me pidió que me sentara y me lanzó un discurso, realmente conmovido: "Ya que no me fue dado hacer feliz a esta mujer: ¡hágalo *usted*!". Tuve que prometerle que la dejaría libre cuando ella me abandonase como a él hoy día. Me tendió la mano, y yo le di un apretón. Me cogió por la manga y dijo: "Me han dicho que soy un hombre fuerte para los negocios, pero que mi corazón es débil frente a esta mujer". *A ella* le había dicho: "No se puede ser grande *y* feliz al mismo tiempo". Luego se fue. Marianne estaba en el sofá. Había llorado. Esa noche durmió en mi casa.

Martes, [29], a jueves, 31. Vuelvo a decirle a Marianne que conmigo no se casa nadie. Pasa una noche horrible, en la que ve la cara desesperada de Recht y lo oye decir: "Y los cuatro años, ¿no son nada, absolutamente nada?". Ella dice: "No puedo tener al niño si no me caso", y vuelve a dudar si tenerlo o no. Dice: "Anoche tuve la impresión de que no me liberaría de Recht". Y, oprimida por mi declaración, le dice a Aicher con cara triste: "La cosa es más difícil de lo que pensaba". Y el torrente de lágrimas de Recht empieza a inundar la ciudad. Al segundo día dice: "Si ella regresa, su hijo será mi hijo", y el Stadttheater conoce la leyenda del amante noble. Da vueltas como un demente, rezumando magnanimidad, y pronto empiezan a aparecer suplicantes en casa de Mar, uno tras otro, enviados por R[echt]. (Ese mismo sábado): Heinrich Eduard Jacob, literato judío (el lunes), R. Aicher, actor; luego, en fila: la madre de Mar (cuya mano él había besado, sollozando), Schelz, agente teatral, Schreiber, compañero. Pero Mar comete errores. Acepta los 1.000 marcos que Recht le dio a su hermano, y promete a Schreiber no verme durante cinco días. Acepta las flores de Recht y se queda pensando. Pero R[echt] le escribe que un milagro sólo dura tres días, y su amor, eternamente. Y que se cortará la mano izquierda, la de los malos tratos.

ABRIL

Del viernes, 1, al domingo, 3. Al mediodía con Mar a Tutzing. Allí en el *Seehof* hasta el domingo. Pese a sentirse mal, está más tranquila. Una idea la tortura: no tener un hogar. No puede seguir viviendo en habitaciones de pensión. Por eso prefiere estar ahora en casa de su madre. Piensa que de algún modo podría vivir con Recht (jamás como su esposa), y aunque no confiesa nada más, me cuenta que su madre le dijo (¿tuvo que decírselo?) que una mujer no se desprende del hombre del que va a tener un hijo. Pero el niño se ha salvado: éste es el saldo positivo de estos días.

Lunes, 4. Munich. Otto vino a Tutzing, ya que mi proceso no ha sido aplazado. Hoy sigo intentando recolectar dictámenes. Feuchtwanger bueno como siempre; Sinsheimer me escribió algo que iba contra sus principios; Kutscher dio marcha atrás.

Visita a Mar en casa de sus padres. Sigue pensando en su hogar y sintiéndose mal. Por la tarde en mi casa; casi pierde el tren, porque le hice el amor en el sofá, de repente, y estuvo estupenda: fresca, alegre, amorosa. Luego en tren a Augsburgo. Durmió a mi lado. Otto me recogió. Ha encontrado un abogado, etc. Llevé a Mar a casa. Posibilidades de contrato en Wiesbaden, Stuttgart, Mannheim. Quiere irse mañana a Stuttgart. Yo caigo en mi yacija.

Martes, 5, y siguientes. Acepta ir a Wiesbaden, en septiembre, con 10.000 marcos de sueldo. Con eso podrá comprar jabón, allí circulan francos. Hagemann la despedirá por estar embarazada; es un cerdo como tantos otros, y ella lo sabe. A finales de semana vuelve a hacer cálculos. En su estado nauseoso permanente, con las miras secretamente puestas en una carrera brillante, marginada por padre y madre, sigue pensando qué pasará cuando vaya a ver al médico. La expresión "éxito a cualquier precio" reaparece ante sus ojos. Hagemann es un tipo interesante, un caballero, tal vez hasta se enamore seriamente: aquello es la carrera. Y entonces me dice: "Eres muy joven. Te meces en las barcas-columpio. Imposible casarse contigo". Los Aicher, contratados en Viena, la seducen como arpías silbándole arias de gran ópera. La señora Aicher le dice: "Es un amante, no un esposo". Y ella escucha todo y sigue reflexionando, va de Augsburgo a Munich, vuelve, come en tabernuchas ínfimas, siempre con náuseas, y en los diarios hablan maravillas de su Dorabella. Mientras hace sus maletas —yo estoy a su lado, fumando, hago bromas y la observo con benevolencia—, descubre cuánto la ha mimado Recht: su desamparo es ya total. Ha sido ídolo, estrella y mueble de lujo para el tipo, que la guardaba en un relicario... ¡pero amaba a la Inalcanzable y, sorbiendo saliva, la dejaba a merced de la Arpía! Por último descubro que su opción es: cocotte o esposa, que la vanidad puede más que mil espasmos y que R[echt] se halla al final de la calle (en bajada), y arremeto brutalmente contra el infanticidio. Poco a poco se va haciendo a la idea de tener sola al niño. Y entonces la quiero. El médico hace mutis por el escotillón, los padres reciben telegramas (en vez de visitas), y el asunto es archivado.

Martes, 12. El misterio del Bar Jamaica ya está donde Klette, terminado. También *El tragabrillantes.* Kiepenheuer y Cassirer rechazan *Baal* (imposible colocarlo). El proceso con la Eberle sigue su curso. Por la tarde con Mar en el Siebentischwald; los árboles reverdecen, ella luce preciosa en la hierba: la gente puede observarnos, realmente vale la pena. Al volver a casa se nos pega Belcebú. Resulta que R[echt] la llegó a poseer una vez más a comienzos de febrero —"una especie de violación"— y ella pensó por un momento que podría hacerle un hijo. Desde entonces nunca más fue suya, pese a que dormían juntos y él siguió intentando pervertirla. Eso ocurrió antes de la segunda regla y no tuvo "ninguna importancia". Pero ella mintió al decir que se había defendido y él no la dejaba en paz: que el tipo le daba asco. Ya está todo verde; bajamos lentamente, envueltos en la tibieza del crepúsculo: aquello es más deprimente que todo lo que ha hecho (¡que no es poco!), ella es escurridiza como una anguila en el arroyo. Me voy triste y con Walter a ver a un odre pequeñajo y filistroso, el ingeniero Helm, que delira con Goethe y hace volar ideales como cometas; a las 2 me escabullo y paso frente al cuartel de infantería, donde lanzo un silbido a todo fuelle, arrepentido de no haberme quedado con ella. Todo siguió oscuro.

Sábado, [16]. He hablado tres horas con R[echt]. Estuvimos dando vueltas por el bulevar: él lloraba y suplicaba. Había querido conquistar el mundo; se comprometía a luchar como fuera si llegase a perder la vista o se declarase en quiebra: pero no puede perder a su mujer. Es diabético, 4,4 %, se morirá pronto, son sus últimos meses. ¿Qué ganaría dejando su cadáver en el umbral de Marianne? Tendrá que irse con él en cuatro semanas, se lo prometió. Hay que dejarla libre; ella es espléndida, infalible, una mujer madura, y él aún tiene esperanzas; el capítulo R[echt] no está del todo liquidado para ella. Yo camino a su lado casi sin hablar, seco y sobrio. Me compara con Robespierre, el "pedante de la libertad". Por lo demás me muestro complaciente con él: me da lástima, al menos mientras sus dedos de rana no me toquen. Me trata de "querido amigo", se echa a llorar en plena calle, es más magnánimo que un arcángel, supera a Dios en bondad y al diablo en resistencia. Y a la vez es inteligente, como buen judío, y pusilánime como un tratante de ganado. Yo estoy sólo perplejo, no conmovido. ¡Es tan viejo! ¡Lo veo tan gastado, seboso y miserable! No se atreve a asustarme con su hedor a carroña, a importunarme con sus autohumillaciones; me impone su preocupación por él mismo, y su táctica no es mucho mejor que sus verdaderos derechos.

Por la tarde lo llevo donde Mar, que estaba enferma, con dolores, y sin embargo se arrastró hasta el teléfono, temiendo que yo no viniera. Le dijo que no quería volver a verlo hasta nuevo aviso; él estuvo tierno y cedió, y ella se alegró de que todo saliera bien.

Del martes, 3, al viernes, 6. Y ahora vienen las represalias y el purgatorio. Jirón por jirón le arranco a Bi una verdad espantosa: mantiene correspondencia con un violinista de café, un tío seboso, se dejó besar por él y un día lo visitó y se le metió en la cama. No se le entregó, como se desprende de las cartas. Está arrepentida, pero lo considera un idealista puro. Los días en que miente son el purgatorio.

Sábado, 7. Por la noche sueño que He tenía cabellos grises en la frente, lo que sólo me llamó la atención cuando se fue. Me olvidé del sueño al descubrirme una excrecencia en el pene, y de pronto recuerdo que ella soñó un día que yo estaba con sífilis. En la clínica, el Dr. Hirsch dice por supuesto que es una pustulita de herpes, algo sin importancia. Pero esa mañana me llevé un susto. Estaba esperando justamente a Mar, que ayer estuvo en casa de Heigei y en mi casa cuando yo no estaba, y de pronto se me presenta la hermana: que Mar tuvo hemorragias ayer por la noche sin que hasta ahora haya perdido al niño. La situación era peligrosísima. Me asusté por ella, pues esto sería su condenación eterna, y le escribí unas palabras tranquilizadoras. Pero no quiso que fuera a verla, pues R[echt] podría oponerse. Heigei sí fue; pensamos en un aborto y él propone a E. ... como médico: ella asiente. Y en el frasquito de pastillas dice: "Señora Recht". Me ha afectado el fracaso de su latrocinio y el hecho de que abandone a mi hijo, pues no es pura de corazón. Pero ya no la amo, sino que observo todo fríamente. Voy mucho donde Bi, que ha adelgazado durante sus días de aflicción y se ha puesto infantil y muy bonita; y de nuevo otra verdad: la quiero y la respeto. Me fui con ella a las barcas-columpio en el *Auer Dult.*

Lunes, 9. ¡Es increíble lo sensible que me he vuelto en el curso de este trimestre! Al mediodía me dirijo a la estación, aminorando más y más el paso, fumando, pero como un moribundo, y decido emborracharme... cuando R[echt] me tira de la manga.

Se ve palidísimo y mira de soslayo. Y me cuenta que la hemorragia recrudeció el domingo y tuvieron que operar a Marianne; el Dr. W. ... también estuvo presente (el que recomendó el aborto) "De pura casualidad", dijo R[echt]. ¡Y no quisieron que yo estuviera! Pero R[echt] pasó la noche en vela junto a Marianne. ¡Y tanto se alejaron los buenos espíritus de la Marianne Zoff, que la cosa empezó con correrías y terminó con un niñito muerto en el hospital! La muy puta no debiera tener hijos; ¡mi hijo se le murió porque ella no era pura de corazón!

Volví a casa zigzagueando, como si me hubieran dado un golpe en la frente. ¡Tener que presenciar tanta bajeza! Por mí la estrangularía. Es lo más inmundo que he visto en mi vida, pero sigo sin entender nada. Le dije mil y mil veces: No puedes hacerlo. *No* puedes. Y ésta es su respuesta. Ahora podrá ir donde quiera: *sin* ninguna carga. ¡Es lo que quería! Todo el resto no eran más que poses bajo una luz cenital y música de café-teatro. ¡*Esto* es lo que quería! Nunca he visto tan al desnudo el gran embuste del puterío: el romanticismo. ¡Conque así se descarga la puta embarazada! ¡Y yo que quise meter en mi casa a este orinal desportillado en el que van a dar las secreciones de todos los hombres! *De ahí* su pánico feroz a verse abandonada, calada, desenmascarada y olvidada; de ahí su desesperada esperanza en la necesidad de que una situación muy drástica la sacara de la vida puteril. ¡Fuera, lejos de mí! ¡Fuera, fuera! Y ahora a dejar que la utilicen como puta, tirársela a los otros, ¡pasársela a R[echt]! Ahora sí podrá decir: ¡asunto concluido! Y ponerse a navegar bajo esta bandera sobre las aguas, tal y como es su deseo, porque es demasiado vil y cobarde para soportar lo que hace. Ni siquiera quiso confesar libremente su única acción buena; ninguna infamia era lo bastante inmunda para disimular a esa mala actriz, que nunca se representa a sí misma, sino a otra mejor que ella, es decir, que agrada más a la plebe.

Estos días estoy totalmente solo, y es bueno que así sea. Después de lo de Marianne tendré que cuidarme mucho de hacer generalizaciones en el futuro inmediato. Por la tarde fui a pasearme al Lech, fumé y me reanimé. Pienso en *Galgei* y en el resto, también en Frank. Por la noche dormí mal, como si hubiera cometido un crimen.

V

Virginia Woolf

El todo imposible

"Qué descubrimiento sería ése: un sistema que nunca excluyera", escribe Virginia Woolf el domingo 2 de octubre de 1932. ¿No es el diario, al menos teóricamente, la forma más próxima a ese sistema milagroso? Abierto a todo, permeable a cualquier impresión y cualquier incidente, dispuesto a constatar la actualidad pero también a evocar el pasado o imaginar el porvenir, sin otra obligación que la de atenerse con más o menos rigor a la lógica de los días, el diario íntimo realizaría, por fin, la utopía de una tolerancia absoluta, el sueño moral de una integración sin excepciones. El diario como práctica de indiscriminación generalizada: una especie de democratismo universal que elegiría sin descartar, sin aplicar jerarquías ni poner valores en acción. "Contener todo lo que pasa por mi cabeza, tanto lo solemne como lo insignificante y como lo bello". Pero al mismo tiempo esta forma *feliz*, ¿no es acaso la clase de experiencia que ningún escritor podría atravesar jamás, ni siquiera aunque se lo propusiera? ¿No es, en rigor, la *pesadilla* de todo escritor, una suerte de espectro idílico que le recuerda, tentándolo, lo que ningún escritor puede escuchar sin estremecerse de espanto: que siempre está la posibilidad —la deuda— de *escribirlo todo*?

Los escritores de diarios tienen dos suertes. La primera es que la exhaustividad sólo es una ilusión colateral del género, y funciona más como un alivio (escribir cualquier cosa) que como un imperativo ético (no dejar nada sin escribir); la segunda, bastante frecuente aunque no fatal, es que para que haya diario íntimo hacen falta al menos dos personas: alguien que lo escriba, alguien que lo encuentre. Virginia Woolf, digamos, y su marido Leonard: la escritora y su albacea. Toda exhaustividad (incluso esa irrisoria fachada de exhaustividad que los escritores simulan cuando "escriben cualquier cosa") queda desbaratada en esta encrucijada jurídico-literaria donde se pone en evidencia la serie de derecho sucesorio en la que todo diario íntimo de escritor, por su carácter póstumo, está inscripto desde el principio: legador, legado, legatario, albaceas... "Me hundiré con mis banderas flameando", escribió Woolf en la última entrada que registra su diario, cuatro días antes de suicidarse. Poco tiempo después, al revisar su herencia literaria, Leonard Woolf encontró los 26 pequeños volúmenes en los que la escritora había consignado su vida a lo largo de casi veintisiete años, siempre durante los treinta minutos que seguían a la hora del té, sin la regularidad compulsiva de Kafka pero con una constancia que sólo interrumpió para morir. Virginia escribía su diario a mano, en hojas de papel liso que primero solía mandar a anillar y que después terminó encuadernando en libritos de tapas italianas, estampadas de colores, las mismas que el matrimonio Woolf usaba para la colección de libros de poesía que publicaba en su editorial The Hogarth Press.

¿Cómo ese diario múltiple, versátil y longevo (iba de 1915 a 1941) se convirtió en el *Diario de una escritora* que los lectores conocen, un diario casi exclusivamente consagrado al oficio de escribir, a su método y sus problemas y sus incertidumbres y —máxima condescendencia del albacea— a las lecturas que alguna vez lo alimentaron? *Cherchez l'héritier*. El diario de Virginia Woolf encierra todas las pistas necesarias para reconstruir esa transformación, y el prólogo que acompañó su primera edición bien puede ser leído como la confesión voluntaria del crimen, un mea culpa en el que Leonard, heredero y editor, anuncia con voz despreocupada los motivos por los cuales decide publicar una porción ínfima del material contenido en los 26 tomos originales. "El diario es demasiado personal para ser publicado íntegro durante la vida de los que allí se mencionan", escribe. Y después agrega: "He releído cuidadosamente los 26 volúmenes del diario para extraer, y publicar ahora en este libro, prácticamente todo lo que se refiriese a su propia actividad como escritora". En ese *prácticamente todo* está *todo* el problema del diario íntimo: el dilema que plantea su condición póstuma, su traspaso sucesorio y su herencia, pero también su higiene mortuoria y su transmisión, su existencia postrera, es decir: su manera de sobrevivir, huérfano, en el mundo.

El *Diario de una escritora* prueba, entre otras cosas, que todo diario es un todo imposible. Imposible, para empezar, publicarlo íntegro, ya que buena parte de los que aparecen mencionados en sus páginas sobrevivieron a su autora y nada garantiza que tengan ganas de *leerse* en ellas, al menos mientras vivan. Hay, pues, que seleccionar. Pero ni siquiera desbrozándolo, limpiándolo de esa referencialidad intolerable, que es la tarea (el trabajo del duelo) a la que se entrega Leonard, es posible delimitar algo en el diario que pueda funcionar como un todo parcial, el todo, por ejemplo, de *Virginia Woolf escritora*. El problema, naturalmente, es éste: ¿qué es un diario si no lo es todo? Leonard Woolf lo sabía mejor que nadie. Virginia soñaba con un diario íntimo que fuera "un espacioso baúl al que se arroja una cantidad de trapos y retazos sin pararse a elegirlos", al que se pudiera volver, después de un año o dos, "para descubrir que la colección se ha seleccionado y refinado por sí sola". El diario como máquina célibe, autárquica, pura inmanencia de sentidos y de operaciones. El 20 de abril de 1919, cuando deja sentado el modelo de diario que pretende para su escritura cotidiana, Virginia tiene mucha vida por delante, pero ya entonces *piensa* la cuestión de la posteridad, del más allá, de lo póstumo como instancia decisiva del género. No hay que elegir, dice: la única manera de pensar un futuro para el sentido es confiar en el *trabajo* del diario (como quien dice el trabajo del sueño) y en la oportunidad con que uno mismo ("cualquier yo misma") será capaz de interrumpir esa labor sigilosa mediante esa violencia extrema que es la relectura. Sólo que lo póstumo del diario presupone, básicamente, que el autor de ese golpe maestro, la relectura, *es otro*, el sobreviviente, el que tiene la misión de velar por la supervivencia del diario. Y allí, en el vórtice de esa catástrofe, ¿hay acaso alguna traición que sea imposible? O mejor: ¿hay alguna posibilidad de no traicionar? Avergonzado, Leonard no puede evitar admitir que "publicar extractos de cartas o de diarios" es un error, porque "con tales omisiones se llega con frecuencia a empañar o a ocultar el carácter del que los escribió", pero al mismo tiempo no puede dejar de justificar su decisión, que consiste precisamente en cometer el error que acaba de objetar. "Es necesario tener presente", escribe, "que sólo se imprime en este volumen una porción mínima de los diarios, y que los extractos estaban engarzados en un cúmulo de material no relacionado con el arte de Virginia Woolf. A menos que se recuerde esto constantemente, el libro dejará una visión muy defectuosa de su vida y de su carácter". La advertencia de Leonard Woolf, tan válida entonces como ahora, para la antología de la que este prólogo forma parte, condena a todo lector a la más atroz y deliciosa de las melancolías: leer un diario íntimo con la cabeza en otro lado, en el sentido perdido, en todas las frases que debieron ser sacrificadas para que unos pocos días pudieran sobrevivir.

DIARIO

1919

Domingo de Pascua, 20 de abril. En la ociosidad que sucede a todo artículo largo, y Defoe es el segundo de fondo de este mes, saqué a luz este diario para leerlo, como se lee siempre lo que uno mismo ha escrito, con una especie de culpable intensidad. Confieso que no dejó de afligirme su estilo áspero e inconexo, a menudo tan poco gramatical y que pide a gritos que se cambie alguna palabra. Con esto intento decir a cualquier yo misma que vuelva a leer esto que soy capaz de escribir mucho mejor; que no pierda su tiempo con esto y que le prohíbo mostrarlo a los ojos de los hombres. Y ahora puedo agregar mi pequeño cumplido en cuanto a que tiene cierto impulso y vigor, y da a veces en un blanco inesperado. Pero lo más pertinente es mi creencia de que la costumbre de escribir de esta manera, para mi ojo solamente, es una buena práctica. Ablanda los ligamentos, por mucho que se yerre o se tropiece. Cuando se va a la velocidad a que yo voy, hay que tomar la puntería más directa e instantánea frente al objeto, y por ello debo echar mano de las palabras, elegirlas y lanzarlas sin más tiempo que el necesario para mojar mi pluma en la tinta. Creo que, durante el pasado año, puede atribuirse cierto aumento de facilidad en mis escritos profesionales a mis circunstanciales medias horas después del té. Por si ello fuera poco, se perfila a la distancia la sombra de una especie de forma a la que un diario podría aspirar. Con el correr del tiempo, tal vez llegara yo a aprender lo que puede hacerse de este libre y huidizo material de vida; encontrándole otro empleo que aquel en que lo aprovecho, con tanta mayor conciencia y escrupulosidad, en mis relatos de ficción. ¿Qué clase de diario me gustaría que fuera el mío? Algo de textura poco compacta sin ser desaliñada, tan elástica como para contener todo lo que pasa por mi cabeza, tanto lo solemne, como lo insignificante y como lo bello. Me gustaría que se asemejara a algún profundo escritorio de antaño, o a un espacioso baúl al que se arroja una cantidad de trapos y retazos sin pararse a elegirlos. Me agradaría volver a él, después de un año o dos, para descubrir que la colección se ha seleccionado y refinado por sí sola, que se ha integrado, como suelen hacerlo tan misteriosamente tales depósitos, en un solo molde, lo bastante transparente como para reflejar la luz de nuestra vida, pero al mismo tiempo con sedimentos firmes y tranquilos, distantes como una obra de arte. Al repasar mis volúmenes anteriores, me parece que el requisito principal es no adoptar el papel de censor sino, por el contrario, escribir lo que dicte la fantasía y sobre cualquier tema imaginable; puesto que me tomó la curiosidad de saber el cómo, me dediqué a buscar cosas consignadas al azar, y descubrí que había un sentido donde yo no lo había visto en su oportunidad. Pero la elasticidad pronto se torna desaliño. Se requiere cierto esfuerzo para colocarse frente a un carácter o a un incidente que es imprescindible registrar. Tampoco es posible dejar que la pluma corra por sí sola, por temor a volverse tan poco atildada como Vernon Lee. En ella los ligamentos están demasiado flojos para mi gusto.

1920

Lunes 25 de octubre (Primer día de invierno). Por qué será tan trágica la vida; tan parecida a una angosta vereda sobre un abismo. Miro hacia abajo; siento un mareo; me pregunto cómo haré alguna vez para caminar hasta el final. Pero por qué sentiré esto: ahora que lo digo lo siento. Arde el fuego; iremos a escuchar la *Beggar's Opera.* Es algo que está en mí, y no puedo cerrar los ojos. Es un sentimiento de impotencia; de que será imposible quebrar el hielo. Aquí estoy, sentada en Richmond y, como si ardiera una linterna en el medio de un campo, mi luz se alza en las tinieblas. A medida que escribo se esfuma la melancolía. ¿Por qué no lo escribiré con mayor frecuencia? Claro, lo impide la propia vanidad. Aun ante mí misma quiero aparecer como todo un éxito. Pero igualmente no llego hasta el fondo. Viene de no tener hijos, de vivir lejos de los amigos, de no lograr escribir como es debido, de gastar demasiado en la comida, de estar poniéndose vieja. Me preocupo demasiado por los cómos y los porqués; demasiado por mí misma. No me gusta que el tiempo se desperdicie en torno a mí. Y bien, trabaja entonces. Sí, pero pronto me canso del trabajo... sólo puedo leer un poco por vez, escribir durante una hora es bastante para mí. Nadie viene aquí al aire libre, a perder el tiempo agradablemente. Y si vienen, me molestan. Cuesta demasiado trabajo ir a Londres. Los niños de Nessa están creciendo, pero aún no puedo invitarlos a tomar el té, ni tampoco ir con ellos al zoo. El dinero para alfileres no me sobra. Estoy segura sin embargo de que éstas son trivialidades; pienso a veces que es la vida misma la que es tan trágica para los de nuestra generación; no hay titular de diario que no nos arroje el grito de agonía de alguien. Esta tarde es McSwiney y la violencia en Irlanda; o que habrá huelga. La desdicha está en todas partes; ahí, detrás de la puerta; o la estupidez, que es peor. Pero aún no puedo arrancarme las espinas. Volver a escribir *Jacob's Room* dará nueva vida a mis fibras, así lo siento. Inminente visita de Evelyn; pero no me gusta lo que estoy escribiendo. Y qué feliz soy con todo... si no fuera por mi impresión de que se trata de un angosto caminito sobre un abismo.

1922

Martes 22 de agosto. La manera de ponerse nuevamente en estado de escribir es la que sigue. En primer lugar un ejercicio suave al aire libre. En segundo, leer buena literatura. Es un error suponer que la literatura puede originarse de la inexperiencia. Hay que salirse de la vida —sí, por eso me disgustó tanto la irrupción de Sydney—, hay que volcarse al exterior; con una intensa, fuerte concentración, toda en un punto, para no tener que depender de las zonas dispersas del propio carácter, y vivir en el cerebro. Apenas entra Sydney, vuelvo a ser Virginia; cuando escribo, sólo soy una sensibilidad. A veces me gusta ser Virginia, pero sólo cuando me siento diversa, y dispersa, y gregaria. Ahora, y durante todo el tiempo en que estemos aquí, me gustaría ser solamente una sensibilidad. Antes de que me olvide, Thackeray es lectura excelente, muy ágil, con "toques", como los llaman en casa de los Shank, de asombrosa intuición.

1924

Lunes 26 de mayo. Londres es encantador. Pongo los pies en un tapiz mágico de color leonado, tal es mi impresión, y me transportan al seno de la belleza sin mover un dedo. Y qué sorprendentes las noches, con las blancas columnatas y las anchas avenidas silenciosas. Y la gente aparece y desaparece con toda levedad, tan divertidos como conejos; y miro a lo largo de

Southampton Row, húmeda como el dorso de una foca, o roja y amarilla al sol, y observo el ir y venir de los ómnibus y escucho la loca canción de los viejos organillos. Uno de estos días tengo que escribir sobre Londres, y cómo se apodera de la vida privada y la continúa por su voluntad, sin esfuerzo alguno. Caras que pasan agitan mi ánimo; le impiden posarse, como lo hace en la soledad de Rodmell.

Pero mi mente está repleta con *The Hours*. Estoy diciendo ahora que persistiré en ella durante cuatro meses, junio, julio, agosto y septiembre; la alejaré luego de mis preocupaciones por tres meses, tiempo que dedicaré a terminar mis ensayos; y entonces volveré, octubre, noviembre, diciembre, enero; y la revisaré durante enero, febrero, marzo, abril; y en abril aparecerán mis ensayos, y en mayo mi novela. Tal es mi programa. Se está desenvolviendo ahora con gran rapidez, y sin mayores trabas; desde la crisis de agosto último, que considero como su comienzo, se está desarrollando rápidamente, a pesar de las muchas interrupciones. Me parece que se está tornando más analítica y humana; menos lírica; pero siento como si se hubieran aflojado las ataduras casi por completo, y me permitieran verter todo dentro. Si es así... está bien. Falta volver a leerla. Esta vez me propongo llegar a las 80.000 palabras. Y me gusta Londres para escribirla, en parte porque, como dije, la vida nos lleva a flote; y con una mente de ardilla como la mía, es una gran cosa que nos detengan en nuestro eterno girar en círculos. Además, ver seres humanos que se mueven rápida y libremente es para mí una ventaja infinita. Puedo zambullirme y volver a surgir, y liberarme de mi estancamiento.

1925

Martes 8 de abril. Estoy bajo la impresión del momento, la impresión compleja de regresar del sur de Francia a esta amplia oscura intimidad llena de paz, Londres (así me lo pareció anoche), que está impregnada con el accidente que vi esta mañana: una mujer que se lamenta, oh, oh, oh, débilmente, clavada contra las rejas por un automóvil que se le ha echado encima. Todo el día he escuchado esa voz. No me acerqué para ayudarla; claro que no hubo panadero o florista que no lo hiciera. Me ha quedado una tremenda impresión de lo brutal y salvaje que es el mundo; allí iba esa mujer de vestido marrón caminando por la acera, y de pronto un gran auto rojo da una vuelta de carnero, aterriza sobre ella y uno oye ese oh, oh, oh. Yo iba a la nueva casa de Nessa y me encontré con Duncan en la plaza, pero como no había visto nada de ningún modo podía sentir lo que sentía yo; tampoco Nessa, aunque hizo algún esfuerzo por relacionarlo con el accidente de Angelica, en la primavera última. Pero le aseguré que sólo se trataba de una transeúnte vestida de marrón, de manera que recorrimos toda la casa con suficiente compostura.

Desde la última vez que escribí, hace ya algunos meses, se ha muerto Jacques Raverat, muerte por él anhelada. La carta que me envió acerca de *Mrs. Dalloway* me dio uno de los días más felices de mi vida. ¿Acaso esta vez habré logrado algo? Bueno, pero nada comparado con Proust, en quien me encuentro ahora engolfada. Lo que sorprende en Proust es cómo combina la máxima sensibilidad con la máxima tenacidad. Persigue estos matices de mariposas hasta la más delicada veta. Siendo tan fuerte como un hilo para coser heridas, es tan evanescente como el brillo de una mariposa. E imagino que a la vez influirá sobre mí y me pondrá de mal humor con cada frase que yo escriba. Murió Jacques, como ya dije antes; y al punto comenzó el asedio de emociones. Cuando llegó la noticia, tenía yo gente en casa —Olive, Bee How, Julia Strachey, Dadie—. A pesar de todo, ya no me siento inclinada a descubrirme ante la muerte. Prefiero salir charlando de la habitación, con una frase cualquiera e inconclusa en los labios. Tal el efecto que me produjo... ni despedidas, ni sumisión, sino alguien que se aleja en la oscuridad. Para ella en cambio la pesadilla fue terrible. Lo más que puedo hacer es mantenerme natural con ella, asunto que juzgo de considerable importancia. Me repito más y más mi propia versión de Montaigne: "Lo que importa es la vida".

Jueves 30 de junio. Ahora debo dar alguna idea del Eclipse. El martes por la noche, a eso de las 10, varios largos trenes, prolijamente colmados (el nuestro con gentes del Servicio Civil), partieron de Kings Cross. En nuestro coche íbamos Vita, Harold, Quentin, L. y yo. Se diría que esto es Hatfield, dije yo, mientras fumaba un cigarrillo. Y luego: parece Peterborough, dijo L. Antes de que oscureciera seguíamos mirando el cielo, cruzado por blandos vellones, pero brillaba una estrella encima del Alexandra Park. Mira, Vita, ahí está el Alexandra Park, dijo Harold. Los Nicolson empezaban a amodorrarse; H. se hizo un ovillo, con la cabeza sobre las rodillas de V. Ella se parecía a la Safo de Leighton, dormida; así atravesamos los Midlands, y fuimos a detenernos un buen rato en York. A las 3 sacamos a relucir nuestros sándwiches y, al regresar del w. c., encontré que estaban limpiando a Harold de la crema que se había volcado encima. Luego rompió la caja de porcelana de los sándwiches, L. se puso a reír sin disimulos. Luego dormimos otra siestita, por lo menos la durmieron los N., y cruzamos un paso a nivel en el que se hallaba detenida una larga hilera de ómnibus y autos, con luces de un amarillo pálido encendidas. Ya había un reflejo grisáceo, siempre sobre un cielo moteado de vellones. Estábamos en Richmond alrededor de las 3:30; hacía frío y los N. tuvieron una rencilla, dijo Eddie, acerca de los equipajes de V. Nos llevaron de allí en ómnibus, y vimos un castillo enorme (a quién pertenecerá, se preguntó V., que se interesa por los castillos). Le habían agregado una ventana al frente, y creo que había una luz encendida. Todos los campos ardían con los pastos de junio y con plantas de rojas borlas, pero sin color todavía, todas pálidas. También pálidas y grises se mostraban las pequeñas granjas de Yorkshire. Cuando pasamos junto a una, salía el granjero con su mujer y su hermana, pulcramente de negro como si fueran a la iglesia. En otra granja fea y cuadrada, dos mujeres se acodaban en las ventanas superiores, cuyas blancas celosías se abrían sólo a medias. Formábamos un convoy de 3 grandes coches; cada uno tenía que detenerse para dar paso a los demás; todos muy bajos y poderosos, subían por colinas tremendamente empinadas.

Una vez el conductor tuvo que bajar y poner una pequeña piedra detrás de la rueda, en vano. Un accidente hubiera sido lo más natural; había además infinidad de automóviles. Aumentaron de pronto cuando nos acercábamos al tope del Bardon Fell, donde había gente acampada al lado de sus autos. Al bajar del coche, nos encontramos muy arriba, en un páramo de brezos y pantanos, marcado con hitos para la caza de la gallineta. El pasto mostraba ya abundantes huellas, y mucha gente había tomado posición. Nos reunimos con ellos para dirigirnos a lo que parecía el punto más alto sobre Richmond. Una luz parpadeaba allá abajo, mientras alrededor se iban escalonando valles y páramos. Se parecía a la comarca de Haworth. Pero sobre Richmond, por donde salía el sol, se veía una nube de tenue gris y un punto de oro, que era el lugar del astro. Pero era todavía temprano. Mientras esperábamos, teníamos que hacer ejercicio para entrar en calor. Ray se había envuelto en la frazada de rayas azules de una cama de matrimonio, por lo que su enorme silueta despertaba una sugestión de alcoba. Saxon parecía envejecido. Leonard no cesaba de mirar su reloj. Cuatro grandes perros de caza de rojo pelo brincaban sobre el páramo, y detrás de nosotros había ovejas pastando. Vita había querido comprar un conejillo de la India —uno salvaje, aconsejó Quentin— de modo que con frecuencia observaba a los animales. Había lugares ralos en las nubes y algunos francos agujeros, y nos preguntábamos si el sol aparecería detrás de una nube o a través de algún hueco cuando llegara el momento. Ya nos poníamos nerviosos cada vez que adivinábamos rayos de oro por debajo de las nubes. Entonces, por un instante, vimos el sol pasar, parecía bogar a gran prisa por un espacio vacío; echamos mano de nuestros vidrios ahumados; lo vimos creciente, de un rojo encendido, para hundirse de nuevo rápidamente en la nube; sólo quedaron como recuerdo las rojas flámulas, y luego una bruma áurea sin nada de particular. Pasaban los minutos, ya nos creíamos estafados: mirábamos las ovejas, que no mostraban ningún temor; a los perros, que seguían corriendo en círculo; a la gente, alineada en largas filas y con aire solemne en su contemplación. Pensé que nos parecíamos a gentes muy antiguas, en el nacimiento del mundo, a druidas de Stonehenge (idea que volvió vívida a la primera luz más pálida). A nuestras espaldas las nubes mostraban grandes espacios azules, y que aún se mantenían azules. Pero ahora el color empezaba a desvanecerse. Las nubes empalidecían, hasta un negro rojizo. Abajo, en el valle, había una extraordinaria mescolanza de rojo y negro; una sola luz que brillaba; todo lo demás eran nubes, muy hermosas con sus tintes delicados. Nada podía verse a través de los celajes. Estaban pasando los 24 segundos. Luego miramos de nuevo hacia el azul; y con gran velocidad, muy muy rápidamente, todos los colores se esfumaron; estaba más y más oscuro, como al desencadenarse una violenta tempestad; la luz se extinguía, se extinguía; seguíamos diciendo que ésta era la sombra; y pensábamos que ya habría pasado... ésta es la sombra; cuando súbitamente la luz se apagó. Habíamos caído. Todo estaba extinto. No había más color. La tierra estaba muerta. Ese fue el momento sorprendente; y el que siguió, cuando, como al rebotar una pelota, la nube volvió a tomar color, sólo una chispa de matiz etéreo, y tornó a hacerse la luz. Sentí la viva impresión de que la luz se liberaba de algún vasto acatamiento; algo que se arrodillaba se levantó prontamente cuando volvieron los colores.* Fue asombroso con qué levedad y rapidez y belleza retornaron al valle y sobre las colinas... al principio con un chisporroteo etéreo y milagroso, más tarde casi normalmente, pero con una inmensa sensación de alivio. Era como una recuperación. Había sido peor de lo que esperábamos. Habíamos visto la muerte del mundo. Estaba también dentro del poder de la naturaleza. También nuestra grandeza había sido aparente. Ahora volvimos a ser Ray con una frazada, Saxon de gorra, etc. Estábamos helados. Según creo, aumentó el frío a medida que la luz se retiraba. Nos sentíamos lívidos. Y entonces... había pasado hasta 1999. Restaba el sentido del bienestar, al que nos íbamos acostumbrando, de tener mucha luz y abundantes colores. Aun por cierto tiempo continuó siendo un acontecimiento feliz. Pero, cuando logró afincarse por toda la comarca, dejamos casi de sentir que era un alivio y

---

* En el margen: Por unos momentos, el color fue de una especie encantadora... fresco, variado; pardo aquí y azul allá; todos colores nuevos, como si los hubieran lavado y vuelto a pintar.

un rescate, tal como lo comprendimos después de la oscuridad. ¿Cómo podré expresar la oscuridad? Era una zambullida súbita, en el momento menos esperado; un estar a merced del cielo; de nuestra propia nobleza: los druidas; Stonehenge; y los rojos perros a la carrera; todo lo que llevábamos en la mente. Además, que le arrancaran a una de su salón en Londres y la depositaran en el páramo más salvaje de Inglaterra, no dejaba de ser impresionante. Luego, recuerdo que traté de mantenerme despierta en los jardines de York mientras charlaba Eddy, y me quedé dormida. Dormí nuevamente en el tren, donde hacía calor y estábamos apeñuscados, con el coche lleno de cosas. Harold se mostró muy amable y atento, como contraste con el mal humor de Eddy. Roast beef y rodajas de ananá, dijo. Debemos haber llegado a las 8.30.

Sábado 22 de octubre. Es éste un libro, creo haberlo ya dicho antes, que escribo después del té. Y mi cerebro bullía de ideas, sólo que las he gastado en honor del Sr. Ascroft y la Srta. Findlater, fervientes admiradores.

"Me permitiré borronear esto durante una semana", y no he hecho nada, nada, nada que no fuera esto durante quince días; y me encuentro lanzada con una pasión, tanto más intensa por ser algo furtiva, a la aventura de *Orlando*: Una biografía. El libro será breve, y quedará listo antes de Navidad. Supuse que podría combinarlo con Ficción, pero cuando la mente se enardece no hay modo de detenerla: camino construyendo frases; me siento inventando escenas; en una palabra, estoy en lo peor del mayor entusiasmo que haya conocido, y del que me había guardado desde febrero último, si no antes. ¡Hablaba de planear un libro, de esperar una idea! De pronto una me tomó por asalto; me dije para aplacarme, al hallarme harta de la crítica y ante la intolerable perspectiva de esa fastidiosa Ficción: "Como premio, escribirás una página de un cuento; tendrás que detenerte a las 11.30 en punto, para seguir con los románticos." No veía con mayor claridad a qué se referiría el cuento, pero el alivio de encauzar mi mente por esos senderos me daba una felicidad desconocida durante meses; como si la pusiera al sol, o la extendiera sobre cojines; y dos días después renunciaba por completo a mi horario de trabajo y me abandonaba al puro deleite de esta farsa. Y la estoy gozando como lo que más en mi vida y, a fuerza de escribir, he caído en una semijaqueca, tuve que detenerme como un caballo exhausto y anoche tomé una pequeña dosis de somnífero, lo que echó a perder nuestro desayuno. No terminé mi huevo. Escribo *Orlando* como una parodia a medias, pero en estilo muy claro y llano, de modo que la gente no pierda una palabra. Pero hay que vigilar con cuidado el equilibrio entre verdad y fantasía. Está basado en Vita, Violet Trefusis, Lord Lascelles, Knole, etcétera.

Domingo 20 de noviembre. Ahora robaré un momento a lo que Morgan llama la "vida" para anotar algo a la carrera. Mis notas han sido pocas; la vida una cascada, un resbalón, un torrente, todo junto. Bien considerado, creo que éste *es* nuestro otoño más feliz. Tanto que hacer; y ahora el éxito; y la vida en condiciones favorables, y sabe Dios cuántas cosas más. Mis mañanas se precipitan en confusión desde las 10 hasta la 1. Escribo tan a prisa que no consigo pasarlo en limpio antes del almuerzo. Y sospecho que la espina dorsal de mi otoño es *Orlando*. Nunca siento esto, salvo una o dos mañanas, escribiendo crítica. Hoy comencé el tercer capítulo. ¿Aprendo algo nuevo? Quizá es demasiado burlón para eso; pero me gustan estas frases sin afeites y, para variar, la superficialidad que las distingue. Es sumamente tenue, por supuesto; grandes brochazos sobre la tela; pero el fondo quedará cubierto antes del 7 de enero (digo yo) y entonces volveré a escribirlo.

1928

Miércoles 7 de noviembre. Y esto ha de ser escrito para mi propio deleite. Pero esa expresión me cohíbe: porque, si sólo se escribe para el propio deleite, no sé qué es lo que ha de ocurrir. Sospecho que se destruye la convención de la escritura, o sea que ya no se escribe de ningún modo. Siento algo de jaqueca, en una cabeza enturbiada por el somnífero. Tal es la secuela

(¿qué significa esto?; por lo visto Trench, a quien consulto al azar, no explica mayormente) de *Orlando*. Sí, desde la última vez que anoté aquí, he crecido en dos pulgadas y media ante la opinión del público. Hasta puedo decir que ahora figuro entre los escritores conocidos. Tomé el té con Lady Cunard... a cuya casa hubiera podido ir a almorzar o cenar cualquier día, con sólo quererlo. La encontré con un gorrito, telefoneando. La charla solitaria no era su atmósfera... Es demasiado astuta para expandirse y requiere la sociedad para mostrarse impulsiva y desatinar: su fuerte. Una mujercita ridícula con cara de cotorra; pero no lo bastante ridícula. Me quedé hambrienta de superlativo, sin lograr que la ilusión agitara sus alas. Lacayos, sí; pero algo raídos y amigables. Pisos de mármol, sí: pero sin esplendor; sin canto victorioso, por lo menos para mí. Y las dos sentadas allí teníamos casi por fuerza que ser convencionales y chatas —me recuerda a Sir Thomas Browne—; el libro más grande de nuestros tiempos, dijo en forma algo perentoria una mujer de negocios, a mí que no creo en tales cosas como no se digan con champagne y entre guirnaldas. Luego sobrevino Lord Donegall, un ágil joven irlandés, moreno, cetrino, lustroso, que trabaja en la prensa. "¿No lo tratan a Ud. como un perro?", le pregunté. "No, de ninguna manera", replicó, sorprendido de que a un marqués alguien pudiera tratarlo como a un perro. Y luego nos pusimos a subir escaleras, para ver cuadros que había en ellas y en salones de baile, y finalmente hasta el dormitorio de Lady C., todo decorado con pinturas de flores. El lecho tiene su baldaquín triangular de seda rojo y rosa; las ventanas, que miran a la plaza, tienen cortinas de brocato verde. Su "poudreuse" —como la mía, sólo que pintada y dorada— estaba abierta, sembrada de cepillos de oro, espejos de mano y, sobre sus pantuflas doradas, un par gentilmente colocado de medias, también doradas. Todos estos atavíos para una pigmea correosa y vieja. Puso a funcionar las dos cajas de música y le pregunté si solía estarse en cama escuchándolas. Pero no, no hay en ella nada de ese tipo de fantasía. El dinero es lo importante. Me contó cosas más bien sórdidas sobre Lady Sackville; que nunca la visita sin endilgarle algún objeto: sea un busto —que no vale £ 5— por el que tiene que pagar £ 100; sea un aldabón de bronce. "Y además su char-

145

la, con lo poco que me interesa..." Por alguna razón no me dejé atrapar por estos sórdidos lugares comunes, pero me era difícil difundir en el aire polvillo de oro. No hay duda de que es capaz de ver con agudeza, de picotear firmemente en la vida; pero qué adorable, pensaba yo mientras regresaba de puntillas sobre mis zapatos apretados, en medio de la niebla y el frío, sería abrir una de estas puertas que todavía abro en cualquier momento, para hallar a alguien viviente, real e interesante, una Nessa, un Duncan, un Roger. Alguien desconocido, cuya mente se pusiera a vibrar. Ordinarios y chatos y aburridos, son estos Cunard y Colefax... por extraordinaria competencia que demuestren en el comercio de la vida.

Y todavía no se me ha ocurrido qué escribir después. Porque se da tal situación: este *Orlando* es, admitamos, un libro muy rápido y brillante. Sí, pero no intenté explorar. ¿Estoy acaso obligada a explorar siempre? Todavía lo pienso así, porque mi reacción no fue la de siempre. Y, después de tantos años, tampoco puedo zafarme de ello tan fácilmente. *Orlando* me enseñó a escribir una oración directa; me enseñó cómo mantener una continuidad en la narración y cómo acosar de cerca las realidades. Pero de intento evité, naturalmente, toda otra dificultad. Nunca me hundí hasta mis profundidades, para sacar a la luz nuevas formas, como lo hice en el *Lighthouse*.

Bien, pero *Orlando* fue el resultado de un impulso perfectamente definido, y en realidad irresistible. Quiero diversión. Quiero fantasía. Quiero (y esto iba en serio) impartir a las cosas su valor de caricatura. Y dicho humor aún persiste en mí. Quiero escribir la historia, digamos de Newnham o del movimiento femenino, en la misma vena. Es una vena honda en mí... al menos chispeante, urgente. Pero, ¿no la estimula el aplauso? ¿No la estimula acaso demasiado? Mi impresión es que hay menesteres que debe realizar el talento, para descanso del genio: o sea que tenemos el lado juego; el don que no es más que don, facultad no aplicada; y el don cuando va en serio. Y uno alivia al otro.

Sí, pero... ¿y *The Moths*? Tenía que ser un libro sin ojos, abstracto y místico: un drama-poema. Y puede haber afectación en mostrarse demasiado mística y abstracta; en decir que Nessa y Roger y Duncan y Ethel Sands admiran; es el aspecto mío que no sabe de concesiones; por tanto, mejor será conseguir primero que ellos aprueben.

Volviendo al tema, un crítico afirma que he llegado a una crisis en la cuestión del estilo: se ha hecho tan fluido y tan líquido que se cuela por la mente como agua.

Esa enfermedad empezó en el *Lighthouse*. La primera parte salió tan fluida... ¡cómo escribía y escribía!

¿Tendré ahora que trabar y consolidar, más en el estilo de *Dalloway* y de *Jacob's Room*?

Antes pienso que el resultado final serán los libros que alivien a otros libros: variedad de estilos y de temas; porque, después de todo, creo que mi temperamento es mostrarme muy poco convencida de la verdad de nada —de lo que yo digo, de lo que dice la gente— para obedecer siempre, ciegamente y por instinto, como quien salta por encima de un precipicio, el llamado de... el llamado de... ahora, si escribo *The Moths* debo llegar a algún acuerdo con estos místicos sentimientos.

X. echó a perder nuestro paseo del sábado: está ahora mohoso y, para mí, deprimente. Es perfectamente razonable y encantador. Nada le sorprende, nada le choca. Se tiene la impresión de que ha pasado por todo y ha salido abarquillado, algo húmedo, algo ajado y en un revoltijo, como un hombre que ha pasado la noche entera sentado en un vagón de tercera clase. Sus dedos están teñidos de amarillo por el tabaco. Le falta un diente en la mandíbula inferior. Su pelo es viscoso; sus ojos, más dudosos que nunca. Hay un agujero en su calcetín azul. Y sin embargo está resuelto y determinado... que es precisamente lo que me deprime. Parece seguro de que su opinión es la correcta, y nuestras veleidades, desviaciones. Y de ser correcta su opinión, sabe Dios que no hay cosa por la que valga la pena vivir: ni siquiera un bizcocho grasiento. Y todavía ahora me sorprende y me choca el egoísmo de los hombres. ¿Hay acaso alguna mujer entre las que conozco que pudiera estarse en mi sillón de 3 a 6.30 sin sombra de sospecha de que yo pueda estar ocupada, o fatigada, o aburrida; y así instalada pudiera charlar, gruñir y refunfuñar por sus dificultades y preocupaciones; luego ponerse a comer bombones, a leer un libro, para marcharse finalmente complacida y envuelta en una especie de gimoteo de autosalutación? No habrían sido las muchachas de Newnham o Girton. Son demasiado despiertas; demasiado disciplinadas. Nada de esa confianza en sí mismas les ha tocado en suerte.

1931

Martes 14 de julio. Dan ahora las doce de la mañana del 14 de julio y... (Bob viene a pedir mi firma para solicitar que se conceda una pensión a Palmer. Dice Bob... habla principalmente de su nueva casa, de sus lavabos, todavía le gusta una vela para irse a la cama; hoy se muda Bessy, y él piensa viajar a Italia por un mes; sería yo tan amable de enviar un ejemplar al Conde Moira, todos los italianos son condes, cierta vez paseó a cuatro condes por las calles de Cambridge; Palmer..., etc., etc.: cambiando de un pie al otro, sacándose el sombrero y volviéndoselo a poner, caminando hacia la puerta para volver en seguida.)

Lo que quería decir es que acabo de terminar la corrección de la escena en Hampton Court. (Es la corrección final, ¡Dios sea loado!)

He aquí la historia de mis *Waves*, según creo recordarla:

La comencé en serio alrededor del 10 de septiembre de 1929.

La primera versión quedó terminada el 10 de abril de 1930.

Inicié la segunda versión el 1º de mayo de 1930.

La terminé el 7 de febrero de 1931.

Empecé a corregir la segunda versión el 1º de mayo de 1931, para terminarla el 22 de junio de 1931.

Comencé a corregir la versión mecanografiada el 25 de junio de 1931.

Habré terminado (espero) para el 18 de julio de 1931.

Luego sólo quedarán las pruebas.

Viernes 17 de julio. Sí, esta mañana creo que puedo decir que he terminado. Quiero decir que una vez más, la número 18, he vuelto a copiar las frases del comienzo. Mañana la leerá L., y volveré a abrir este libro para registrar su veredicto. En mi propia opinión —Dios mío— es un libro difícil.* Me parece que jamás

---

* En el margen: Que luego perdí.

me esforcé de tal manera. Y confieso que tengo mis aprensiones acerca de lo que dirá L. En primer lugar, será sincero, más que de costumbre. Y hasta puede ser un fracaso. Y ya no puedo hacer nada más, por más que tienda a considerarlo como bueno pero incoherente, condensado; una sacudida sucediendo a otra. De cualquier modo resulta trabajado, compacto, me permitió tomar puntería frente a mi visión; aunque no sea un logro, es una redada en la buena dirección. Pero igual estoy nerviosa. Como efecto general puede resultar pequeño y alambicado, sabe Dios qué. Como digo, repito para acentuar el pequeño sobresalto más bien desagradable en mi corazón, estoy ansiosa por escuchar lo que dirá L. cuando salga, digamos mañana por la noche o el domingo de mañana, a mi cuarto del jardín, con los manuscritos en la mano, se siente y comience: "¡Y bien...!"

Domingo 19 de julio. "Es una obra maestra", dijo L. cuando llegó esta mañana a mi pabelloncito. "Y el mejor de tus libros." Quiero anotarlo, y que agrega además que considera las 100 primeras páginas como sumamente difíciles y se pregunta hasta dónde será capaz de seguir el lector común. Pero, ¡Dios mío!, ¡qué alivio! Me lancé bajo la lluvia para dar un paseo de júbilo hasta Rat Farm, y me resigné casi al hecho de que están instalando una granja de cabras, con la casa todavía a construirse, sobre la ladera próxima a Northease.

Lunes 10 de agosto. Termino de leer ahora —las 10.45— el primer capítulo de *The Waves* sin hacer cambios, a no ser 2 palabras y 3 comas. Sí, sea como fuere, se me antoja exacto y adecuado. Me gusta. Veo que por una vez mis pruebas quedarán listas con unos toques de lápiz. Ahora aumenta mi perplejidad: medito "Estoy saltando mis vallas... Hemos preguntado a Raymond. Estoy luchando con el mar, a pesar de la jaqueca, a pesar de la amargura. Hasta me podría dar un..." Ahora escribiré un poco de *Flush.*

Miércoles 13 de enero. Oh, pero no es éste, como siempre digo, pidiéndome a mí misma disculpas, el primer día del año. Es el decimotercero, y estoy en uno de esos momentos de lasitud y bajamar vital en que no puedo traer a la costa una palabra más. Palabra de honor, ¡qué empresa fueron *The Waves* para que todavía sienta la tensión de aquel esfuerzo!

¿Es posible contar con 20 años más? Cumpliré cincuenta el 25, una semana después del lunes; y siento a veces que ya he vivido 250 años, y otras que soy todavía la viajera más joven del ómnibus. (Nessa dijo que siempre piensa esto todavía cada vez que toma asiento.) Y pretendo escribir otras cuatro novelas: *Waves* quiero decir; y el *Tap on the Door*, y pasar por la literatura inglesa como una cuerda por el queso, o más bien como un insecto laborioso que se abre paso royendo de un libro al otro, desde Chaucer hasta Lawrence. Tal el programa que, considerando mi lentitud y cómo me voy poniendo más lenta, más espesa, menos tolerante de todo lo que sea precipitación, bien puede durarme mis 20 años, si es que los tengo.

Domingo 2 de octubre. Sí, voy a permitirme el lujo de una pluma nueva. Extraño cómo el venir aquí trastorna mi disposición para escribir. Más extraño aun el sentimiento que me posee de que ahora, a los 50, tengo el equilibrio necesario para, con toda libertad, lanzar rectos e inflexibles mis dardos, cualesquiera que ellos sean. Por consiguiente esta baraúnda de los periódicos semanales no me hace la menor mella. Así son los cambios del alma. No creo que envejezcamos. Creo que alteramos siempre el aspecto que presentamos ante el sol. De ahí mi optimismo. Y para cambiar ahora, limpia y sanamente, quiero despojarme de estos flojos azares de la vida: gente; reseñas; fama; todas las relumbrantes escamas; y mantenerme retraída y concentrada. De modo que no echaré a correr, justamente ahora, a comprar vestidos, a visitar gente. Mañana salimos para Leicester, para la asamblea del Partido Laborista, y a volver después a la fiebre de las publicaciones. Mi *C.R.* no me provoca un solo temblor, y tampoco el libro de Holtby. Por el momento me interesa observar lo que ocurre, sin el menor deseo de tomar parte; buen estado de ánimo cuando se tiene consciencia del propio poder. Además ahora tengo de mi lado a las praderas; el campo: qué felices somos L. y yo en Rodmell, qué vida libre llevamos... recorriendo 30 o 40 millas, para regresar cuando y como nos plazca; durmiendo en la casa vacía; triunfando de las interrupciones; con una diaria zambullida en la divina belleza... siempre algún paseo, y las gaviotas sobre el arado de púrpura; o yendo a Tarring Neville —éstas son las escapadas que más adoro— en la atmósfera amplia e indiferente. Nadie que nos sacuda, nos empuje, nos fastidie. Y la gente viene fácilmente, y en mi cuarto florecen en intimidad. Pero esto es el pasado o el futuro. También estoy leyendo D.H.L. con la usual sensación de frustración y de que él y yo tenemos mucho en común..., idéntica urgencia por ser nosotros mismos: de modo que no me evado cuando lo leo, quedo en suspenso; lo que deseo es que pongan otro mundo a mi disposición, tal como lo hace Proust. Lawrence se me antoja sin aire, confinado: no quiero esto, repito muchas veces. Y la repetición de una idea, tampoco eso me gusta. No quiero en modo alguno una "filosofía", no confío en cómo los demás han de interpretar nuestros enigmas. Lo que me atrae (en las Cartas) es la repentina visualización: el gran fantasma que salta sobre la ola (en las espumas de Cornwall) pero no la explicación que da él de lo que ha visto. Y además es torturante; este esfuerzo jadeante por algo; y "me quedan £ 6.10" y el gobierno que lo aparta de un puntapié, como a un sapo; y prohíbe su libro: la brutalidad de la sociedad civilizada ante este hombre torturado y jadeante, y la futilidad de todo eso. Esto da a sus cartas una respiración entrecortada, y en el fondo nada de ello parece esencial. Y entonces se estremece y jadea. Tampoco me agrada su tabalear en dos dedos y su arrogancia. Después de todo, el inglés cuenta con un millón de palabras: ¿por qué confinarse a 6?, ¿y por qué alabarse de proceder así? Además es la predicación lo que me irrita. Como alguien que abriera juicio cuando sólo se conoce la mitad de las pruebas: y agarrándose a las rejas y batiendo el parche. Vengan a ver lo que ocurre aquí; eso quiero decir. Y me parece tan estéril, tan fácil, dar consejos acerca de un sistema. La moraleja es: si quieren ser útiles, no hay que sistematizar... al menos hasta no tener 70 años, y después de haber sido flexibles y tolerantes y constructivos, y de haber puesto a prueba todos los nervios y propósitos. Murió sin embargo a los 45. ¿Por qué dirá Aldous que fue un "artista"? Hemos liberado al arte de toda prédica: las cosas en sí; la frase que es bella por sí misma: los mares multitudinosos; los asfódelos que se atreven antes que la golondrina; en cambio Lawrence sólo escribiría para probar algo. Por supuesto que no lo he leído. Pero en las Cartas sólo puede escuchar hasta cierto punto, luego tiene que dar sus consejos, obligarlo a uno a entrar también en el sistema. De ahí su atractivo para aquellos que desean amoldarse, entre los que no me cuento; en realidad me parece una blasfemia esta adaptación de Carswell al sistema de Lawrence. Es tanto más respetuoso el dejarlos en paz: sin nada más que reverenciar que el carswellismo de Carswell. Por esa razón pellizcaba y vejaba, como un escolar, a cuantos se le ofrecieran: Lytton, Bertie, Squire... todos son suburbanos, impuros. Su metro desciende sobre ellos y los mide. ¿A qué tanto criticar a los demás? ¿Por qué no algún sistema que incluya lo bueno? Qué descubrimiento sería ese: un sistema que nunca excluyera.

Miércoles 2 de noviembre. Es un muchacho casquivano, ojos saltones, flaco, desgarbado, que se considera el más grande poeta que ha existido. Bien puede ser cierto, no es un tema que me interese enormemente por ahora. ¿Qué me interesa? Lo que escribo, desde luego. Acabo de pulir el *L.S.* para *The Times*... bastante bueno, me parece, considerando las corrientes que giran en torno a tal tema, precisamente en *The Times*. Y he dado una forma completamente nueva a mi "Ensayo". Ha de ser una novela-ensayo llamada *The Pargiters*, y admitirá de todo: sexo, educación, vida, etc., y vendrá, con los brincos ágiles y poderosos de una gamuza sobre precipicios, desde 1880 hasta ahora y aquí. Por lo menos ésa es la idea, y me he encontrado en tal niebla y sueño y embriaguez, declamando frases y viendo escenas, mientras subo por Southampton Row, que apenas puedo decir que realmente estoy en vida, desde el 10 de octubre.

Todo está afluyendo espontáneamente a la corriente, como en *Orlando*. Naturalmente, ha ocurrido que, después de abstenerme de la novela de hechos durante tantos años —desde 1919, y *N. and D.* está muerta—, encuentro un deleite infinito, como variación, en los hechos, y en la posesión de cantidades incontables: aunque de vez en cuando siento el ímpetu hacia la visión, lo resisto. Éste es el camino a seguir, estoy segura, después de *The Waves...*, *The Pargiters*, esto lleva naturalmente a la próxima etapa, la novela-ensayo.

1933

Miércoles 31 de mayo. Me parece que he alcanzado el punto en que puedo escribir durante los cuatro meses en los *Pargiters*. Oh, ¡qué alivio!, ¡qué alivio físico! Siento como si ya no pudiera contenerme más... que mi cerebro está siempre torturado por el embestir contra una pared en blanco, quiero decir *Flush*, Goldsmith, el paseo a través de Italia. Ahora, mañana, tengo la intención de abrir el dique. ¿Supongamos que sólo salieran necedades?* La cosa es mostrarse aventurera, audaz, saltar todas las vallas. Se podrían introducir dramas, poemas, cartas, diálogos: hay que conseguir el relieve, no sólo lo chato. No solamente la teoría. Y la conversación: discusiones. Cómo hacer todo eso será uno de los problemas. Quiero decir discusión intelectual en forma de arte: ¿Cómo conferir forma de arte a la vida cotidiana, a lo Arnold Bennett? Son fértiles y rudos problemas que preparo para mis cuatro meses venideros. Y no conozco mis propios dones en este momento. Después de cuatro semanas de vacaciones —mejor dicho tres— me encuentro completamente desorientada, pero mañana volvemos a salir para Rodmell. Y debo calafatear las grietas con lecturas, y no quiero atarme a nuevos libros. Bien, ahora debo ir a lo de Murray por mi vestido, y ahí está Ethel a la vuelta de la esquina; pero nada de cartas, otra vez la desorganización de Pentecostés. Anoche, mientras atravesaba Richmond, se me ocurrió algo muy profundo sobre la síntesis de mi ser: cómo escribir es lo único que lo

---

* En el margen: Y al momento me llaman para sacar las suertes en nuestra apuesta del Derby. Este año no hay favoritos, según dicen.

compone; cómo nada forma un todo a menos que esté escribiendo: olvido ahora lo que me pareció tan profundo. Los rododendros forman montículos de vidrios de colores en Kew. Qué agitación, qué desasosiego hay en un estado de ánimo como éste.

Muy bien: los antiguos *Pargiters* están comenzando a ralear, y me digo: oh, terminar de una vez. Quiero decir, escribir es un esfuerzo, escribir es una desesperación. El otro día, sin embargo, en el calor sofocante de Rodwell, admito que la perspectiva —creo que fue algo como mi profundo pensamiento de Richmond— cayó dentro de foco; sí, la proporción es correcta, aunque yo en la superficie padezca la tensión; sufra, como esta mañana, horrible desesperación y, Dios mío, cuando llegue el momento de pasar en limpio, sufriré una intensidad de angustia inefable (la palabra significa solamente que uno no puede expresarse); reunir la cosa, todas las cosas, las cosas innumerables, en un solo haz.

Jueves 7 de diciembre. Caminaba por Leicester Square —cuán lejos de China— hace un momento cuando leí "Muerte de célebre novelista" en los carteles. En seguida pensé en Hugh Walpole, pero se trataba de Stella Benson. ¿Para qué entonces escribir algo, inmediatamente? No llegué a conocerla, pero me quedó la impresión de esos finos ojos pacientes; la voz débil; la tos, el sentido de opresión. Se sentó conmigo en la terraza de Rodmell. Y ahora, tan pronto, se fue lo que hubiera podido ser una amistad. Confiada y paciente y muy sincera... así la recuerdo; con el intento de atravesar, en una de aquellas tardes difíciles, hasta algún estrato más profundo: con seguridad que hubiéramos podido alcanzarlo, de haber contado con la oportunidad. Me alegro de haberla detenido en la portezuela, antes de que subiera a su pequeño automóvil, para pedirle que me llamara Virginia, que me escribiera. Y ella respondió: "Nada me gustaría más". Pero es como si se apagara algo, su muerte allá en China; y yo aquí sentada escribiendo sobre ella, en forma tan fugaz pero tan verdadera; y nada por venir. Qué triste parece la tarde, con los carros de los diarios (?) lanzándose por Kingsway, con "Muerte de célebre novelista" en los titulares. Un espíritu delicado y firme: muy sufrido, reservado... en su muerte parece haber un reproche para mí, como en la de K.M. Yo sigo, y ellas cesan. ¿Por qué?, ¿por qué no está mi nombre en los titulares? Y creo sentir la protesta que cada una alzaría: irse con la obra inacabada... ambas tan repentinamente. Stella tenía 41 años. "Le enviaré mi libro", y cosas por el estilo. Sombría isla la que habitaba, hablando con coroneles. Curiosa sensación, cuando muere un escritor como S.B., de que quedamos como disminuidos: *Here and Now* ya no encenderá para ella su luz: es vida que se amengua. Mi efusión —lo que irradio— menos porosa y radiante, como si el pensamiento fuera una trama que sólo se fertiliza cuando otros (en este caso ella) nos acompañan en el pensar: ahora le falta vida.

1936

Jueves 16 de enero. Pocas veces me he sentido más completamente desgraciada de lo que me sentí anoche alrededor de las 6.30, al repasar la última parte de *The Years.* Parecía un parloteo tan débil, un comadreo tan crepuscular; una manifestación de mi propia decrepitud, y con una extensión tan desmesurada. Mi único recurso fue arrojarlo sobre la mesa y lanzarme escaleras arriba, con las mejillas ardientes, a buscar a L. Este me dijo: "Es lo que ocurre siempre." Pero yo sentía. No, nunca fue tan malo como esta vez. Anoto esto por si vuelvo a encontrarme en el mismo estado después de algún otro libro. Esta mañana, al hundirme en él, me parece por el contrario un libro rebosante de vida. Eché una ojeada a las primeras páginas, y me parece que valen. Pero debo obligarme a iniciar envíos regulares a Mabel. 100 páginas salen esta noche, lo juro.

Domingo 21 de junio. Después de una semana de intenso sufrimiento, a decir verdad, mañanas de torturas, y no exagero: dolor en la cabeza; impresión de total desesperación y fracaso; el interior de la cabeza, como las fosas nasales después de la fiebre del heno, ha vuelto por fin una mañana fresca y tranquila, una sensación de alivio, de respiro, de esperanza. Acabo de terminar Robson, y me parece bueno. Estoy viviendo tan constreñida, tan reprimida: no puedo tomar notas sobre la vida. Todo está planeado, achatado. Trabajo media hora aquí abajo: subo, a menudo desesperada; me acuesto; paseo por el Square; vuelvo y compongo otras diez líneas. Además ayer fui a lo de Lord. Siempre con la sensación de tener que reprimir, que vigilar. Veo a la gente recostada en un sofá, entre el té y la cena. Rosa M., Elizabeth Bowen, Nessa. Anoche estuve sentada en el Square. Vi las hojas verdes goteando. Truenos y relámpagos. Un cielo de púrpura. N. y A. discutiendo el compás de 4/8. Gatos merodeando alrededor. L. cenaba con Tom y Bella. Un verano muy extraño, muy notable. Nuevas emociones: humildad, alegría impersonal, desesperación literaria. Estoy aprendiendo mi oficio en las más duras condiciones. En verdad, leyendo las cartas de Flaubert oigo mi propia voz que clama: ¡Oh, arte! Paciencia: lo encuentro un consuelo y una admonición. Debo dar forma a este libro tranquila, fuerte y audazmente. Pero no saldrá hasta el año que viene. Con todo creo que tiene posibilidades, la cosa sería que yo las aprovechara. Estoy tratando de dibujar totalmente los caracteres en una frase: recortar las escenas y hacerlas compactas, envolver todo con una atmósfera.

Martes 23 de junio. Un buen día, un día malo... así continúa. Pocas personas se habrán torturado tanto al escribir como yo. Creo que el único es Flaubert. Y sin embargo, ahora puedo verlo como un todo. Creo que podré lograrlo, siempre que trabaje con valor y paciencia: tomar cada escena plácidamente; componer; creo que podrá ser un buen libro. Y entonces... oh, ¡cuando esté terminado!

Hoy no tan despejada, porque fui al dentista y luego de compras. Mi cerebro es como una balanza: basta un grano para hacerlo bajar. Ayer mantenía el equilibrio: hoy cae.

Jueves 5 de noviembre. El milagro se ha cumplido. Anoche, alrededor de las 12, L. dejó caer la última hoja; y no puedo hablar. Estaba llorando. Dice que es un "libro extraordinario"... le gusta más que *The Waves*... y no le cabe ni sombra de duda en cuanto a que deba publicarse. Como testigo no sólo de su emoción sino también de su absorción, porque leía y leía sin detenerse, no puedo ya dudar de sus palabras. ¿Cuál fue mi impresión? Por el momento el alivio fue algo celestial. Apenas me doy cuenta de si estoy sobre los pies o sobre la cabeza, tan grande ha sido el trastocamiento desde el martes por la mañana. Es una experiencia que aún no había conocido.

Lunes 9 de noviembre. Tengo que tomar alguna resolución sobre este libro. Lo encuentro extremadamente difícil y me desespero. Me parece tan malo, que sólo puedo aferrarme al veredicto de L. Entonces siento que me vuelvo loca: traté como anestésico de empezar algún artículo; unas memorias; reseñar un libro para *The Listener*. Le dan cuerda a mi imaginación, y tengo que fijarla en *The Years*. Debo retornar a mis pruebas, y enviarlas. *Debo* fijar mi mente en eso toda la mañana, y la única manera me parece que es hacerlo, y permitirme luego hacer algo distinto entre el té y la comida. Pero sumergirme en *The Years* durante la mañana... nada más. Si el capítulo es difícil, a concentrarse por poco tiempo. Luego escribir aquí. Pero no lanzarse a escribir en ninguna otra cosa hasta después del té. Cuando esté concluido, queda siempre el recurso de preguntarle a Morgan.

1938

Lunes 19 de diciembre. Emplearé esta última mañana —porque estamos en vísperas de un odioso tumulto— para hacer el balance del año. Verdad que nos faltan todavía cerca de 10 días: pero la libertad de este libro me permite estas, iba a decir libertades, pero mi conciencia minuciosa me obliga a buscar alguna otra palabra. Esto suscita algunas cuestiones, pero las deja; cuestiones acerca de mi empeño en el arte de escribir. En general el arte se torna absorbente... ¿más que antes?; no, creo que ha sido absorbente desde que era una criatura y borroneaba un cuento a la manera de Hawthorne sobre el sofá de peluche verde del salón de St. Ives, mientras los mayores cenaban. La última cena del año fue para Tom.

Este año he trabajado en *Three Guineas;* y he llevado *Roger,* iniciado alrededor del 1º de abril, hasta el año 1919. También he escrito Walpole; Lappin Lapinova; y *The Art of Biography.* La acogida de *Three Guineas* ha sido interesante, inesperada, aunque no estoy segura de lo que esperaba. 8.000 vendidos. Ninguno de mis amigos ha mencionado el libro. Mi ancho círculo se ha ensanchado aún más... pero estoy completamente a oscuras en cuanto a los reales méritos del libro. ¿Es en verdad...? No, no intentaré formular cualidades; porque lo cierto es que, hasta ahora, nadie lo ha resumido. Mucho menos unanimidad que sobre *Room of One's Own.* Lo más adecuado será pues suspender el juicio. También he escrito 120 páginas de *Pointz Hall.* Mi idea es hacerlo un libro de 220 páginas. Un potpourri. En él busco alivio después de una presión prolongada de las realidades de Fry. Pero me parece ver algo total en alguna parte... después de todo lo apresé, cierto día de abril, como un hilo suelto: sin idea de lo que vendría después. Y vinieron muchas páginas, para ser escritas como placer.

1939

Lunes 18 de diciembre. Una vez más, y son tan frecuentes, busco mi viejo querido libro de tapas rojas, ¿guiada por qué instinto? No lo sé bien. No sé cuál puede ser el objeto de redactar estas notas; salvo que se hace necesario romper la tensión, y algunas pueden interesarme más tarde. ¿Pero cuáles? Porque jamás llego a las profundidades; me quedo muy apegada a la superficie. Y siempre borroneo antes de volver a la casa... con un ojo en el reloj. Sí, me quedan 10 minutos, qué podré decir. Nada que necesite pensamiento; lo que resulta irritante, porque a menudo pienso. Y pienso justamente lo que debería consignar aquí. Sobre mantenerse fuera del combate. Sobre cuánto desconfío de la decencia profesional. Ayer, en el *Lit. Sup.,* otra picante alusión a la Sra. W. y a sus pujos de matacríticos. Frank Swinnerton es el muchacho bueno, y yo la mala niñita. Y todo tan trivial comparado... ¿con qué? Ah, el *Graf Spee* tiene que salir hoy de Montevideo para caer en las fauces de la muerte. Y los periodistas y la gente rica están alquilando aeroplanos para contemplar el espectáculo. Esto me parece colocar la guerra en un nuevo ángulo; y también nuestra psicología. No hay tiempo para desarrollarlo. De todas maneras, los ojos de todo el mundo (B.B.C.) están fijos en la cacería; y mucha gente estará muerta esta noche, o en agonía. Y nos presentarán la noticia en bandeja mientras estamos sentados ante los leños en esta cruel noche de invierno. Y al capitán inglés le han concedido la Orden del Baño, y acaba de aparecer *Horizon*; y a Louise le han sacado las muelas; y anoche comimos demasiado pastel de liebre. Además leí a Freud sobre los grupos, y estuve aderezando *Roger*: y ésta es la última página de un año que se acerca a su fin. Hemos invitado a Plomer para Navidad; y... llegó la hora, como de costumbre. Estoy leyendo el diario de Rickett, todo sobre la guerra... la otra guerra; y los diarios de Herbert y... sí, el *Shakespeare* de Dadie, y la marea de notas crece en mis dos libros.

1940

Lunes 13 de mayo. Admito cierto contento, como de un capítulo que se cierra y la paz que entra, después de haber enviado hoy las pruebas al correo. Lo admito... porque estamos en el tercer día de "la más grande batalla de la historia". Comenzó (aquí) cuando el informativo de las 8 anunció, mientras yo seguía medio en sueños, la invasión de Holanda y Bélgica. El tercer día de la Batalla de Waterloo. Las flores del manzano nievan en el jardín. Se nos perdió un bolo en el estanque. Churchill exhorta a todos a mantenerse unidos. "Lo único que tengo para ofrecer es sangre, sudor y lágrimas." Estas vastas construcciones informes siguiendo circulando. No son sustancias: pero consiguen reducir al mínimo todo lo demás. Duncan vio un combate aéreo sobre Charleston: un trazo plateado y una bocanada de humo. Percy vio llegar los botes con los heridos. Y así mi instante de paz llega entre los bostezos del abismo. Pero, aunque dice L. que tenemos nafta en el garaje como para suicidarnos si ganara Hitler, seguimos adelante. Es la inmensidad, y la pequeñez, lo que hace esto posible. Tan intensos son mis sentimientos (sobre *Roger*); y sin embargo la circunferencia (la guerra) parece formar un anillo a su alrededor. No, imposible expresar la extraña incongruencia de sentir con intensidad y comprender al mismo tiempo que no hay la menor importancia en ese sentimiento. ¿O bien, como a veces pienso, tiene más importancia que nunca?

Lunes 20 de mayo. Era mi propósito que esta idea fuera más impresionante. Emergió supongo en uno de los momentos de sensibilidad. La guerra es como una enfermedad grave. Hay un día de completa obsesión; luego la facultad de sentir se doblega; al día siguiente uno está descorporizado, en el aire. Luego vuelve a cargarse la batería y de nuevo... ¿qué? Y bien, el terror de las bombas. Vamos a Londres a ser bombardeados. Y la catástrofe, si quiebran la resistencia. Decían esta mañana que su objetivo es el Canal. Anoche nos pidió Churchill que reflexionáramos, cuando nos bombardean, que al menos por una vez les estamos evitando el fuego a los soldados. En este momento Desmond y Moore están leyendo... es decir, charlando bajo los manzanos. Clara mañana de viento.

Viernes 23 de agosto. El libro flaqueó. Las ventas decayeron a 15 en un día, desde la incursión aérea sobre Londres. ¿Será ésa la razón? ¿Volverá a repuntar?

Martes 10 de septiembre. De regreso de medio día en Londres... quizá nuestra más extraña visita. Cuando llegamos a Gower Street, una barrera para desviar el tránsito. Sin señal de daños. Pero había una muchedumbre al llegar a Doughty Street. Y la Srta. Perkins en su ventana. Mec. S. rodeado con sogas. Y guardianes que no permiten entrar. La casa que está a unas 30 yardas de la nuestra fue volada a la una de la madrugada por una bomba. Ruina completa. Hay otra bomba en la plaza y aún no la han hecho estallar. Tuvimos que dar la vuelta en torno, y pasamos junto a la casa de Jane Herrison. Aquella casa humea todavía, es decir, su gran columna de ladrillos. Y debajo, enterrada, toda la gente que se había guarecido en su refugio. Pedazos de tela cuelgan de las paredes que aún se yerguen desnudas a los lados. Creo que vi un espejo oscilando. Es como un diente arrancado... un corte preciso. Nuestra casa indemne, ni siquiera han saltado las ventanas... tal vez ahora la bomba las habrá hecho añicos. Vimos a Bernal que, con una cinta al brazo, saltaba por encima de los ladrillos. ¿Quién vivía allí? Supongo que los jóvenes y las mujeres indiferenciados que yo solía ver desde mi ventana; los habitantes de los departamentos que cuidaban sus tiestos y venían a sentarse en el balcón. Ahora todas han volado en añicos. El hombre del garaje —nervioso y de ojos irritados— nos dijo que la explosión lo había hecho saltar de la cama: corrió a buscar abrigo en una iglesia. "Un asiento duro y frío", continuó, "y con un niñito en los brazos. Grité de contento cuando sonó la señal de todo despejado." Dijo que los Jerries habían pasado tres noches tratando de volar Kings Cross. Ya habían destruido la mitad de Argyll Street, y algunos negocios en Grays Inn Road. Entonces vino el Sr. Pritchard a paso acelerado. Se enteró de las noticias con la mayor tranquilidad. "¡Hasta tienen la impertinencia de decir que esto nos obligará a aceptar la paz!..." fueron sus palabras: observa las incursiones desde su azotea y duerme como un lirón. Y así, después de charlar con la Srta. Perkins, la Sra. Jackson (ambas serenas: la Srta. P. había dormido en su refugio sobre un catre)... seguimos hacia Grays Inn. Dejamos el auto y paseamos por Holborn. Un gran boquete en lo alto de Chancery Lane; humea todavía. Alguna tienda importante destruida por completo: del hotel de enfrente sólo queda la caparazón. Un almacén de vinos ha quedado sin ventanas. Gente detenida junto a sus mesas... supongo que les servirán bebidas. Sobre la calle, en Chancery Lane, hay montones de vidrios verdes y azules. Unos hombres sacan los fragmentos que aún quedan en los marcos. Los vidrios caen. Seguimos a Lincoln's Inn, a la oficina del *N. S.*: las ventanas, rotas; pero la casa sigue intacta. La recorrimos; desierta; húmedos pasadizos, vidrios en las escaleras; puertas cerradas. Y así de vuelta al auto. Gran embotellamiento del tránsito. Al cinematógrafo que está detrás de Madame Tussaud le han hecho saltar la tapa: se ve el escenario, con algunos decorados meciéndose al aire. Todas las casas de Regents Park tienen las ventanas rotas, pero sin daños de importancia. Y luego millas y millas de calles en orden —todo Bayswater y Sussez Square como siempre—, calles vacías, rostros firmes y ojos enrojecidos. En Chancery Lane vi a un hombre que llevaba una carretilla de libros de música. La oficina de mi mecanógrafa destruida. En Wimbledon luego una sirena: la gente echó a correr. Atravesamos por calles semivacías, lo más velozmente posible. Desunían caballos de sus carros. Los autos se arrimaban a la acera. Y luego la señal de que pasó el peligro. La gente en que pienso ahora son las muy sórdidas dueñas de casa de pensión, digamos de Heathcote Street: con otra noche por delante; miserables ancianas, de pie en sus puertas; sucias, desdichadas. Bien... como dijo Nessa por teléfono, se está acercando mucho. Me había creído cobarde por sugerir que no debíamos dormir dos noches en el 37. Qué alivio cuando llamó la Srta. P. para aconsejar que no nos quedáramos, y cuando L. estuvo de acuerdo.

Miércoles 18 de septiembre. "Tenemos que echar mano de todo nuestro valor", son las palabras que surgen esta mañana: al enterarnos de que todas nuestras ventanas están rotas, los techos caídos, y la mayor parte de nuestras porcelanas pulverizadas en Mecklenburgh Square. Explotó la bomba. ¿Por qué se nos ocurrió abandonar Tavistock? Por más que ¿de qué sirve pensarlo ahora? Estábamos a punto de salir para Londres, cuando pudimos comunicarnos con la Srta. Perkins, quien nos contó todo. La Hogarth Press —lo que queda— será transportada a Letchworth. Una mañana sombría. ¿Quién conseguirá enfrascarse en Michelet y Coleridge? Como decía, nos hace falta valor. Feroz incursión anoche sobre Londres... esperamos oír la radio. Pero seguí trabajando en *P.H.* a pesar de todo.

Miércoles 2 de octubre. ¿No haría mejor admirando la puesta de sol, en lugar de escribir esto? Un toque de rojo en el azul; la parva sobre el valle atrapa el resplandor; detrás de mí, las manzanas enrojecen en los árboles. L. las está recogiendo. Ahora un penacho de humo sale del tren, hacia la parte de Caburn. Y en todo el aire una quietud solemne. Hasta las 8.30, cuando comienza la cadavérica pulsación del cielo: los aeroplanos que van hacia Londres. Bueno, falta una hora todavía. Vacas pastando. El álamo esparce sus hojas minúsculas contra el cielo. Nuestro papel agobiado de peras; y sobre él la veleta del campanario triangular. Para qué enumerar nuevamente el familiar catálogo, del que siempre se escapa algo. ¿Pensaré más bien en la muerte? Anoche hubo un pesado derrumbe de bombas bajo la ventana. Tan cerca que ambos nos sobresaltamos. Un avión había dejado caer sus frutos al pasar. Salimos a la terraza. Baratijas de estrellas diseminadas y chispeantes. Todo tranquilo. Las bombas cayeron sobre Itford Hill. Quedan dos junto al río, marcadas con cruces de madera blanca, que todavía no han estallado. Le dije a L.: no quiero morir todavía. Las probabilidades son más bien en contra, pero parecen apuntar sobre todo al ferrocarril y a las obras hidroeléctricas. Cada vez pegan más cerca. Caburn se vio coronado por lo que parecía una mariposa nocturna posada, con las alas extendidas, era un Messerschmitt, abatido el domingo. Esta mañana trabajé al galope en Coleridge... Sara. Conseguiré £ 20 con ambos artículos. Los libros siguen sin llegar. Y los Spiras en libertad, y una carta de Margot para decir "Ya lo hice", y agrega: "una larga carta sobre Ud. misma y lo que piensa y cree." ¿En qué pienso yo? Por el momento imposible recordarlo. Ah, trato de imaginar cómo será que lo mate a uno una bomba. He conseguido algo bastante vívido... la sensación: pero no puedo concebir nada después, como no sea un sofocante aniquilamiento. Pensaré... pero necesitaba otros 10 años —no esto— y por una vez no seré capaz de describirlo. Esto... quiero decir la muerte; no, el machacar y triturar, el aplastamiento de mi cráneo dejando en sombras a mi ojo y cerebro tan activos: el proceso de apagar la luz... ¿doloroso? Sí. Aterrador, supongo yo. Luego un desmayo; un desangrarse; dos o tres boqueadas que intentan volver a la conciencia, y luego... puntos suspensivos.

VI

Ernst Jünger

"Mientras escribo estas páginas..."

Casi podría ser la frase-eslogan del diario íntimo. Está en primera persona del singular, en tiempo presente y cumple con la cuota de autorreferencialidad que debe tener toda forma de escritura autobiográfica. Pero lo que este pequeño cristal de diario introduce es, sobre todo, uno de los movimientos más productivos del género: una detención, una suerte de tregua que interrumpe el trance autista y se pone a corregir sus efectos, restableciendo una conexión entre la instancia privada (escribir la entrada del día) y algún tipo de contexto específico, bloque de espacio-tiempo que entrelaza la experiencia "interior" del diario con *lo otro* (otros presentes, otras personas, otros lugares).

Más que de movimientos, en el caso de Ernst Jünger habría que hablar de *operaciones*. "Mientras escribo estas líneas me hallo sentado, avanzada ya la noche, al escritorio de la duquesa, cuyos cajones, algunos de ellos forzados, están repletos de libros con dedicatorias de autores conocidos (...) Por lo que se refiere al castillo, he conseguido ponerlo en orden antes de que llegase la noche; excepto los cristales de las ventanas, todo en él se halla en buenas condiciones". Mientras escribe esas líneas y exhuma los libros de la duquesa, Jünger es capitán del ejército alemán que en 1940 ha invadido Francia. Al mando de su compañía, montado en su caballo Justus, nunca llega a entrar en combate pero va ocupando, en cambio, posiciones estratégicas, sin duda más cruciales para su avidez de *connaisseur* que para los intereses militares alemanes: la catedral y la biblioteca de Laon, el castillo que los Rochefoucauld tienen en Montmirail. Allí es donde consigna en su diario esa fórmula ritual del género, que repetirá como un *ritornello* cada vez que tome posesión de un enclave nuevo. Laon, por ejemplo: "Mientras escribo estas líneas estoy sentado en la terraza y degusto licores como Cointreau y Fine Champagne, que hemos encontrado en el bar de la casa; antes, claro está, nos hemos dado una buena ducha en el cuarto de baño".

¿Por qué ese lugar común del diario íntimo (el escritor que deja de escribir, alza la cabeza y los ojos y, por un momento, se deja invadir por la extraña magia que lo rodea, la hora del día, el resplandor de la luz que golpea las cosas y baña la habitación, los rumores sigilosos de la historia, que aprovechan la distracción y se cuelgan de la pluma que espera) tiene aquí una fuerza extraordinaria, más perturbadora, incluso, que la que podría transmitir la descripción de un fusilamiento, un bombardeo o cualquier otra escena emblemática de la Segunda Guerra Mundial? Quizá porque Jünger la convierte en la fórmula misma de la ocupación, el atajo sintáctico por el cual una forma de poder se apodera de la convención más apacible de un género literario y queda inscripta en una figura de la lengua.

En su versión clásica, pre-Jünger, la frase siempre tiene un brillo un poco melancólico, una calidad de tristeza peculiar, hecha a la vez de duelo y de entusiasmo: es el tipo de emoción que el escritor de diario íntimo experimenta cuando comprende, al mismo tiempo, la eufórica intensidad de su ensimismamiento y todo aquello de lo que esa manía reconcentrada lo priva. Es el éxtasis y la constatación de la pérdida, y la fórmula es precisamente la vía por la cual el escritor, hasta entonces amnésico, recuerda bruscamente que hay un mundo y le concede un lugar en el diario. Con Jünger, ese lugar del género sigue siendo un lugar común, sólo que cambia radicalmente de sentido. Ya no es un momento de desposesión melancólica: es el testimonio mismo de la expropiación, su prueba respetuosa y respetable. Porque *Mientras escribo estas líneas* es el tiempo que Jünger, el capitán coleccionista, se toma para corroborar una vez más las piezas que acaba de anexar al inventario de su conquista. Deja de escribir para admirarlas, evaluarlas, incluso tasarlas (tiene más títulos de gourmet cultural y artístico que de militar), y su mirada, aunque lo petrifica, nunca llega a violentar el tesoro sobre el que se posa. Hay una extraña *distancia* en el modo en que Jünger contempla los lugares que ocupa y los objetos que los pueblan: es una curiosidad sin avidez, un interés sin agresividad: la relación *justa*, aristocrática (jamás interferida por cuestiones de propiedad) que el conocedor mantiene con lo que conoce. Es la gran máquina de estetización que recorre *Radiaciones*, el formidable diario de guerra de Jünger. El encuentro entre el erudito y sus objetos era inexorable; no lo hace posible una campaña de ocupación militar, apenas una contingencia extravagante de la historia, sino esa comunión natural, predestinada, que une desde siempre a las almas y las cosas bellas del mundo.

RADIACIONES

Kirchhorst, 3 de julio de 1939

El jardín comienza a rendir buenas cosechas. También van quedando ya libres algunos bancales, para la segunda siembra.

En el sueño veía una escuadrilla de aviones de combate que volaba sobre un paisaje muerto; al tercer disparo de una batería de defensa antiaérea caía ardiendo al suelo uno de ellos. El espectáculo acontecía en el seno de un mundo enteramente mecanizado; yo lo observaba con una satisfacción maligna. La impresión producida era más significativa, más penetrante que en la guerra del catorce, dado que la racionalidad de los acontecimientos había aumentado. Nada era episódico, los aviones se movían como piezas cargadas de electricidad por encima de un mundo que también se hallaba lleno de tensión. Lo que hacía el proyectil que daba en el blanco era provocar el contacto mortal.

Luego extensos campos, por los que corrían máquinas cosechadoras; personal que se cuidase de ellas no se veía ninguno. Unicamente por una rastrojera estaban pasando un gran rastrillo, del cual tiraban, cual si fueran tiros de caballos, unos esclavos de color ocre; un vigilante de tamaño gigantesco los guiaba. Golpeaba a los esclavos hasta que éstos prorrumpían en gritos y caían a tierra, luego los golpeaba hasta que dejaban de gritar. Había en aquella operación un juego de compensaciones entre el ejercicio estúpido de la fuerza bruta y los sufrimientos estúpidos que hacía que yo me desesperase.

Por el día, estando en el jardín, me ha venido otra vez a la cabeza, de repente, ese sueño. Ha sido en ese momento cuando lo he visto como una advertencia; he cobrado consciencia de la responsabilidad que tales visiones comportan.

Kirchhorst, 26 de agosto de 1939

A las nueve de la mañana, cuando me hallaba muy cómodo en el lecho estudiando a Heráclito, me ha subido Louise la orden de movilización; dice que el 30 de agosto he de presentarme en Celle. La he recibido sin mucha sorpresa, pues la imagen de la guerra iba perfilándose con rasgos cada vez más netos a cada mes que pasaba, a cada semana que transcurría.

Por la tarde en Hannover, donde aún tenía que solucionar varios asuntos y comprar ciertas cosas. Por ejemplo, alcanfor para mis colecciones.

Celle, 30 de agosto de 1939

Partida. Arriba, no sin ironía, he estado mirándome en el espejo, con mi uniforme de alférez. De todos modos, algo similar estará ocurriéndoles hoy en Europa a muchos hombres que en ningún momento se imaginaron que volverían a prestar servicio militar. En lo que a mí se refiere atribuyo tal cosa también al Cáncer que hay en mi horóscopo, el cual me traslada no pocas veces, andando hacia atrás, a situaciones vividas anteriormente; y, a menudo, con ganancia.

En el momento en que bajaba la escalera han entregado abajo, en el vestíbulo, un telegrama; venía firmado por Brauchitsch y traía la notificación de mi ascenso a capitán. Lo he tomado como una señal de que Ares no me ha vuelto la espalda en el intervalo.

Delante de la casa he parado uno de los automóviles que se dirigían a Celle; sus dueños eran dos comerciantes de Hamburgo que regresaban de París, donde han dejado interrumpidos sus negocios. Presentación al comandante del batallón de reserva en el gigantesco Cuartel del Páramo, al que afluían las masas de los movilizados. En la comida he conocido a los oficiales; casi todos llevaban condecoraciones de la guerra del catorce y entre ellos había algunos magistrados de la Audiencia Territorial. En la ciudad, para comprar piezas del equipo. Me he instalado de manera provisional en el hotel Sandkrug.

Celle, 1 de septiembre de 1939

En el desayuno me ha preguntado el camarero, poniendo una cara muy expresiva, si había oído los noticiarios. Según ellos hemos entrado en Polonia. A lo largo del día, mientras iba de un lado a otro para resolver mis asuntos, he ido enterándome de las demás novedades, que confirmaban el estallido de la guerra, también con Francia e Inglaterra. Por la noche breves comunicados, órdenes, oscurecimiento de la ciudad.

A las diez he acudido a pie al puente del castillo, para una cita que allí tenía. La vieja ciudad del páramo se hallaba en tinieblas y los seres humanos se movían cual fantasmas con un mínimo de luz. Bañado en un pálido resplandor azul, el castillo se alzaba como si fuese el viejo palacio de una ciudad de fábula. Montadas en sus bicicletas, las personas se deslizaban en la oscuridad como danzarines ingrávidos. Y de vez en cuando subía, del foso que rodea el parque del castillo, el chasquido causado por una pesada carpa. También a nosotros nos lanza a veces el placer, igual que les ocurre a esos animales, a un elemento extraño, más ligero.

Pasando junto a un banco en el que estaban sentadas dos viejas señoras he oído decir a una de ellas:

—Has de pensar que todo esto es también cosa de la Providencia.

Luego en el café. Uno penetra en la luz, en la música, en el tintineo de los vasos como si penetrara en fiestas secretas y en cuevas de duendes. A ello se agregan luego, una vez más, las voces de la radio, que anuncian bombardeos y lanzan amenazas contra los seres humanos.

Blankenburg, 4 de octubre de 1939

Ejercicios a caballo desde Blankenburg hasta el campo de maniobras de Halberstadt, pasando junto al Monje de Cristal; realizados en un estado de ausencia que contrastaba fuertemente con el riguroso encuadramiento de la persona en los ejercicios. Así he visto como en sueños un campo de color gris, y la paja que en él se hallaba extendida me ha parecido arrojada allí por las olas de lo Ilimitado. Por el contrario, un verde prado con rosales arbustivos, en el cual flameaban las zarzarrosas, se me ha metido prácticamente en los ojos. Las cosas aparecían como a través de una lente que unas veces permitiese verlas con mucha nitidez y otras las difuminase.

No vivimos del todo, en el mundo, tampoco vivimos del todo en nuestro cuerpo; un día, sin embargo, serán sumadas las partes que hacen que estemos dentro y fuera.

Bescheid, 21 de mayo de 1940

Han venido a despertarme a las tres de la madrugada, lo que me ha permitido echar un breve vistazo a un sueño un tanto rebuscado; en él mantenía una conversación sobre el estilo de Casiodoro con un caballeresco cazador de la Alta Edad Media, que era un fino conocedor de los autores antiguos. En la conversación no me producía ninguna incomodidad el hecho de que yo fuese en primer lugar un contemporáneo de Casiodoro, en segundo lugar un contemporáneo del cazador, y, por fin, un hombre del siglo XX. Miraba como a través de un cristal en el que se reuniesen tres colores. A pesar de lo temprano de la hora me he despertado muy dichoso; sabía que el humus de donde brota para mí la palabra seguía conservando muchas posibilidades inagotadas.

En el delicioso frescor de la mañana hemos cruzado el valle de Idar; los molinos de ágata están enclavados en sus verdes tierras, ruinosos y ensimismados cual si fueran lugares de residencia de alquimistas o venecianos. Al verlos se intuye que aquí el trabajo manual se ha elevado hasta un nivel muy alto, mágico. Junto a muchos de esos molinos hallábanse amontonadas las grises masas redondas de ágata, del tamaño de una cabeza de niño. Molinos de piedras preciosas. En los sitios donde los tesoros son enormes, desaparece su relación con el dinero; los tesoros ingresan en un orden superior de preciosidad.

Luego, bajo un calor creciente, a través de los bosques del Hunsrück; por encima de ellos pasaban volando hacia el Oeste escuadrillas y más escuadrillas de aviones. Al mediodía hacemos alto en Talling; allí una campesina ha apagado mi sed con un vaso de suero de leche de vaca. Cuando finalmente se han asignado los alojamientos a las compañías, después de una ardua marcha, a la mía le ha tocado la pequeña aldea llamada *Bescheid*, que está asentada en lo alto de un cerro. Lo primero que hemos hecho ha sido descargar los equipajes, pues era preciso dejar en el valle los carros del convoy; y para animar un poco a la tropa nos hemos echado de espaldas, yo y mis dos oficiales, tres mochilas cargadas hasta arriba. Envueltos en densas nubes de polvo sudábamos a mares por aquellos empinados y serpenteantes senderos. Pero tal vez era esa marcha el mejor remedio contra mi catarro, pues cuando hemos llegado a lo alto he sentido un alivio en el pecho. He pernoctado en una pequeña casa cuyas habitaciones estaban todas adornadas con grabados en cobre. Por los cuadros se conoce el valor de un mobiliario; ellos son los sellos del gusto.

Marchamos hasta Toulis, adonde llegamos a las cuatro de la madrugada. Allí nos acomodamos en una granja de grandes dimensiones; los hombres en los desvanes, los caballos al aire libre, los carros y cocinas en el patio. Yo dormí en una cama, pero usé como almohada las alforjas; la habitación era estrecha y había sido completamente saqueada. En la pared colgaba un gran retrato de señora, una fotografía de los tiempos de Flaubert; conservaba todavía una densa sustancia erótica. Antes de quedarme dormido iluminé desde la cama a aquella encorsetada beldad con mi linterna de bolsillo y sentí envidia de nuestros abuelos. Ellos cortaron las primeras flores de la descomposición.

La marcha nocturna nos hizo pasar a menudo junto a cadáveres de animales. Por vez primera nos dirigíamos hacia el fuego, que se oía a no mucha distancia; los impactos eran pesados, martilleantes. A mano derecha grupos de proyectores, y en medio de sus luces bengalas amarillas, seguramente inglesas, que se balanceaban largo tiempo en el aire.

Dado que podemos entrar en combate en cualquier momento, por la tarde, bajo un fuerte sol, he estado haciendo prácticas de tiro con las pistolas ametralladoras, acompañado de mis jefes de sección; he sacado una buena impresión de su potencia de fuego. Delante de un montón de paja he mandado colocar una larga hilera de botellas de vino vacías, que aquí no escasean ciertamente, y luego hemos disparado sobre ellas; cada breve ráfaga hacía añicos una de las botellas. El ejercicio ha tenido consecuencias funestas para una vieja y gorda rata que estaba escondida allí en la paja y que de repente ha salido de su escondite con el hocico ensangrentado; Rehm la ha rematado de un botellazo.

Durante la vuelta conversación con un viejo francés que ha visto ya la tercera guerra, pues todavía consigue acordarse de la de 1870; entonces tenía cinco años. Casado, tres hijas. Al preguntarle yo si eran guapas, ha respondido con mucha ecuanimidad, moviendo la mano:

171

—*Comme ci, comme ca.*

Por cierto que en este encuentro he sentido la dignidad que una vida larga y dedicada al trabajo confiere al ser humano.

Mucho calor. En la iglesia. En una de sus naves laterales, sentadas sobre paja, un grupo de mujeres vetustas sorbiendo sopa con bocas desdentadas de unos cuencos redondos que les llevaba una muchacha joven; ésta se ha sentado más tarde en uno de los bancos y se ha puesto a rezar.

Luego en el cementerio. Dos hombres estaban cavando una tumba para un anciano. Es el tercer refugiado que ha fallecido en los últimos días. Removían un suelo de muertos, cultivado de antiguo; uno de ellos ha sacado a la luz un cráneo.

Característico de las guerras y en general de las catástrofes fatales: ese balanceo que unas veces nos presenta como completamente imposible el que entremos en combate y otras lo presenta como seguro. Así permanecemos en la incertidumbre, hasta que por fin llega el fuego. Esto es, sin embargo, algo que estaba ya predeterminado desde mucho tiempo atrás en los cálculos de los generales. Es una parábola de la situación vital en general. No eludimos los casos serios.

Pensamientos durante mi marcha nocturna a caballo de ayer sobre la maquinaria de la Muerte: las bombas de los aviones en picado, los lanzallamas, las diversas clases de gases tóxicos, en suma, sobre ese tremendo arsenal de aniquilación que se despliega amenazador ante el ser humano. Todas estas cosas son únicamente teatro, son puro decorado que cambia con los tiempos y que no era menor, por ejemplo, en la época de Tito. Tampoco entre los primitivos se está libre de esas preocupaciones; uno puede toparse allí con tribus muy expertas en torturas rebuscadas. Los horrores de la aniquilación se presentan siempre con un sinnúmero de detalles técnicos, como en las antiguas pinturas del infierno.

Eternamente idéntica permanece, en cambio, la distancia absoluta que nos separa de la muerte. Basta un paso para recorrerla; y si estamos decididos a osar ese paso, entonces todas las demás cosas forman parte del mundo de la representación o de la tentación. Las imágenes con que las cosas nos salen al encuentro en ese camino son reflejos de nuestra debilidad; cambian con los tiempos en que hemos nacido.

Laon, 7 de junio de 1940

La noche la pasamos todavía en Toulis, seguramente porque la ofensiva alemana que estaba desarrollándose delante de nuestro sector había encontrado resistencia. Los franceses se defienden en las alturas del canal Aisne-Oise; en la tarde de ayer la 25ª División consiguió avanzar, sin embargo, hasta los bosquecillos que quedan al sur de Sancy. Por el momento nuestra 96ª División sigue donde está, pero en cualquier momento puede entrar en combate.

Hacia el mediodía hemos salido hacia Laon; la ciudad, alzada en lo alto de una colina, se divisa desde lejos. Yo estuve en Laon algún tiempo en 1917; perdura en mi recuerdo como una ciudadela avanzada del espíritu latino y no creo que este sentimiento mío me engañe. La atmósfera que flota en torno a los santuarios antiquísimos es algo que se huele.

Junto al camino, una vez más, caballos muertos; dos flotaban en la charca que se había formado en el fondo de un embudo gigantesco abierto por una granada. También había junto al camino tanques destruidos por proyectiles. Grandes ruinas en las entradas de las poblaciones y en los barrios periféricos. Paisajes de barricadas.

Calor asfixiante, incluso en la ciudad. He mandado que los hombres dispusieran los fusiles en pabellones y he enviado a los encargados de los alojamientos al barrio que nos ha sido asignado. Durante un momento de descanso, mientras, acompañado de Spinelli, me hallaba sentado en un cómodo sillón de barbero que habíamos sacado a la calle del local de un *coiffeur*, ha pasado en su coche por delante de nosotros el general y me ha gritado que hoy hemos conquistado Soissons y cruzado el canal del Aisne por tres puntos.

Alojamiento en las afueras de la ciudad; me he instalado con los dos oficiales de mi compañía en un chalé que dispone de un extenso jardín y una espaciosa terraza. Como aún quedan en la

173

ciudad bodegas grávidas de vino, he enviado un vehículo, que pronto ha regresado con una carga de botellas y barriles de vino. Para estos menesteres es preciso escoger cabezas que tengan inventiva, las cuales, por cierto, no tardan en hacerse notar. Las otras, las que carecen de ingenio, vuelven, en vez de con vino, con *vinaigre*, y en lugar de traer latas de conserva se traen botes de pintura. Luego he ordenado que sacrificasen una ternera, ya que la carne que nos habían repartido olía mal. En los huertos estaba pastando una manada de reses y desde la terraza he señalado la que debía ser sacrificada. La abundancia de carne es desde siempre uno de los signos de una victoria reciente.

Muchos hombres de la compañía se han procurado bicicletas, no sólo bicicletas de caballero, sino también tandems, bicicletas de señoras y pequeñas motocicletas. Al coronel estas cosas lo horrorizan, como también le parece una atrocidad que los hombres decoren los vehículos con símbolos grotescos. Así que muy astutamente se ha puesto al acecho junto a una fuente y, sin la menor vacilación, ha enviado al calabozo a un hombre que marchaba junto a la columna tocado con un casco colonial.

Mientras escribo estas líneas estoy sentado en la terraza y degusto licores como Cointreau y Fine Champagne, que hemos encontrado en el bar de la casa; antes, claro está, nos hemos dado una buena ducha en el cuarto de baño. Desde el Chemin des Dames, que no queda muy lejos de aquí —dista una pequeña marcha a pie—, nos llegan los ruidos provocados por los juegos de las artillerías; es una lenta acumulación de impactos, parecida a montañas que se derrumbasen. Las artillerías están manteniendo entre ellas una charla terrible. Si uno la oye tal como yo la oigo *hoy*, sabe que entre los seres humanos se interpone una frontera de la palabra, y ello aunque hablasen con lenguas de ángeles. Entonces se alzan estas voces de metal y de fuego, pensadas para infundir miedo, y los corazones, ciertamente, son escrudiñados a fondo.

Laon, 12 de junio de 1940

Por la mañana me han traído setecientos prisioneros para que los acomode en la ciudadela y los tenga allí vigilados. Revisté aquella abigarrada columna formada por hombres procedentes de muchas armas y regimientos y ordené que de la masa saliese uno solo, un sargento que tenía cara de inteligente. Le asigné como intérprete un alsaciano y le encargué que nombrase a seis jefes de sección; cada uno de éstos debía rodearse a su vez de diez cabos; y, finalmente, cada uno de los cabos debía elegir diez hombres. Entretanto yo fui repartiendo arriba los alojamientos, señalándolos con un trozo de tiza.

Y así quedó articulada y alojada en media hora toda aquella masa. Al enterarme de que muchos de ellos llevaban bastante tiempo sin comer nada, pedí cocineros y vi cómo se adelantaba una docena de hombres. Ordené que inmediatamente se pusieran a trabajar en las cocinas, donde quedaban muchas provisiones. Pero antes pregunté:

—¿Quién sabe cómo se prepara un lenguado *à la meunière*?

Se presentó un muchacho bajito, con cara de granuja, Arthur, que había sido ordenanza en casinos de oficiales en Marruecos.

—Eso no es difícil, *mon capitaine.*

Además de él se presentó otro hombre, una persona de aire calmoso, agradable, Monsieur Albert. A este último lo nombré cocinero personal mío y como ayudante le asigné a Arthur.

Las medidas que se imponía tomar eran las siguientes, por este orden: instalación de un puesto de guardia en la salida, distribución y aposentamiento de los prisioneros, rancho, construcción de letrinas y reglamento de policía. Aparte de esto dejé en paz a aquellas buenas gentes y les transmitía mis órdenes por mediación de sus jefes, los cuales eran, por así decirlo, el punto en que se apoyaba la palanca con que los movía.

Más tarde me di cuenta de que la presencia de aquellas setecientas personas no me había causado ninguna inquietud, a pesar de que a mi lado no había más que un centinela, más bien simbólico. Cuánto más terrible me había parecido aquel único francés que una mañana de niebla de 1917 lanzó contra mí una granada de mano en el Bosque de Le Prête. Esto me ha sido muy instructivo y me ha reafirmado en mi decisión de no rendirme jamás, decisión a la que ya permanecí fiel en la guerra del catorce. Toda rendición de armas es también un acto irreparable, que afecta a la fuerza primordial del combatiente. Y así, yo estoy convencido de que también queda afectado su lenguaje. Esto es algo que puede verse con especial claridad en las guerras civiles; en ellas la prosa del bando derrotado pierde enseguida su vigor. Me atengo en esto a la frase de Napoleón: "¡Dejarse matar!", claro está que esto es algo que únicamente vale para los humanos que saben qué es lo que se ventila en la Tierra.

Una vez resueltos esos asuntos he vuelto a la biblioteca para echar otro vistazo a la colección de autógrafos; hoy me ha parecido mucho más importante todavía. En sus gruesos volúmenes se acumulan numerosos documentos, desde pergaminos carolingios en cuyas enrevesadas rúbricas ponía el soberano su firma con un trazo, hasta autógrafos de contemporáneos nuestros; desde cartas y decretos de los Capetos y breves de Luis XV hasta el "Louis" con que firmaba su nieto y que parece extrañamente tímido. En el tomo primero encontré un escrito de Lotario, del año 972 si no recuerdo mal, y en el último dos cartas del mariscal Foch dirigidas a Berthault, presidente de la Audiencia de la ciudad de Laon. Según la mala costumbre de los bibliotecarios franceses, estas dos cartas habían sido prendidas en 1920 con un alfiler que había dejado grandes manchas de herrumbre en el papel y que yo me permití retirar. En aquel tranquilo lugar estuve hurgando cual abeja en trébol marchito hasta que llegaron las sombras del crepúsculo. Ha sido una clase, con ilustraciones de primer rango, sobre la fama y la decadencia, en el polvo de los laureles.

Sobre el valor: no es posible poner precio a tales tesoros, únicamente cuando se está totalmente derrotado se los abandona. Y desde luego puedo decir que, mientras estuve dando vueltas en mis manos a aquellas hojas, apenas se me vino a la cabeza que en dinero valían millones; seguramente eso se debió a que yo era quizás el único en aquella ciudad que captaba el sentido que encerraban. Por un instante pensé en hacer trasladar al museo aquellos documentos, y también los elzevirios que había visto, y confiarlos allí a los centinelas; pero me pareció demasiado grande la responsabilidad aun del mero traslado, así que los dejé donde estaban, sin cerradura ni cerrojo.

Por la mañana he inspeccionado los nuevos puestos de guardia que he instalado en el arsenal y en otros sitios. Al borde de los caminos, vehículos volcados y animales muertos. A la entrada de la fábrica de filtros de gas un camión había aplastado de tal manera a un perro o un gato que lo único que allí quedaba era una gran mancha roja. Yo no habría sospechado que fueran los restos de un ser vivo si no hubiera visto seis cuerpos no nacidos, seis embriones, que en forma de hexágono contorneaban aquella mancha oscura. Eran como unas bolas de gelatina cuya lisa membrana vitelina les había permitido esquivar el paso de las ruedas y eran lo único que allí conservaba forma en medio del aplastamiento. Tuve la impresión de que había en aquello una preocupación solícita que seguía ejerciendo su poder, aunque sólo fuera en el armazón mecánico, la solicitud de la Gran Madre de la vida, de la cual son trasuntos las madres de los seres animales y humanos. Como tantas otras veces en ocasiones anteriores, también aquí me pareció oír esta pregunta: "¿Por qué te es mostrado a ti este espectáculo?"

Siempre he sido sensible a las desgracias; más, para mi desdicha, a las que no están de moda. A mí me parece, sin embargo, que esto, el no estar de moda, es uno de los atributos por los que es posible reconocer las desgracias auténticas.

Montmirail, 18 de junio de 1940

Una vez más ha vuelto a llenarme de asombro el comportamiento de mis hombres en el momento de emprender la marcha. Habían estado trabajando todo el día y tenían la esperanza de descansar; pese a ello, ni uno solo torció el gesto cuando llegó la orden de partida. La virtud de estos hombres consiste en su perfecta comprensión de lo necesario.

Por fortuna conseguí evitarles la marcha a pie, por cuanto fui metiéndolos por pelotones en vehículos de munición que iban vacíos. En Montmirail volvimos a reunirnos. Cerca de la entrada de esta ciudad me paré junto a un carro blindado del que estaba saliendo a la luz en aquel momento su conductor; era un hombre bajo y delgado e iba vestido con un conjunto empapado de aceite. Lo enredé en una conversación de la cual saqué la impresión de que, en tipos como él, Vulcano y sus caracteres de trabajo impregnaban ya fuertemente las figuras marciales. Ese fue también el asunto de nuestra charla, la combustibilidad. Hasta entonces aquel conductor había "conducido" ocho ataques y había visto ya arder cerca varios carros; a veces, decía, era posible salir de ellos, así lo había conseguido hacer recientemente uno de sus camaradas, el cual, desde luego, se dejó la mayor parte de la piel en el interior del carro. Hace ya mucho tiempo que viene ocupándome la cuestión del fuego; apunta a cambios profundos entre los combatientes.

Me he instalado en el magnífico castillo de Montmirail, que desgraciadamente ha sufrido algunos destrozos; aquí vivo solo, acompañado de Spinelli y algunos ordenanzas. En el parque habían caído bombas que destrozaron una serie de ventanas, y un pabellón situado a la derecha de la puerta principal había ardido. Los habitantes del castillo, y seguramente también soldados, han estado viviendo durante los últimos días en los sótanos, cavados a gran profundidad en la greda; así lo delata un conjunto de toscas colchonetas que en ellos hemos visto. Montmirail es el castillo de La Rochefoucauld, y para mí, que desde hace mucho tiempo tengo como uno de mis libros de cabecera también sus *Máximas*, es un acto de gratitud espiritual el salvar lo que se pueda salvar. De ahí que inmediatamente ordenase que el castillo fuese puesto bajo vigilancia y se comenzase a hacer limpieza de él. Lo único que a menudo importa, cuando se trata de cosas de este valor, es preservarlas durante unos cuantos días críticos.

Por la mañana atravesó el pueblo una columna de más de diez mil prisioneros franceses. Apenas iba vigilada, solamente de vez en cuando aparecían algunos centinelas que la acompañaban con la bayoneta calada y que eran como perros de pastor. Yo tenía la impresión de que aquellas masas cansadas y exhaustas avanzaban por su propio impulso hacia un destino desconocido. En aquel momento me encontraba en la escuela y como allí tenía a mi disposición, para las labores de limpieza, un centenar de belgas y franceses, les ordené que de un almacén que habíamos requisado trajesen cajas de bizcochos y latas de carne, y empecé a repartirlas. También ordené que distribuyesen mosto, pero los prisioneros caminaban tan apretujados que apenas uno de cada veinte recibía algo.

Hasta ese momento no había conocido yo el sufrimiento de grandes masas en un espacio reducido; uno siente que ya no puede reconocer a la persona singular. También nota ese rasgo mecánico y vertiginoso que es peculiar de las catástrofes. Nosotros estábamos de pie detrás de la verja del patio de la escuela y desde allí arrojábamos bizcochos y latas de carne o bien los distribuíamos entre una densa masa de manos que se alargaban hacia nosotros a través de los barrotes de la verja. En ese detalle precisamente había algo desconcertante. Los que venían detrás seguían empujando, en tanto los de delante se atropellaban unos a otros cada vez que un bizcocho caía al suelo. Para llegar también a los que iban al otro lado de la columna ordené lanzar los botes de carne por el aire, trazando un arco, pero aquello era tan sólo una gota de agua sobre una piedra ardiente. Más de una docena de veces intenté hacer llegar una lata a un viejo que marchaba lentamente renqueando, pero todas las latas desaparecieron en una confusión de manos, hasta que lo vi desaparecer en la corriente. Luego encargué a la guardia que me metiese en el patio a un muchacho muy joven que por allí pasaba, para darle de comer, pero, en vez de capturar al que yo había señalado, cogió a otro distinto, que, de todos modos, también llevaba dos días sin probar bocado. En medio de todo aquello resonaban las voces de un pregonero que Spinelli había apostado encima de la pared; solicitaba un sastre, pues nuestra ropa blanca está necesitada de alguien que la remiende. Así fueron pasando aquellos hombres por delante de nosotros, como una imagen de la oscura corriente del destino; contemplar aquel espectáculo desde detrás de la segura verja del patio de la escuela resultaba extraño, excitante e instructivo. Casi todos ellos estaban ya completamente embotados y no hacían sino dos preguntas: si se les daría de comer y si se había concluido la paz. Ordené que les gritasen que Pétain había ofrecido un armisticio, a lo que ellos replicaban una y otra vez con la misma desesperada pregunta de si ya había sido "firmado". El gran bien que es la paz podía verse allí con los ojos.

Mientras escribo estas líneas me hallo sentado, avanzada ya la noche, al escritorio de la duquesa, cuyos cajones, algunos de ellos forzados, están repletos de libros con dedicatorias de autores conocidos. Al hojear uno de los libros cae al suelo una carta de uno de los hijos de la duquesa, François, de unos quince años de edad; la carta está fechada en 1934 y es muy simpática. Por ella veo que quien la escribió quería ser aviador; ahora tiene ya edad para poder serlo.

Por lo que se refiere al castillo, he conseguido ponerlo en orden antes de que llegase la noche; excepto los cristales de las ventanas, todo en él se halla en buenas condiciones.

Bourges, 26 de junio de 1940

Al atardecer una visita, que se ha hecho anunciar cautelosamente por Monsieur Albert; un hombre joven, que me ha escudriñado con miradas interrogadoras. Era el hermano de la dueña de esta casa que ocupo y me ha parecido posible que llevase el uniforme del ejército francés no hace muchos días todavía. Me ha explicado que era ingeniero, que se dirigía a Sens para poner en funcionamiento unas fábricas destruidas en aquella ciudad, y que aprovechaba su paso por Bourges para preguntarme si le permitía llevarse un retrato de su hermana que estaba en el dormitorio. Tenía un buen porte, pero parecía sufrir mucho; lo he leído en sus ojos.

De ahí que inmediatamente lo haya conducido al piso de arriba, y como viera que contemplaba los pasillos con ojos tristes e inquisitivos, he hecho como si le hubiera entendido mal, y aunque me había indicado la habitación del ala izquierda lo he llevado por el ala derecha, a través de todo el piso. De esa manera ha tenido ocasión de ver la propiedad sin violencia ninguna. Luego ha descolgado de un clavo el retrato de su hermana y yo le he hecho entrega de un pequeño anillo de oro, un anillo de sello, que recordaba haber visto, y cuya pareja llevaba él puesta en un dedo. También le he animado a que diga a su hermana que vuelva, a fin de que no pierda de vista una posesión tan hermosa como ésta; me ha preguntado, y su mirada volvía a ser interrogadora, si eso era posible. La lengua francesa dispone para tales ocasiones de unos giros hermosos y fijos, por lo que he podido limitarme a contestar que no veía en ello nada *inconvénient*.

Luego se ha retirado con prisa y, a lo que me ha parecido, un poco más calmado que cuando llegó. La visita de este hombre me ha llevado a pensar sobre cuestiones de la propiedad y en especial sobre cuestiones de la felicidad y la infelicidad. Qué son los bienes que nos rodean; en el instante en que todo se desploma regresamos apresuradamente a nuestro rico domicilio y lo único que de él nos llevamos es un pequeño cuadro. También me ha parecido haber visto un poco el fondo del alma de este hombre y haber leído allí ciertas cosas de las que tengo conocimiento por propia experiencia. En los momentos críticos en que nuestra patria yace por tierra aprendemos a conocer la fuente más honda del dolor, de la cual no son sino minúsculas venas de agua todos los sufrimientos individuales que nos afligen.

Vincennes, 27 de abril de 1941

El primer domingo en París. Entretanto me he mudado a un piso que tiene una hermosa vista sobre el *donjon*, la torre del homenaje, del Fuerte. Intensa melancolía. Por la tarde en el zoo de Vincennes. Jirafas que devoraban, seleccionándolas con sus lenguas largas y puntiagudas, hojas secas de acacia de un elevado comedero. Osos negros de América del Norte, una manada de guepardos, muflones de Córcega que se exhibían en los acantilados de una enorme roca. Lo poderoso de esas máscaras: hablan, pero nosotros no comprendemos ya lo divino de ellas.

Vincennes, 11 de mayo de 1941

Iba, como de costumbre, a la Place des Ternes. En la Bastilla me entraron ganas de apearme del vehículo. Allí me he visto, única persona vestida de uniforme, rodeado por una muchedumbre de millares de parisinos, y además, en la festividad de la Doncella de Orléans. A pesar de todo, me ha procurado un cierto placer el deambular por allí sumido en mis meditaciones, de modo similar a como en sueños paseamos por un polvorín llevando en la mano una vela encendida. Por la noche me he enterado de que en la Place de la Concorde ha habido algunos disturbios.

París, 29 de mayo de 1941

Al torrente de cosas repugnantes que me agobian ha venido a sumarse la orden de que me encargue de supervisar el fusilamiento de un soldado que ha sido condenado a muerte por deserción. En el primer momento tuve intención de darme de baja por enfermedad, pero me pareció un recurso demasiado fácil. También pensé: quizá sea mejor que estés allí *tú* y no otro cualquiera. De hecho he podido disponer algunas cosas de un modo más humano que como estaban previstas.

En el fondo fue una curiosidad superior lo que me decidió. Yo había visto ya morir a muchos seres humanos, pero a ninguno en un momento fijado de antemano. Esta situación que hoy nos amenaza a todos y cada uno de nosotros y que ensombrece nuestra existencia, ¿cómo se presenta? ¿Y cómo se comporta en ella la gente?

He revisado, pues, el sumario, que concluye con la condena a muerte. Se trata de un cabo que abandonó su unidad y desapareció en la ciudad, donde lo hospedaba una francesa. Unas veces se movía con traje de paisano y otras con uniforme de oficial de marina, y se dedicaba a hacer negocios. Parece que poco a poco fue creyéndose demasiado seguro y no sólo daba ocasiones de celos a su amante, sino que además le pegaba. La amante se vengó denunciándolo a la policía francesa, la cual lo entregó a las autoridades alemanas.

Ayer fui, en compañía del juez, al lugar previsto, un bosquecillo próximo a Robinson. En un claro, el fresno; su tronco, astillado por las balas de anteriores ejecuciones. Son visibles dos series de impactos, una superior de los disparos a la cabeza y otra inferior de los disparos al corazón. Unas cuantas moscas de color azul oscuro reposaban en el cerne, envueltas en las finas fibras de la corteza reventada. Eran la orquestación del sentimiento con que puse el pie en aquel lugar: no es posible mantener tan limpios los lugares de ejecución que no haya en ellos alguna cosa que recuerde el desolladero.

Hoy hemos acudido a ese bosquecillo. En el coche iban también el capitán médico y el teniente que manda el pelotón de ejecución. Durante el viaje conversaciones caracterizadas por una cierta familiaridad y confianza, "como entre compañeros de fatigas".

Al llegar al claro del bosque encontramos ya allí el pelotón encargado de la ejecución. Forma una especie de pasillo delante del fresno. Durante el viaje ha estado lloviendo, pero ahora luce el Sol; las gotas de agua brillan en la hierba verde. Aguardamos un rato, hasta poco antes de las cinco; un automóvil llega entonces por el estrecho camino del bosque. Vemos apearse al condenado; lo acompañan dos carceleros y un capellán. Detrás viene todavía un camión; transporta al pelotón de enterramiento, así como un ataúd, que se ha encargado tal como ordena el reglamento: "de tamaño corriente y de la calidad más barata".

El hombre es conducido hacia el pasillo; en ese momento se apodera de mí una sensación de ahogo, como si de repente me resultase difícil respirar. Lo sitúan delante del juez militar, que está de pie a mi lado: veo que el condenado lleva esposadas las manos a la espalda. Viste un pantalón gris de buena tela, una camisa de seda gris y una guerrera abierta, que le han echado sobre los hombros. Se mantiene erguido, es un hombre de buena presencia y su rostro luce esas facciones agradables que atraen a las mujeres.

Se da lectura a la sentencia. Con una atención suma, tensa, sigue el condenado todo lo que ocurre; yo tengo, sin embargo, la impresión de que se le escapa el texto. Sus ojos están dilatados, fijos, son grandes, ávidos, como si el cuerpo pendiese de ellos;

la boca carnosa se mueve como si silabease. Su mirada cae sobre mí y se detiene un segundo en mi rostro con una tensión penetrante, indagadora. Veo que la emoción da a aquel hombre una apariencia crespa, floreciente, casi infantil.

Una mosca diminuta juguetea junto a su mejilla izquierda y se posa varias veces en su oreja; el condenado alza los hombros y sacude la cabeza. La lectura de la sentencia dura un minuto escaso, pero el tiempo se me hace extraordinariamente largo. El péndulo se mueve pesadamente, sus oscilaciones parecen más largas. Luego los dos carceleros conducen al condenado al fresno; lo acompaña el capellán. En ese instante se acrecienta todavía más la pesadez; es algo trastornante, como si se soltasen grandes pesos. Recuerdo que he de preguntarle si desea que le venden los ojos. El capellán responde que sí por él, mientras los carceleros lo atan al fresno con dos cuerdas blancas. El capellán le hace todavía algunas preguntas en voz baja; oigo que responde a ellas con un "sí". Luego el condenado besa un pequeño crucifijo de plata que le es presentado, en tanto el médico le prende en la camisa, a la altura del corazón, un cartoncillo rojo del tamaño de un naipe.

Entretanto, a una señal del teniente, los soldados del pelotón se han alineado; están detrás del capellán, que aún tapa con su cuerpo el del condenado. Después el capellán da un paso atrás, tras haberle rozado una vez más el cuerpo con su mano, de arriba abajo. Siguen las voces de mando y ellas hacen que yo emerja otra vez a la consciencia. Quisiera desviar los ojos, pero me obligo a mirar a aquel sitio y capto el instante en el que, con la descarga, aparecen cinco agujeros oscuros en el cartón, como si sobre él cayesen gotas de rocío. El hombre alcanzado por las balas sigue de pie contra el árbol; en sus facciones se refleja la sorpresa inmensa. Veo abrirse y cerrarse su boca, como si quisiera articular vocales o decir todavía algo con gran esfuerzo. Este hecho tiene en sí algo que desconcierta, y otra vez vuelve a hacerse muy lento el tiempo. También parece que ahora el hombre se ha vuelto muy peligroso. Por fin se le doblan las rodillas. Le desatan las cuerdas y en ese momento la palidez de la muerte recubre su rostro de repente; es como si sobre él se hubiera vertido un cubo de cal. El médico se acerca un momento y anuncia:

—Este hombre está muerto.

Uno de los carceleros le quita las esposas y con un trapo limpia la sangre que ha manchado el brillante metal. El cadáver es introducido en el ataúd; yo aseguraría que la pequeña mosca jugueteaba por encima de él en un rayo de sol.

Viaje de vuelta, durante el cual sufro un nuevo acceso de depresión, más fuerte que el de antes. El capitán médico me explica que los gestos del moribundo no fueron otra cosa que reflejos nerviosos, sin significación alguna. El no ha visto lo que yo sí he contemplado con una evidencia atroz.

Saint-Michel, 14 de junio de 1941

Escribo estas líneas sentado a la misma mesa semicircular en la que tantas veces he estado leyendo y trabajando. Entre las cartas, diarios, revistas y manuscritos se alza un jarrón con unas peonías que Madame Richardet ha cortado para mí en el jardín. De las flores completamente abiertas cae de vez en cuando sobre la mesa un pétalo, de color rojo oscuro o de color violeta pálido, de manera que el desorden de las cosas queda acrecentado y al mismo tiempo abolido por un segundo desorden, el de los colores.

Por cierto que de ordinario transcribo a limpio mis apuntes al día siguiente; sin embargo, no los fecho por el momento en que los transcribo, sino por el día en que ocurrieron los hechos. Sucede, empero, que ambas fechas se superponen un poco; es una de esas inexactitudes que trae consigo la perspectiva y que yo no investigo con demasiado rigor. Antes por el contrario, lo que acabo de decir sobre las flores se aplica también a esto.

París, 25 de junio de 1941

De nuevo en la terraza de la Brasserie Lorraine en la Place des Ternes. Vuelvo a ver el reloj en el que tantas veces han estado fijos mis ojos.

Siempre que me coloco frente a una tropa formada, como ocurrió el pasado lunes al despedirme de mi compañía, noto en mí una tendencia a desviarme del eje central de la formación; es un rasgo indicativo del hombre observador y del predominio de las inclinaciones contemplativas.

Por la noche, con Ziegler, en el restaurante Drouant, a cenar bullabesa. He estado aguardándolo en la Avenue de l'Opera, delante de una tienda de tapices, armas y adornos saharianos. Entre estos últimos había pesados aros de plata para llevar en los brazos y en los pies, que estaban provistos de cerraduras y de pinchos, ornamentos usuales en los países donde existen esclavos y harenes.

Luego en el Café de la Paix. Análisis de la situación, que va perfilándose con creciente claridad.

París, 8 de octubre de 1941

Mi traslado a París ha hecho que surgiese una laguna en estas anotaciones. Pero de ella tienen más culpa todavía los acontecimientos de Rusia, que comenzaron por aquella época y provocaron una especie de parálisis espiritual, y seguramente no sólo en mí. Parece que esta guerra nos lleva hacia abajo por unos escalones que están trazados según las reglas de una dramaturgia desconocida. Estas son cosas que ciertamente sólo pueden barruntarse, pues quienes viven los acontecimientos los perciben ante todo en su carácter anárquico. Los torbellinos están demasiado cerca, son demasiado violentos, y no hay en ninguna parte, ni siquiera en esta vieja isla, puntos de seguridad. Los brazos de la marea penetran en las lagunas.

Al mediodía, con el coronel Speidel, a almorzar en casa del embajador De Brinon, en la esquina de la Rue Rude y la Avenue Foch. Se dice que el palacete en que nos ha recibido pertenece a su esposa judía, pero ello no le ha impedido burlarse de los *youpins* durante la comida. En esta casa he conocido a Sacha Guitry; lo he encontrado agradable, aunque en él lo mímico tiene mucho más peso que lo artístico. Dispone de una individualidad tropical, tal como me imagino la de Dumas padre. En su dedo meñique refulgía un enorme anillo de sello, en cuya placa de oro estaban repujadas a gran tamaño las letras S.G. Con él he charlado acerca de Mirbeau, de quien me ha contado que falleció en sus brazos, mientras le susurraba al oído:

—*Ne collaborez jamais!*

He tomado nota de esta frase para incorporarla a mi colección de últimas palabras. Mirbeau pensaba en las comedias escritas en colaboración, pues entonces no tenía ese término el sabor a putrefacción que hoy tiene.

En la mesa he estado sentado al lado de la actriz Arletty, a la que precisamente en estos días se puede contemplar en la película *Madame Sans Gêne*. Para hacerla reír basta con pronunciar la palabra *cocu*; difícilmente, por tanto, cesará su hilaridad en este país. En un florero orquídeas, lisas, rígidas, con un labio que se abría en trémulas antenas. Su color: un refulgente blanco de porcelana, esmaltado seguramente en las selvas vírgenes para atraer los ojos de los insectos. Impudicia e inocencia están prodigiosamente reunidas en esta flor.

Pouilly, borgoña, champán, un dedal de cada uno. Con motivo de este almuerzo habían sido apostados en los alrededores unos veinte policías.

París, 21 de octubre de 1941

La Doctoresse ha venido a visitarme al Hotel Majestic para hablar del asunto de la caja fuerte. Se trata de cartas que en 1936 escribí desde Suiza a Josef Breitbach y que han sido secuestradas, junto con otros documentos, en la cámara acorazada de un banco, aunque todavía no han sido revisadas. En ellas se mencionan otras cartas, como las que escribí a Valeriu Marcu. Intento con mucha cautela apoderarme de esos objetos a través de la sección de divisas del comandante en jefe.

Mis anotaciones personales y mis diarios los conservo en el Majestic bajo llave. Dado que, por encargo de Speidel, he de elaborar tanto las actas de la operación "León marino" como también la lucha por la hegemonía en Francia entre el comandante en jefe y el partido nazi, ha sido instalado en mi habitación un armario especial de acero. Es claro que tales blindajes son únicamente símbolos de la inviolabilidad de la persona. Si esa inviolabilidad se torna problemática, entonces saltan las cerraduras más fuertes.

París, 25 de octubre de 1941

Al mediodía, con Ina Seidel, a almorzar en el restaurante Prunier. Estaba preocupada por su yerno, al que Hess tenía empleado como consejero astrológico y que ha sido arrestado. Esto me ha sorprendido, por cuanto yo opinaba que el vuelo de Hess a Inglaterra se había realizado con el conocimiento de Kniébolo y tal vez incluso por encargo suyo. Pero a esto podría objetarse que, con el redescubrimiento de la razón de Estado, se ha vuelto objetivamente peligroso también el tener conocimiento de ciertos secretos, lo mismo que ocurría en otros tiempos. Y no cabe duda de que eso es lo que acontece en este caso. Al mismo tiempo este golpe de audacia da una imagen del espíritu de juego de azar que rige las cosas. El retorno de las formas del Estado absoluto, pero sin aristocracia, quiero decir: sin distancia interior, posibilita una catástrofe de cuyas dimensiones no poseemos todavía ninguna noción, pero que sí son barruntadas en un sentimiento de miedo que ensombrece incluso los triunfos.

También a Ina Seidel le he oído decir, como se lo he oído decir ya varias veces a mujeres inteligentes, que en determinadas figuras e imágenes de mis libros llevo la precisión del lenguaje a tocar el fondo tabú, de manera que surge la impresión de un peligro inminente. Siempre deberíamos prestar oídos a esas advertencias, aunque luego tengamos que seguir nuestras propias leyes. Es posible que, como los átomos, también las palabras contengan un núcleo en torno al cual vibran y que no es lícito tocar si no queremos librar fuerzas que no tienen nombre.

A propósito del diario. Es claro que siempre se relaciona únicamente con un determinado estrato de acontecimientos que suceden en la esfera espiritual y en la esfera física. Lo que en lo más íntimo de nosotros nos ocupa, eso es algo que se sustrae a la comunicación y aun casi a nuestra percepción.

Existen aquí temas que continúan tejiendo misteriosamente su tejido a lo largo de los años; por ejemplo, el tema de la situación sin salida, de que está lleno nuestro tiempo. La situación sin salida recuerda la grandiosa imagen de la ola de la vida que aparece en la pintura asiática y también en el Maelstrom de que habla E. A. Poe. Esa situación es, con todo, enormemente instructiva, pues donde ya no se ofrece ninguna salida, ninguna esperanza, nos vemos forzados a quedarnos quietos. La perspectiva cambia.

Sin embargo, es notable lo siguiente: en lo más hondo de mí estoy animado de confianza. Por entre la espuma de las olas y por entre los jirones de las nubes brilla la estrella del destino. Y con esto no me refiero únicamente a mi persona, sino que hablo en general. En estas semanas hemos pasado el punto cero.

Los esfuerzos mediante los cuales intentamos plantar cara al tiempo y cobrar fuerzas están demasiado escondidos, acontecen en el fondo de pozos de mina. Así el decisivo sueño que tuve a la altura de Patmos, cuando viajaba hacia Rodas. Nuestra vida se asemeja a un espejo en el cual se dibujan, aunque borrosas y brumosas, cosas llenas de sentido. Un día penetramos en eso que se refleja en el espejo y entonces alcanzamos la perfección. Y ya en nuestra vida se perfila el grado de perfección que soportaremos.

Cena en el restaurante Calvet, en compañía de Cocteau, Wiemer y Poupet, quien me ha dado para mi colección un autógrafo de Proust. A este propósito Cocteau estuvo hablando de sus relaciones con Proust. Este no permitía jamás que se limpiase el polvo de sus habitaciones; la pelusa cubría los muebles "como chinchilla". Cuando alguien entraba en la casa, el ama de llaves le preguntaba si traía flores, si se había perfumado o si había estado en compañía de una mujer perfumada. A Proust se lo encontraba casi siempre en la cama, pero vestido, y con guantes amarillos, pues quería evitar morderse las uñas. Daba mucho dinero para que no trabajaran los artesanos que tenían sus talleres en el edificio donde vivía, pues lo molestaba el ruido que producían. No estaba permitido abrir en ningún momento una ventana; la mesilla de noche se hallaba cubierta de medicamentos, inhaladores y pulverizadores. Su refinamiento no carecía de rasgos macabros; así, en una ocasión fue a ver a un carnicero e hizo que éste le mostrase "cómo se mata una ternera".

Sobre el mal estilo. Donde más visible aparece es en los asuntos morales; por ejemplo, cuando un escribiente cualquiera pretende justificar crímenes tales como los fusilamientos de rehenes. Eso es algo mucho peor, algo que ofende la vista más que todas las infracciones de las reglas estéticas.

En lo más hondo el estilo se basa precisamente en la justicia. Sólo el hombre justo es capaz también de saber cómo hay que sopesar la palabra, cómo hay que sopesar la frase. Por esta razón a las mejores plumas no se las verá nunca al servicio de la mala causa.

París, 12 de marzo de 1942

Se dice que desde que se esteriliza y mata a los locos se ha multiplicado el número de niños que nacen ya con enfermedades mentales. De igual modo, con la supresión de los mendigos se ha vuelto universal la pobreza, y el diezmar a los judíos ha traído consigo la difusión de los atributos judíos en el mundo entero, en el cual están propagándose rasgos propios del Antiguo Testamento. La exterminación no borra los arquetipos; antes por el contrario, los libera.

Parece que la pobreza, la enfermedad y todos los males descansan en seres humanos muy determinados, que, cual si fueran pilares, los soportan, y esos seres humanos son los más débiles de este mundo. De ahí que se asemejen a los niños, a los que también hay que proteger de un modo especial. Con la destrucción de esos pilares todo el peso recae sobre la bóveda. Su derrumbamiento aplasta luego a los malos administradores.

Fiestas de lemures, con asesinatos de hombres, de niños, de mujeres. Se entierra el horrible botín. Pero luego llegan otros lemures a desenterrarlos; con un placer atroz filman la caza descuartizada y casi putrefacta. Luego se proyectan unos a otros las películas.

Qué extraño ajetreo hay junto a la carroña.

París, 7 de julio de 1942

Almuerzo en Maxim's, invitado por los Morand. Entre otros asuntos, charla sobre novelas norteamericanas e inglesas, como *Moby Dick* y *Huracán en Jamaica;* este último libro lo leí en Steglitz hace años con una tensión penosa, como alguien que estuviese contemplando cómo se da a unos niños navajas de afeitar para que jueguen con ellas. Luego, sobre Barba Azul y sobre Landru; aquí, en un barrio de la periferia de París, degolló Landru a diecisiete mujeres. Por fin a un empleado del ferrocarril le llamó la atención el hecho de que aquel hombre sacase siempre tan sólo *un* billete de vuelta. La señora Morand ha contado que ella vivía cerca de la casa de Landru. Después del proceso un pequeño hostelero compró la casa de los crímenes y le puso el nombre de *Au grillon du foyer.*

En la Rue Royale me he encontrado por primera vez en mi vida con la estrella amarilla; la llevaban tres muchachas que han pasado a mi lado cogidas del brazo. Esas insignias se repartieron ayer; por cierto que quienes las recibieron hubieron de entregar a cambio un cupón de su cartilla de racionamiento de ropa. Por la tarde he visto varias veces la estrella. Considero esto como un dato que deja una marca también en mi historia personal. El ver esas cosas no deja de reobrar sobre uno; así, inmediatamente me sentí incómodo de llevar puesto el uniforme.

Por la mañana destruido papeles, entre otros el esquema estructurado de *La paz*, que puse por escrito el invierno pasado.

Luego charla con Carlo Schmid, que entró en mi despacho y volvió a contarme cosas de su hijo; también estuvo hablándome de sueños y de su traducción de Baudelaire, que ya está terminada.

En una papelería de la Avenue de Wagram compré una agenda; yo iba de uniforme. Una muchacha joven que allí trabajaba de dependienta me llamó la atención por la expresión de su rostro: noté claramente que me contemplaba con un odio extraordinario. Sus claros ojos azules, cuyas pupilas se habían contraído hasta quedar reducidas a un punto, hundíanse sin disimulo en mis ojos con una especie de voluptuosidad, con la misma voluptuosidad tal vez con que el escorpión clava el aguijón en su presa. Tuve el sentimiento de que entre los seres humanos no se daban tales cosas desde hacía mucho tiempo. Lo único que por tales puentes de rayos puede llegarnos es la aniquilación y la muerte. También notamos que desde allí podría saltar a nosotros el germen de una enfermedad o bien una chispa que difícilmente seríamos capaces de apagar en nuestro interior, y ello sólo sobreponiéndonos a nosotros mismos.

Teberda, 3 de enero de 1943

Sobre el diario: las anotaciones cortas, pequeñas, son a menudo secas, como té en hojas; la acción de pasarlas a limpio es el agua caliente que deberá extraerles el aroma.

VII

John Cheever

El apátrida sexual

Los diarios de Cheever son el colmo del género. Lo tienen
todo: son extensos (atraviesan disciplinadamente unos cuarenta años), nada displicentes (nos proporcionan momentos
de la mejor prosa de Cheever), escandalosos (difícil no pensar,
leyéndolos, que la doble vida es *el* tema de todo diario íntimo).
Salvo algunos fragmentos que Cheever publicó en el *New
Yorker*, la revista en la que solía dar a conocer sus ficciones, la
mayor parte de los diarios permaneció inédita hasta después
de junio de 1982, fecha en que murió, cuando los herederos del
escritor (su viuda Mary, sus hijos Susan, Fed y Benjamin) autorizaron la escrupulosa edición que había preparado Robert
Gottlieb. Como sucede a menudo en los grandes ejemplares
del género, el diario de Cheever ratifica, acaso como ningún
otro, con una vehemencia tan enfática que a veces tiende a
parecerse a una suerte de fisicoculturismo confesional, uno de
los mitos más sólidos que alimentan el imaginario de la literatura: la idea de que la vida de los escritores nunca es contemporánea de sí misma y, sí, en cambio, una obra fatalmente
póstuma, la retrospectiva algo caprichosa que a partir de una
instancia fúnebre pone en foco y corrige las cosas del pasado.
Y ese mito nunca es tan tentador como cuando desciende y

toma posesión de una celebridad. Al morir, John Cheever era mucho más que un escritor famoso: era "una marca registrada, como los cereales para el desayuno".

Tal vez uno de los secretos de la vehemencia que campea en estos diarios (una especie de expresividad puramente física, casi un gestualismo literario) sea su extensión, que es inhumana y a la vez de un realismo voluptuoso. Las primeras anotaciones pertenecen a los finales de la década del 40; las últimas, a los principios de los años 80. Salvo Anaïs Nin, cuyo diario también prolifera de un modo monstruoso, reduplicando como un eco infantil cada uno de sus pasos, no hay escritor contemporáneo que haya llevado tan lejos ese pacto de escritura cotidiana. Casi a razón de uno por año, son veintinueve cuadernos de hojas sueltas, rayadas, que Cheever escribía a máquina, perfectamente distinguibles de sus novelas y cuentos, para los que usaba hojas amarillas, y apenas el veinte por ciento de ese frondoso archivo entró en la selección editada por Gottlieb. Ese alcance inmoderado es aquí menos una generosidad histórica (pocos apuntes sobre la época: la estampa antropológica no es uno de los fuertes de Cheever) que el resorte de un sorprendente espejismo: el que nos fuerza a confundir extensión con duración, la serie de los folios con la sucesión de los días y los años, la linealidad de la edición y de la lectura de un libro con el amplio aliento de una vida. *Hojear una experiencia*: gracias al vasto arco de tiempo que recorren, los diarios de Cheever permiten tomar esa metáfora al pie de la letra e inducen una ilusión que es como la máxima proeza del género en su versión realista: leer una vida. No tanto en el sentido de creer vivir lo que el escritor describe, sino más bien en el de *hacerse un lugar* en esas descripciones como en un espacio-tiempo determinado. El diario íntimo como género *ambiental*. La larga extensión desplaza a la seducción realista de la esfera del detalle a la esfera de la temporalidad; Cheever podría despreocuparse de precisar su percepción, refinar sus instrumentos narrativos, profundizar la nitidez de sus descripciones (aunque estas 412 páginas sean un verdadero prodigio de visibilidad literaria): sus *Diarios* son *habita-*

bles, y para consumar ese extraño milagro no hacen falta mayores artificios balzacianos.

Habitables, sin embargo, no quiere decir acogedores. Si los *Diarios* de Cheever son el colmo del género, es también porque funcionan como una compilación exhaustiva de todos los tópicos pesadillescos que animan una carrera literaria al más genuino estilo norteamericano: éxito, fama, dramas de reconocimiento y paranoias gremiales, la fallida utopía del refugio familiar y el individualismo que desciende a los infiernos, los suburbios y la gran ciudad, la mutua succión vampírica que enlaza la vida y la literatura, el sexo como Gran Naturaleza Primordial y, naturalmente, el alcohol, ese servicio militar obligatorio del que ningún narrador americano consiguió eximirse jamás. *Habitables* significa simplemente que leer estos diarios nos obliga a contraer ciertas costumbres, del mismo modo que un viajero empieza a contraerlas cuando dilata más de la cuenta su estadía en un país extranjero. Lentamente los días nos imponen la regularidad de su puntuación, el ritmo parejo con que se suceden sus euforias y sus desalientos, una suerte de acompasada mecánica pasional en la que Cheever es, a la vez, el verdugo y la víctima, y que parodia descarnadamente su imagen pública de caballero inglés que vive en una antigua propiedad rural y cría perros de caza. Entre otras cosas, los *Diarios* de Cheever enseñan que no se lleva una doble vida sin una cierta disciplina, y que no hay nada menos parecido al caos que una crónica cotidiana guiada por los cabeceos de un sexo entusiasta. En ese sentido, por escandaloso que resulte, el texto de Cheever no podría ser más convencional, más apegado a los protocolos del género: el diario como espacio de retrospección ("Tal vez convenga hacer una breve recapitulación"), como escenario de contabilidades y balances ("Después de media vida..."), como testigo y declaración jurada ("Año tras año leo en estas páginas que bebo demasiado..."). Tanto lo rigen esas regularidades que hasta las sorpresas parecen esfumarse detrás de un aura de *déjà vu* permanente: "Esta mañana, al despertar, me sentía excitado y lascivo...". Analítico, de una franqueza sólo comparable con su histrionismo, sensible como un sismógrafo al temblor que amenaza cualquier equilibrio, el diario de Cheever es especialmente riguroso a la hora de defender la lógica que lo sostiene, y que también es el fundamento de la *imagen de vida* que proyecta. Esa lógica, más deudora de cierto fisiologismo genital que de la sexualidad, es pura y simple *ciclotimia*, y trabaja exactamente con el tipo de narratividad (éxtasis-depresión, plenitud-vacío, actividad-pasividad) que reclama el desaforado vitalismo de Cheever, su inefable pecado original. "Todo se reduce a que se me ha dotado de una cantidad generosa de fuerza vital..." Sutiles, inventores de una suerte de lirismo contable, los diarios de Cheever vuelven una y otra vez a ese exceso cuantitativo que es como el mito primordial de la Vida del Escritor Americano, origen de la vida y de la ruina, de toda ambición y toda catástrofe. Como en Cesare Pavese, con quien el diario de Cheever parece dialogar más de una vez, el vitalismo es aquí una suerte de pura combustión, un principio de consumo de vida, la fuerza fenomenal, nietzscheana, que obliga a la vida a emprender la cuenta regresiva de sus días. "Un espíritu simple dirá que la esencia de su problema era la bisexualidad", escribe Benjamin Cheever en el prólogo de los diarios de su padre: "No es así. Tampoco lo era el alcoholismo. Asumió su bisexualidad. Dejó la bebida. Pero la vida seguía siendo un problema".

DIARIOS

1952

Noches de domingo en Westchester. La noche del sábado casi siempre hay alguna fiesta, así que despertamos con una ligera resaca y la boca quemada por un cigarro verde. La ropa amontonada en el suelo huele a perfume rancio. Nos duchamos. Nos ponemos ropa vieja. Llevamos a la mujer a la iglesia y a los niños a la escuela dominical.

Barremos las hojas secas del jardín. Están húmedas, no podemos quemarlas. Echamos abono químico en el jardín y observamos los bulbos. Pasan los Rockinham, que van a comer a casa de los Armstrong: "Buenos días —gritan desde la acera—, qué hermoso día. Espléndido. Sí, espléndido". La esposa y los hijos vuelven de la iglesia, tiesos por culpa de la ropa almidonada. Una copa antes de comer. A veces tenemos invitados. Paseamos, barremos las hojas que quedan. Los niños se van a jugar con otros niños. El tren de cercanías, el que tías, tíos y sobrinos que han ido a comer a las afueras cogen para volver a casa; el que cogen los cocineros, las asistentas, los mayordomos y otros sirvientes para ir a la ciudad a pasar su media jornada de fiesta. El domingo está a punto de acabar.

*

Como en la ciudad. El aire climatizado, el aroma a perfume y a ginebra, las atenciones del jefe de camareros, la sensación real e irreal de premura, importancia y libertad que rodea al teatro. Era un día hermoso, despejado, fresco y ventoso. Las jóvenes de la calle alegran la vista. Una chica con los brazos descubiertos junto al St. Regis; otra con los hombros descubiertos en la calle Cincuenta y Siete; ojos negros y ojos claros y cabello rojo y sobre todo la maravillosa impresión de dignidad y determinación en sus rasgos despejados. Pero está la conjunción imperfecta del mundo carnal con el mundo del valor y otros asuntos espirituales. Después de media vida tengo la impresión de no haber avanzado, a menos que se llame progreso a la resignación. Está el momento erótico del despertar, semejante al nacimiento. Está la luz o la lluvia, alguna ingenua simbología que nos transporta al mundo visible, acaso maduro. Está la euforia, la sensación de que la vida no es más que lo que parece, luz, agua, árboles y gente agradable que se derrumba ante un cuello, una mano, una inscripción obscena en la puerta de un lavabo. Siempre y en todas partes aparece esta insinuación de carnalidad aberrante. Lo peor es que parece laberíntica. Vuelvo una y otra vez a la imagen de un prisionero desnudo en una celda abierta, y la verdad es que no sé cómo escapará. Figuras de muerte, desgana de vivir. Muchas de estas formas son como imágenes de la muerte, uno las aborda con el mismo deseo, la misma sensación aterradora. Me digo que el cuerpo puede purificarse de cualquier desenfreno; el único pecado es la desesperación, pero en mi caso las palabras no tienen sentido. La castidad es real; la mañana suplica que sea casto. La castidad es despertar. Soy incapaz de liberarme de la obscenidad. Pero en estos pensamientos hay una falta de espacio, de latitud, de luz y de humor. Si pienso una vez más en "The Reasonable Music", me digo que es por esto mismo por lo que es un cuento malo, febril. Basta jugar un rato al béisbol para pulverizar el nudo gordiano.

*

Estoy un poco resfriado, no es nada serio pero me deprime, y además la fiebre y la carraspera siempre afectan a mi equilibrio. Además, escupir a veces un poco de sangre después de toser me llena de premoniciones de muerte que parecen brotes de mal humor puro y simple. Anoche, por razones que comprendo, mi mujer me dijo que por qué no la dejaba durante una temporada, sugerencia que no puedo tomar en serio. La clase de orgullo que sólo puede manifestarse con algo perverso, como una separación prolongada o un divorcio. La separación prolongada sería peligrosa, porque ninguno de los dos es muy comunicativo o generoso. Hay una parte de ella que no es afectuosa ni sociable, que nunca se ha entregado ni a mí ni a nadie sin dolor. Pasó mucho tiempo sola durante la niñez y los hábitos propiciados por esa soledad a veces vuelven a ella. En ocasiones se siente agobiada por la total falta de intimidad. Y que tiene derecho a ello es algo que le concedí cuando nos conocimos y me casé con ella. También es cierto que últimamente mi vida tiene todas las características de un fracaso.

*

Estas dos personas, o tres si me cuento yo. El hombre jamás sonreía a la mujer ni le decía nada amable, y cada vez que ella

198

iba a hablar, él suspiraba y salía de la habitación. La impaciencia y la indiferencia de él están reflejadas en la cara larga de ella. A veces ella se muestra cordial y parece convencida —por la impaciencia de él— de su propia estupidez. Tal vez sus hermanos, su padre, la trataban de la misma manera. Una mujer solitaria. Una mujer solitaria y necia que hace lo que se espera de ella. Hace las camas. Nos espera con el fuego encendido. Prepara la cena. Y mucho después de que hayamos comido, prepara su propia cena, toma mucho café, olvida el cigarrillo encendido, está reducida a una situación abyecta y la ha asumido, casi como si fuera alcohólica o tuviera otra debilidad —acaso estupidez— prolongada, una debilidad descubierta después de la boda, después de que nacieran los hijos, y hablando una noche acordaron admitir este vicio, sea cual fuere, en el matrimonio y vivir con él hasta la muerte. Ahora que pienso en ellos sentados junto al fuego, pienso en ellos como marido y mujer, mudos, unidos por la conciencia de compartir una tragedia, un estrepitoso fracaso, pero que seguirán juntos por amor a los hijos y respeto a la ley. Sé que no es verdad, que ninguno de sus hijos se ahogó, que no han envenenado a un pariente para heredar su dinero, que el crimen inconfesable que comparten sólo es consecuencia de sus idas y venidas habituales, una palabra desagradable aquí, una desilusión allá, pero les agobia como cualquier vicio o crimen. Su respeto por las leyes sociales es enorme, puritano, y es tan vergonzoso que hasta le costaba indicarme dónde estaba el cuarto de baño, y cuando me quité los pantalones para secarlos, creo que a él no le hizo gracia. Censura toda desnudez, como mi padre. Me gusta; a veces siento despertar en mí la profunda alegría de la amistad, pero al mismo tiempo me parece que es como si la desdicha hablase con la desdicha. Menudo intercambio. Qué desesperación. El hombre es culpable de nada, pero su forma de caminar cuando bajamos por la senda hacia el lago es la de quien se ha visto involucrado sin quererlo en un delito nauseabundo.

Después de tomar dos cervezas durante la cena, llegué a la conclusión de que el hombre no es físico, el hombre es bestial. Pero me turba interpretarlo todo desde una perspectiva sexual —que las montañas me parezcan rodillas y clavículas—, pero ésta parece ser una de las cargas de los hombres desgraciados. En menos de diez minutos, un ferroviario de Tupper Lake, un mozo de cuerda, dos camareros y un viajante me dijeron que les vendría bien mojarla; mojarla hasta la empuñadura. El dinero y la lujuria son los temas principales de todas las conversaciones que se oyen por encima.

Estoy cansado, pero ya pasará. Amo el cuerpo de mi esposa y la inocencia de mis hijos. Nada más.

1953

Tal vez convenga hacer una breve recapitulación. Siempre ha sido una función inconstante; pero es difícil de recordar. Durante dos años se ha producido una acumulación, quejas sobre mí mismo, críticas negativas, sensación de haberme alejado de la influencia lamentable de mi madre, disminución del miedo a la soledad y la convicción de que la mayoría de los conflictos de mi talante son disfraces de la ignorancia afectiva heredada por mis padres. Me sentía tan contento que apareció, en mi opinión, un matiz de histeria. En medio de esta situación, el libro de Saul Bellow me afectó con la fuerza de una conmoción. Mi identificación con él era tan profunda que no podía juzgarlo sensatamente, y aquí hay una pizca de identificación legítima. Después hubo debilidad, enfermedad y el agotamiento que sentí cuando terminé Mrs. Wapshot. Pasé un día enfermizo, lluvioso en Nueva York, con la avenida Lexington parecida a una catacumba. Tengo problemas muy legítimos con *The New Yorker*. En síntesis, jamás me había sentido tan fuerte y contento ni había tenido un miedo tan profundo a la histeria. Creo que un par de días en las montañas resolverían estos problemas, pero no puedo ir. Y parte de la síntesis es que al realizar cambios tan profundos en mis actitudes mentales, el cuerpo puede quedarse en el sitio. No poseo la dulzura de algunas de las personas indicadas y tratar de conseguirla genera una tensión insoportable; pero poseo mi propia dulzura y no veo por qué este descubrimiento que se produce a los cuarenta y un años de vida debiera minarme la salud.

*

1954

Nervioso a causa de la depresión en el viaje a Quincy y deprimido en este momento. Por el río y la bahía en el tren del mediodía, dos cócteles de ginebra y el filete a la brasa, etcétera, y el diálogo interior con mucha vehemencia en un espacio del tamaño de la cabeza de un alfiler. Pienso en Coverly mientras busco el momento preciso en que se dividen el mundo visible y el invisible. Bajé del tren en Back Bay con el avejentado maletín. Me sentía solo y ya deprimido. Con qué premura quiere la mente escapar de esa imagen en que uno se ve a sí mismo como una obscenidad fea e inútil; cuánta obstinación la mía al negarme a rezar. Crucé la plaza Copley; el cielo estaba oscuro, me dolía el pie izquierdo. Por la calle Boylston, con sus comercios que hoy son baratos. Hasta la calle Washington, una arteria del siglo XVIII, alegre bajo las luces rojas de neón. Por una callejuela oscura hasta la plaza Scollay. Lugares viejos y destartalados, luces melancólicas, pensiones baratas con nombres rimbombantes, viejos y putas de dientes afilados. Tomé la calle Joy y por una ventana vi a un viejo y una vieja sentados en una habitación llena de libros. En aquel cuarto jamás penetraba el sol y parecía ser el lugar donde comían, dormían, etcétera. Un cuadro deprimente. Dejé atrás habitaciones de ancianos caballeros y anduve por la calle Mount Vernon. Aquí se encuentran los rastros de una ciudad que en el pasado inmediato tuvo una sociedad bien administrada, con temporada de ópera, bailes de gala y de caridad, tómbolas benéficas, cenas, pero ese núcleo está roto y desierto, y la fuerza de la ciudad ha huido a la periferia, una especie de criadero que se extiende a cuarenta y cinco kilómetros a la redonda menos por el este, donde se encuentra el mar. Una ciudad provinciana. A las nueve de la noche se empiezan a apagar las luces. En un bar donde entré a tomar una copa, tres soldados eligieron una puta, se citaron con ella, se pelearon por pagar la cuenta del bar y olvidaron a la pobre mujer. Los parroquianos del bar elogian a McCarthy. "Comunistas —dicen—. Comunistas, el mundo está lleno de comunistas". Al teatro, un teatro de provincias. Una compañía en gira, que va camino a Nueva York. El anciano acomodador me pidió amablemente que apa-

201

gara el cigarrillo o que terminara de fumarlo en el vestíbulo; tenía tiempo. Un salón con espejos polvorientos, gastada alfombra roja, mucho estuco dorado, todo sostenido por cupidos en vuelo, sogas de roble y laurel. Sujetan los espejos, parecen sostener los palcos en el aire y hasta el paraíso parece sujeto por las huestes aladas de sórdidos espíritus dorados. Columnas de calcedonia y un viejo telón tan polvoriento que uno puede olerlo cuando se levanta. Una mala obra; aplausos. Una joven muy bonita con un muchacho, se quita el abrigo y lo cuelga en el respaldo de la butaca, sonríe al contemplar la hueste dorada y la luz sombría que cae sobre su cara. Qué puro es su placer.

Pero esa noche, y lamento decirlo, yo no tenía salud, sino sólo paciencia. Veo un mundo de monstruos y bestias; mi capacidad para aprehender cosas creativas y saludables se ha desvanecido. Para justificarme, pienso en la violencia del pasado: una casa fea y soledad exacerbada. Pienso que he llegado muy lejos, pero me parece que no he llegado lejos. Me acosa una concepción morbosa de la belleza *cum* muerte por la cual estoy dispuesto a destruirme. Y así, pienso que la vida es un certamen, que las fuerzas del bien y del mal son vigorosas y visibles, y que mientras la desconfianza en mí mismo es profunda, casi absoluta, sólo puedo guiarme por un hilo invisible. Entonces me guío por él. Quincy sólo acentúa mi depresión. ¿Por qué yo, un cuarentón, me veo arrojado de esta manera tan salvaje a la infelicidad del pasado? ¿Dónde están las fuentes vigorosas y claras de sentimiento con las que quiero contar? Por eso, de nuevo en el tren, sumido en la desdicha abyecta. El agua dulce de las ensenadas, ensenadas salobres y arroyos frescos que bajan hacia el mar. En el andén, una familia italiana espera a un pariente que parece no haber llegado. Excitados estudiantes de instituto viajan de Providence a Mystic. Palabras guturales, ruidos de animales. Al ver las luces de la ciudad, recupero el ánimo. Creo que me he excedido en el estudio de mi dilema. Y al iniciar la septuagésima primera formulación (violencia en la edad evolutiva más matrimonio más ansiedad), digo basta. Esta mañana, al abrocharme la bragueta, me siento confiado y contento. Pero que haya lugares capaces de causarme tanto mal me provoca rencor.

Por casualidad te cruzas en la calle con un antiguo compañero de estudios y aceptas su invitación a cenar. Apenas entras en su casa te das cuenta de que algo anda mal. La anfitriona ha llorado y parece que tu viejo compañero ha bebido. No es que tambalee, pero parece hallarse en ese estado tan desagradable propio de ciertos borrachos. Si rechazas los cacahuetes, se pone sarcástico. Antes de que se siente a la mesa, empieza a ofender, denigrar y ridiculizar a su esposa, y después de las primeras cucharadas de sopa te dice que es una sucia ramera. Ella parece una mujer sencilla y dulce. Llora y él la acusa de toda clase de porquerías inverosímiles, mientras tú recoges el sombrero y el abrigo y te vas en medio de la cena. Pasan diez o quince años y una noche, al salir del teatro, te cruzas nuevamente con tu viejo compañero. Le acompaña la misma esposa y al observar su rostro con curiosidad adviertes que parece feliz. Resulta que son casi vecinos tuyos, de manera que comparten el taxi y te detienes en su casa a tomar una copa. Todo va muy bien hasta que al cabo de diez minutos tu viejo compañero le dice a su esposa que por qué no prepara unos bocadillos; por qué no mueve ese culo gordo que tiene y hace algo útil en la vida. Ella se va llorando a la cocina y mientras recoges el sombrero y el abrigo, la llama zorra, sucia ramera, puta.

*

En la ciudad y al teatro con los B., después me siento animado, Mary muy alegre, como suele en estas salidas; y pienso que si el matrimonio es como un bote, hay un momento en que uno puede lanzarse desde la proa. Y la ciudad me parece hermosa, activa, llena de vida, energía y vitalidad, sólo quisiera ser feliz y disfrutar. Nos encontramos con los B. en uno de los salones del club Harvard, y Mary se muestra animada y coqueta; al menos me lo parece. Ahora bien, tal vez sea un loco, un neurótico, un bicho raro, impotente e inútil, tal vez sea mi imaginación, pero se me echa a perder la agradable velada. No me parece importante, pero camino del guardarropa me saluda el viejo Walker Evans.

Tiene la cara muy hinchada. Mary charla alegremente con B. y me consumen los celos y la impotencia. Durante el entreacto se vuelve hacia mí para señalar una contradicción y por muy imaginario que sea, me siento como si me hubieran destripado. No queda el menor rastro de amabilidad en mí; los juguetes están rotos. Al volver a casa arrojo una botella de cerveza contra la puerta del garaje. Me acostaré en el sofá hecho un ovillo y verteré lágrimas amargas; me parece que he vertido demasiadas lágrimas, de ginebra, de whisky, de sal pura, pero demasiadas; he recorrido estas sendas demasiadas veces, con los hombros hundidos, en busca de un final feliz para muchos caprichos. Y ahora no me queda voluntad ni agallas ni estómago para inventar esperanzas. Sueño con una esposa y amante tierna, rubia o morena, con una personalidad transparente. ¿Y cómo voy a encontrarla encorvado sobre la máquina de escribir en un cuarto cerrado? Debería alejarme, pero postergo la partida indefinidamente. Podría volar a Francia; sólo me faltan agallas. Tal vez me equivoque totalmente en mis sentimientos; pero por ahora son míos.

*

Así pues, me pregunto si de veras me incumbe indagar en estos asuntos, si no es problemático poner a contraluz cada palabra, cada cambio de clima emocional, para observarlos cuidadosamente. Que si fuera contable o presentador de un programa de televisión, si saliera de casa en la oscuridad del amanecer y volviera en la oscuridad del ocaso, tal vez todo sería más fácil. Sueño con Mary, la persigo por multitud de patios de lo que se denomina casas con jardín, pero huye, me cierra la puerta en la cara. Entonces veo una reconciliación, una escena de amor en la cual está tendida sobre un lecho de rosas de color claro. Muy voluptuoso. Y me parece que trato de remendar una red que está rota por muchas partes; después de cada remiendo, encuentro una nueva rotura. Pienso que Mary tal vez esté enamorada de X, Y o Z, pero nunca lo dirá y jamás lo sabré, aunque no puedo pensar en ello sin que se me revuelva el estómago. Aporto mis chistes, mis regalos, mis recortes de prensa, y a cambio sólo obtengo miradas de soslayo, amargas contradicciones, paseos largos y tristes. Y a veces me pregunto si no estoy enfrentándome a una fuerza destructiva, a algo que no puedo afrontar. Si hubiera una riña, se me podría contar una historia triste; he sido caprichoso, maligno, arisco, mezquino y cruel, pero mis remordimientos tienen un límite y no tengo espíritu de Donnybrook. No quiero pasar la Navidad solo en un hotelucho ni con amigos simpáticos (Dios mío). Me gustaría aspirar el aroma del árbol, dar los regalos a mis hijos, ir a la iglesia, servir el pavo, sentarme en el sofá a beber whisky y meditar sobre la vida fecunda; pero no sé qué pasaría. Podría comenzar una temporada de mal humor, lágrimas, portazos, histeria, miradas hoscas y silencios que duran una semana. Esta mañana, al despertar me sentía excitado y lascivo, pero sólo coseché miradas demacradas y amargas negativas. Puedo echarme la culpa. Esta parece ser la única vía hacia la esperanza y confío en que todo se resolverá; que las soluciones vendrán solas. Mis celos son una aberración ridícula. ¿A quién le importa, a quién le importa?

*

1956

Y al llegar aquí esta mañana, por la fuerza del ocio y de la costumbre, debo afrontar el hecho de que en ocasiones esto significa renunciar a las excelencias de la vida. Cualquier búsqueda de la verdad o la belleza es peligrosa y éste es un peligro común. Hay una diferencia abismal entre navegar en un velero y llenar las hojas de un diario íntimo, y me gustaría unir los dos mundos. Sabemos que la sabiduría es el conocimiento del bien y del mal —no la capacidad para elegir entre uno y otro— y a veces, inconscientemente, corrompemos a nuestros lectores tanto como los entretenemos. La literatura está aliada a muchas cosas espléndidas —fe, curiosidad, éxtasis— y a otras malas: estafar, hacer dibujos obscenos en las paredes de los baños públicos, retirarse de la tribuna durante el partido para hurgarse la nariz en soledad. Pero, como la mayoría de los dones, es una paradoja, y sostendré los naipes cerca del pecho confiando en el Señor.

El Día de la Independencia, a las once, tomé un trago de whisky en secreto. Dos cócteles de ginebra públicamente al mediodía. Fuimos con Mary a Sand Island en el fueraborda. Tomamos ginebra con tónica, comimos emparedados de cangrejo, hicimos el amor en una caleta, la hierba muy áspera y yo que no quería meterme en asuntos paganos, pensando que estos dones son tan nuestros como los de la fe. Llegamos a un acuerdo. Haría lo que yo pidiera si la llevaba a pasear por Long Island, todo bajo la luz de la tormenta, los campos de un verde deslumbrante, etc. Atravesamos Friendship Gut y nos encontramos con la encantadora vista de la aldea sobre las laderas. Tomamos cócteles de ginebra en la hierba, muy en paz con el mundo. Pájaros que cantan, la luz estriada del sol, las nubes imponentes en el cielo.

*

El tiempo deslumbrante, nublado, no tibio, la luz detrás de las nubes bajas brilla como una espada, acerada, despiadada, en fin. He estudiado italiano, pensando de tanto en tanto que ese país era la sede de la depravación moral. *Che cose desidera?* Ajá. Después de cenar le he propuesto a Ben ir a navegar, pero no quería. No quería conducir el bote. Sólo quería jugar con sus amigos. Tal vez comí demasiado durante la cena, tenía una especie de espasmo o temblor en las tripas que he aplacado con whisky. He llevado a Susie en coche a la iglesia y por eso no he ido. Cielo nublado, aire fresco, frío, olor a sal. En el porche, rezo para comprender las transiciones y enfermedades de mi carne; no para ahorrarme el dolor de la enfermedad y la pena sino para comprenderlo; y ahorrarme el dolor de lo que yo llamo la suciedad moral. Y si mis oraciones son tan importantes, ¿por qué no me hago metodista? No lo hago y me pregunto si no me faltará determinación. Pienso en aquellos cuya vida es una transacción entre el peso de sueños desbocados, fantasías lascivas e insatisfacciones; en D., con sus ojos saltones, sentado sobre la estaca de una carpa con su esposa, mujer necia y pretenciosa como pocas; en A., que ha seguido sus antojos y por eso parece muy curtido y a veces inepto. D. podría ser admirable. Todo se reduce al hecho de que muchas veces me falta sustancia para formular juicios serenos.

*

La ciudad me parece extraña o repulsiva, estoy deprimido. Es probable que mi equilibrio sea una pieza mecánica tan delicada que tratar de controlarla signifique una pérdida de tiempo. Pero me pregunto si ese jovencito que cruza Park Avenue con una bolsa de comida va a la casa donde lo espera su mujer o si es un chapero cosmopolita. En fin, carezco de eso que con tanta frecuencia tengo: fuerza de corazón y de entrañas, una agradable sensación de autoestima desde la cual formulo los juicios más prácticos, serenos y compasivos sobre los extraños. Voy a ver *Moby Dick*, que me parece una mezcla de maravillas con lugares comunes. Pasa de una escena dramática a las olas que rompen en la proa. Me acuerdo del pobre Jim Agee, que lo hubiera hecho mejor. Me tomo un bocadillo en Reuben's y creo reconocer a un viejo compañero de estudios en la mesa contigua. Entran varias parejas maduras —todos muy bronceados—, las mujeres envueltas en pieles y joyas, el cabello y el vestido cortados con gran cuidado, pero me parece advertir cierta discrepancia entre la indumentaria y su atractivo. Tal vez estoy deprimido. Frente al hotel hay una mujer delgada, hombros y tobillos desnudos, pero no me gusta. No me parece tan bonita como la joven de la lavandería automática de Waldeboro. Me llevo una botella de cerveza a la cama, pero no puedo dormir y no sé por qué. No puedo echar la culpa de todo a los fantasmas de la señora Bajovientre, por lo que paso revista morosamente a mi autobiografía sexual. Todo se reduce a que se me ha dotado de una cantidad generosa de fuerza vital que da proporción a tanta minucia. He leído la sinopsis de una mala novela, y a las dos de la madrugada enciendo el televisor, donde un pastor me da las buenas noches. Leo la sinopsis de otra novela mala: mis huesos, mis ojos y mi cabeza están cansados, no puedo dormir. Leo la sinopsis de otra novela y consigo dormirme. Deben de ser las cuatro. El aire matutino está viciado. Rezo en St. Thomas, desayuno en Longchamps y regreso.

Observa, pues, a este hombre que, despertado por la vejiga a las tres de la madrugada, al volver a la cama se desvela; más, mucho más que a las siete, cuando suena el despertador. Parece haber cierta excitación en la oscuridad. Hay algo de sudor en sus axilas. Piensa que algo sucede y cree escuchar unos pasos sobre la grava del exterior. Es el paso de un drogadicto armado con un gancho del hielo que va a matar a sus hijos, pero al no escuchar el ruido esperado de la puerta que se abre y los pasos en la escalera, su mente se concentra en un viaje inminente. Se hunde el barco, ocupa un bote salvavidas con su mujer y sus hijos —en un convoy guiado por un marinero—, pero el viento y las mareas los separan de los demás, y sabe que sus escasos conocimientos de navegación no le permitirían llevar a su amada familia a puerto aunque se encontrara a cinco millas náuticas de las Azores. Se vuelve hasta quedar tendido de espaldas y en ese momento su miembro viril, henchido de presunción y utilidad, ocupa el centro de la escena, pero puesto que la noche no ofrece perspectivas de satisfacción, parece una exhibición insensata. Entonces acuden a su mente pensamientos tan lascivos que se tiende de costado y envía al Cielo el encarecido ruego de que se le permita comprender mejor la pureza. Ahora se tiende panza abajo y reza una vez más, esta vez para que se le conceda el sencillo don del sueño, y entonces se siente envuelto, pero en las alas de un alquilado disfraz de ángel de olor impuro. Se tiende de espaldas y de pronto es Navidad. Es Nochebuena y vuelve a ser un niño, amado, desnudo y abrazado por las acogedoras sábanas limpias. Vuelve a erguirse el miembro, seguido por nuevas oraciones y así sucesiva y sucesivamente, *ad nauseam.*

*

1957

Sueño que viajo por las montañas en un tren expreso y hago

el amor con una mujer a la que jamás he visto. El cuerpo es un necio, carne y huesos de un necio; coquetón, quejumbroso, exigente, víctima ingenua de estafadores y agencias subversivas, caprichoso, cobarde, la esencia de lo veleidoso.

1959

Año tras año leo en estas páginas que bebo demasiado y no cabe duda de que es progresivo. Pierdo más días, sufro remordimientos más hondos, me despierto a las tres de la madrugada con los sentimientos de un partidario de la abstinencia. La bebida, sus accesorios, su ambiente y sus efectos me parecen repugnantes. Sin embargo, todos los días, a mediodía, busco la botella de whisky. Parezco incapaz de beber con moderación y también de abandonar la bebida.

*

Cumplo cuarenta y siete años y no me siento joven ni viejo sino bien situado en el centro, y ruego poder terminar un buen libro antes de cumplir los cuarenta y ocho. Mientras me afeito y trato de reconciliarme conmigo, pienso que soy un hombre pequeño, de pies pequeños, polla pequeña, manos y cintura pequeñas y que así son las cosas. Debo limitar mis atenciones a las mujeres diminutas, sentarme en sillas pequeñas, etc. Y entonces recuerdo mi odio hacia los hombres pequeños, aquellos cuya incurable juventud los cubre como una mancha. Cómo detesto los pies pequeños, las manos pequeñas, los hombres de cintura pequeña situados detrás de sus pequeñas esposas en las fiestas, en un reino de tímida pequeñez.

*

1960

*

En el lavabo de caballeros de Grand Central Station observo

una escena sin comprenderla del todo. Dos hombres, cuyas caras no veo, fingen abrocharse los pantalones, pero en realidad se están exhibiendo. Poco después termina el *show* y se van, pero estoy asustado y desconcertado. Luego, mientras me limpian los zapatos, vuelve uno de ellos. Enseña el paquete y el trasero, y las oportunidades que representa me parecen tan peligrosas como fascinantes. He aquí un medio para trastrocarlo todo íntimamente, con una palabra. Bastaría un roce para violar las leyes de la ciudad y el mundo natural, sacar a la luz las cargas inútiles de culpa y remordimiento, y reivindicar la naturaleza díscola y cataclísmica del hombre. Y por un instante el mundo natural parece un gran fardo de zapatos caros, ligas que atan, fiestas agotadoras y amores aburridos, trenes de cercanías, publicidad seductora y bebidas fuertes. Pero llevo a Federico a nadar y descubro con alegría que soy miembro del mundo legítimo. Decencia, valor, resolución, todos estos términos tienen belleza y sentido. Hay una línea fronteriza, pero en mi caso parece muy tenue. Tengo la impresión de moverme sólo en una serie de reconocimientos casuales, y cuando no reconozco el rostro, la ropa ni la conducta, creo hallarme al borde de un abismo erótico. Lo más sensato es alejarse de esos lugares.

*

Paso la noche con C., ¿y qué puedo decir sobre esto? No me avergüenzo, pero sí siento o temo el peso de las prohibiciones sociales, la amenaza de castigo. No he hecho más que seguir mis instintos. Sólo he tratado de aliviar discretamente mi soledad de borracho, mi incómoda sed de ternura sexual. Tal vez el pecado tenga algo que ver con el incidente y he tenido esta clase de contacto sólo tres veces en mi vida adulta. Conozco mi naturaleza problemática y he tratado de contenerla con intención creativa. No es por culpa mía por lo que me encuentro solo y expuesto a la tentación, pero espero sinceramente que no vuelva a suceder. Confío en no haber hecho daño a ningún ser querido. Lo peor es que he quedado en una posición en que tal vez me veré forzado a mentir.

*

Voy al Instituto de la ciudad. Acosado al parecer por la necesidad de tener fantasías eróticas groseras, tomo una copa a las diez y media y al menos me curo de eso. Es una comida agradable, que disfruto con amigos. Mientras espero el de las 3:19 pienso que por lo menos ahora podré estar en paz conmigo mismo. La exploración, las tácticas defensivas, el olvido forzado, todo ha terminado. Mi guerra con el mundo ha concluido o está suspendida. En el viaje de regreso, el jefe de tren señala un cisne en el río. La presencia de la elegante ave blanca en el río helado me parece un buen augurio, un talismán, un presagio.

Pero despierto a las tres o más tarde. Oigo un bote en el río. Hay una especie de clamor en el aire. Gotea el grifo del baño. Pienso en C., en sus ademanes y palabras de amor, pero no me puedo ajustar a semejante relación. Mi hijo menor habla en sueños; pienso que haré algo bueno y decente por su bien. Invento una lista de pasajeros de primera clase para una travesía invernal. Me duermo y al despertar vuelvo a ser yo mismo.

Rastrear otra vez esos altibajos afectivos con la esperanza de ver la luz. El sábado por la mañana, mientras escribo cartas, aflora el problema de C., domina mis pensamientos y sensaciones hasta ponerme tenso, malhumorado e intranquilo. Elaborándolo con criterios de ficción, pienso que soy el que recibe la carta y el billete de veinte dólares, que C. reaparece y yo pronuncio un parlamento melodramático en que lo comparo con la muerte. Bebo para olvidar mis penas, pero sólo sirve para ahondar el abismo, y si volviéramos a encontrarnos pienso que lo haríamos en los mismos términos, que significaría una abdicación de mi personalidad y que nada podemos hacer juntos salvo beber ginebra y destruirnos mutuamente. Mi carne parece anhelar a C.; mi mente sigue una senda muy distinta, caigo en la desesperación y la melancolía. Recuerdo cuando conocí a una actriz danesa en el Vesubio y pensé, después de dejarla, que estaba enfermo de amor. Recuerdo que una mañana entré en un cine pensando que mi vida llegaba a su fin y a la tarde siguiente salí de parranda por Fairfield, convencido de que viviría siempre.

Pero estoy melancólico porque he perdido mi exuberancia sexual. Salgo a pasear con A. La nieve es profunda, cuesta andar; tengo ampollas en los pies y no veo el paisaje. Crece el rugido de la catarata. Hago una observación egoísta y vanidosa y A., por primera vez en nuestra larga y fecunda amistad, me vuelve la cara tenaz e implacable de la censura de Nueva Inglaterra, de las leyes de la supervivencia.

*

Supongo que todo está relacionado con mi sufrimiento romántico. Me deja poco antes del anochecer y a solas en la sala me siento enfermo... ¿de qué? A causa de un amor morboso e imposible, de mi incapacidad para reanudar la vida que he escogido. Salimos a cenar, Mary está muy guapa y recuerdo los cientos, los millares de noches que he soportado las anécdotas, las discusiones, los juegos, siempre alerta y de buen humor sólo de pensar que me aguardaba una hora alegre en la cama. Pero mis entrañas parecen agotadas, tengo mala suerte, me digo con amargura. Pero en casa, Mary me abraza con amor, con ternura, y vuelvo a ser yo. Obtengo lo que quiero y al despertar por la mañana, empalmado y caliente, mi animación es tan grande como la depresión de anoche. Al alejarme de la estación el viento frío del norte parece desplegar un sueño de amor con techos dorados, guirnaldas de frutas, gigantismo y riqueza. Por la tarde hacemos el amor, y ahora la casa nueva recupera su importancia por primera vez desde hace meses; hablamos de pintar la cocina. Imagino que esto tiene dos caras: el miedo a dejarme atrapar por un mundo que me aburre y la riqueza sexual de mi matrimonio. Pienso —como un tonto, pero con placer— en la casa, en recibir invitados, en enseñar el paisaje fluvial desde la terraza. He vuelto a mi querido país. Ahora que la imagen de la muerte está descartada, pierde sustancia, y ahora que se acabó, que no tengo miedo, pienso en escribir una carta a C. Pero ¿no reanudaría esto todo el ciclo, no revelaría una afición incurable a la melancolía?

*

El domingo por la tarde viene mi hermano de visita. Le han dicho que si vuelve a beber morirá, y está borracho: los ojos turbios, la cara inflamada, las manos hinchadas, la barriga del bebedor. Quiere estar a solas conmigo para contarme esta historia: "Me ha ocurrido lo más gracioso del mundo. Me dieron la zona de Boston, como sabes. Bueno, estaba en un bar, mirando uno de esos debates televisados, y estaba tan borracho que no sabía ni qué estaba haciendo. Quise ver a Al Houston, así que subí al coche, me puse en marcha y después no me di cuenta de nada hasta que desperté en comisaría. ¿A que no sabes dónde? En nuestro pueblo. En los calabozos de nuestro pueblo. Me quitaron el permiso y me pusieron una multa de cien dólares. Fue la segunda vez. Bueno, me sueltan con una sentencia aplazada, ¿y sabes a quién vi? A Mildred Cunningham. La mujer de Al, ¿recuerdas? Y le digo: 'Hola, Mildred. Hace un par de noches tuve ganas de ver a Al'. ¿Sabes lo que me contestó? 'Lo enterré hace seis meses.' Qué cosas, ¿verdad?" Aquí hay algo que escapa a mi comprensión. Está borracho. Le han despedido y no conseguirá otro trabajo. En medio de la borrachera ha tratado de reunirse con un viejo compañero de estudios, un amigo de hace cuarenta años, acaso una pareja homosexual —aunque esto tal vez sea sólo una sospecha malévola—, ha ido a parar a la comisaría del pueblo donde nuestros padres, gente prominente y respetable, nos labraron un porvenir, y cuenta toda esa serie de acontecimientos como si fuera un chiste cojonudo. Me parece una locura. Ha bebido y me quejo ante Mary, que se muestra muy tierna, pero no le hago el amor porque me parece que debo sobrellevar el problema yo solo.

*

Ayer por la mañana Hemingway se pegó un tiro. Fue un gran hombre. Recuerdo una vez que salí a pasear por las calles de Boston después de leer un libro suyo y vi que el color del cielo, las caras de los extraños y los olores de la ciudad estaban acentuados y dramatizados. Lo más importante que hizo fue legitimar el valor masculino, una cualidad desconocida para mí antes de leer su obra, esa obra exaltada por exploradores y otros hasta hacerla fraudulenta. Plasmó una visión inmensa de amor y amistad, golondrinas y el ruido de la lluvia. No hubo jamás, en mi generación, nadie comparable a él.

*

Me levanto a desayunar a las seis y media; de buen humor, creo, pero mientras me afeito, por así decirlo, Mary se levanta, frunce el entrecejo, tose, gime suavemente y digo con crueldad: "¿Hay algo que pueda hacer por ti, aparte de caerme muerto?". Como no me preparan el desayuno, no lo tomo; pero tener que repetir a estas alturas del día y de nuestra vida las amargas y horribles peleas de nuestros padres, dando vueltas furiosamente en torno del tostador y el exprimidor como viejos gladiadores encorvados, lanzándonos ponzoña, bilis, odio y malhumor. "¿Puedo hacerme una tostada?" "¿Tendrías la bondad de esperar que termine de hacerme la mía?" Mamá coge su plato con violencia y se sienta junto al aparador, las mejillas surcadas por las lágrimas. "En el nombre de Dios, ¿qué he hecho yo para merecer esto?", pregunta papá al sentarse a la mesa. "Déjame en paz, lo único que te pido es que me dejes en paz." "Lo único que quiero —dice él— es un huevo pasado por agua. ¿Es demasiado pedir?" "Pues prepáratelo tú", chilla ella; ésa es la voz plena y trémula de la tragedia. "¿Y cómo carajo voy a cocer el huevo —vocifera él— si no me dejas coger el cazo?" "No te dejo coger el cazo —grita ella— porque lo ensucias. Cosa que tocas, cosa que dejas llena de mugre." "El cazo lo compré yo —ruge él—. Lo mismo que el jabón y los huevos. Pago el recibo del agua y del gas y resulta que no puedo cocer un huevo en mi propia casa. Tengo que pasar hambre." "Anda —exclama ella—, tómate mi desayuno. Yo no puedo. Me has quitado el apetito, me has estropeado el día." Arroja el plato de huevos fritos sobre la mesa, delante de él. "Pero yo no quiero tu desayuno —dice él—. No me gustan los huevos fritos. Detesto los huevos fritos. ¿Por qué habría de tomarme tu desayuno?" "Porque yo no puedo —chilla ella—. No puedo tomar nada en semejante ambiente. Tómate mi desayuno. Tómatelo, disfrútalo, pero cierra el pico y déjame en paz." El aparta el plato y se cubre la cara con las manos. Ella coge el plato, tira los huevos al cubo de la basura, estremecida por los sollozos. Se va arriba. Despertados por este diálogo calamitoso y heroico, los hijos se preguntan por qué el hermoso día que el Señor les ha enviado parece tan desastroso.

1962

Es el cuerpo de mi mujer el que deseo acariciar, es en ella en quien deseo derramarme, pero cuando estamos separados parece que no tengo el menor escrúpulo en eyacular en otra parte. Veo por primera vez a X al borde de la piscina. Está tomando sol, desnudo, con una toalla alrededor de la cintura. Su voz es hosca y desagradable. Tiene un leve acento —acaso italiano—, o tal vez es culpa de una mala prótesis. Se sienta a horcajadas en la silla más cómoda, emite señales agresivas, todas sus observaciones son quejumbrosas o estúpidas, se diría que somos enemigos naturales. Pero al día siguiente lo encuentro a mi lado en la mesa y siento que su mirada se posa en mí: suave, tierna, lo veo bajo una nueva luz. Veo que es guapo, macizo, pero tan blando que va al grano inmediatamente. Me da la sensación de que me hace insinuaciones. Me ha visto antes, dice, con Y., con Z. Su mirada tierna me sigue, se posa en mí y siento una picazón mortal en la entrepierna. Si me pusiera la mano en el muslo no la apartaría; si le sorprendiera desnudo en la ducha, me lanzaría al ataque. ¿Pero es una picazón común o sólo mía? ¿Es sólo mi bandera la que está enhiesta y dolorida como un forúnculo? ¿Lo advierte o está pensando en el partido de tenis de ayer o en un cheque que espera recibir por correo? Estoy resuelto a no suplicar, a no dejar que me comprometan mis instintos, y tal vez piense él lo mismo; son las criminales restricciones y contrapartidas del coqueteo. Pero existe también el factor espiritual: mi respeto por el mundo, la conciencia de que no soporto llevar una doble vida, el amor a la constancia, el deseo fervoroso de cumplir mis promesas solemnes con mi esposa y mis hijos. Pero a mi miembro inquieto no le importa nada de esto y temo que acabaré por ceder a sus exigencias. Se nos exhorta a aceptar las cosas como son, a sumergirnos de cabeza en la vida, a obedecer a nuestros instintos, a subvertir los cánones mezquinos de la decencia y la limpieza, pero si jodiera en la ducha no podría afrontar después las sonrisas del mundo. No me gusta su voz ni su mente; probablemente no me gustará su obra. Sólo me gusta que en apariencia se presente u ofrezca como un amable objeto de conveniencia sensual. Sin embargo, he estado en esa situación un centenar de veces y no es, como podría parecer, el valle de la sombra de la muerte. Y sea cual fuere la verdad de los instintos, el hecho es que la doble vida es detestable, morbosa y, por otra parte, imposible. Por eso al llegar la noche escucho la más leve de las brisas lluviosas, pero no me permite olvidarme de mí mismo, y cuando oigo una buena lluvia torrencial, el deseo de hallar la paz en este antiguo ruido parece infantil e indigno comparado con ese impulso perverso de mi bajo vientre. Pero ese impulso contiene un elemento espiritual, un apetito por satisfacer: arrinconar durante una hora el peso intolerable de la independencia total. Pero conozco este estado y en definitiva tal vez no conduzca a nada, a nada. ¿Por qué habría de perder las vastas delicias del amor a cambio de un encuentro casual en la ducha? Creo que comparto este dilema con la mayor parte de la Humanidad.

*

1967

En un momento en que estoy borracho, o al menos no demasiado borracho, decido que ha llegado la hora de nuestra conversación trimestral. "Las cosas no marchan bien", digo. "No sé de qué estás hablando", dice ella. "¿Te parece que ésta es forma de convivir un hombre y una mujer?", pregunto. "No", contesta. "Entonces hablemos." Su cara está tensa y pálida, los ojos no hinchados pero sí brillantes, las cejas muy levantadas. "Destruyes todo lo que amas", dice. "Amo a mis hijos —digo— y no los he destruido." "No metamos a los niños en esto", dice. "Quiero a mis amigos", digo. "No tienes amigos —dice—. Usas a la gente según te conviene." Entonces iniciamos la rutina en la cual ella desearía que yo pudiera ver mi propia cara. A esto sigue la información de que me siento a mí mismo, soy una criatura del autoengaño. Ya lo había hecho antes, y en esa ocasión propuso revelar una verdad terrible sobre mí, pero después dijo que era demasiado terrible. No sé a qué se refiere. ¿Se trata de la homosexualidad? ¿Ha establecido por fin que soy homosexual? He tenido angustias y experiencias homosexuales, pero las mujeres me atraen más que los hombres y me parece justo y apropiado vivir con una mujer. A continuación dice que se conoce perfectamente bien y que yo no me conozco. Estos veredictos —pienso que eso es— me desconciertan. ¿Cómo puede un adulto decir que se conoce más que otro? Me parece percibir cierta impermeabilidad. Es antinatural. No comprendo. Digo que soy persona afectuosa y pregunta cómo puedo ser persona afectuosa si nunca veo a nadie. Aquí se inicia una digresión sobre la soledad del novelista, pero lo cierto es que hablo con la gente, me entrego de manera directa y cordial. Le pregunto —me parece que es uno de los pocos momentos en que tomo la ofensiva— si teme depender de mí. "Soy —dice— totalmente independiente de ti." Le digo que como proveedor le he dado todo lo que ha querido. Lo niega. Dice que es extraña mi actitud cuando se trata del dinero para los niños. Respondo que nunca he negado dinero a los niños ni les he reñido. ¿Qué significa "extraña"? No quiere discutir el asunto. Le digo que como empleado de banca no soy gran cosa. Asiente con risa rencorosa. Hay mucho más, pero esta mañana no lo recuerdo. Hablo del amor que siento por mis hijos. "Por eso sigo aquí", dice al ponerse de pie. "¿Es eso lo que haces, seguir aquí?", pregunto. "Tergiversas todo lo que digo", dice. "Yo jamás habría dicho eso", respondo, y tapándome la pobre polla con una mano le doy un beso de buenas noches, me tomo un Nembutal y me duermo. A la mañana siguiente llamo a las mujeres, pero no acuden. Es a ella a quien deseo, a la que me ha tachado de venenoso, afectivamente ignorante, mal proveedor y autoengañado. Jamás diré que esto es masoquismo sexual. No hay en mi vida otras pruebas de ello. Dudo sinceramente que aspire a repetir la dominación materna. Creo que tal vez no sea otra cosa que mala suerte.

La mañana de la boda de mi hija y llueve. Me meto en la cama de Mary; se levanta y se mete en la mía. Más tarde, desnudo, le digo que se siente desnuda en mis rodillas, pero lanza una exclamación de asco y enciende el televisor. Gravemente deprimido por estos desaires, los utilizo como pretexto para echar unas gotas de ginebra en el zumo de naranja. Mary se apropia de mis huevos, que le entrego de buen grado. La lluvia y un viento del norte azotan la calle. En la calle Catorce, dos hombres, uno de los cuales tiene una extraña cabellera rubia —tal vez esté teñida o sea una peluca—, salen furtivamente de una casa de comidas. Me parecen maricones que van a pasar el día robando en las tiendas. Compro un paraguas y aspirinas, y en un bar oscuro y agradable me tomo cóctel y medio de ginebra con vermú. Por la acera viene otro maricón. Lleva mocasines sin calcetines, pantalones verdes de pana y jersey; pero lo que me interesa en su forma de locomoción. Parece que algo lo arrastrara por la calle, como si succionara una aspiradora. Ben está en el hotel, nos vestimos y vamos a Lüchow's. A continuación, la desesperante escena porque no encuentro a Susie, y por fin llegamos a la iglesia. Parece asustada, me encanta ofrecerle mi brazo y mi apoyo. He imaginado la escena muchas veces y he aquí que ya estamos en ella y se acabó. Lo único que puedo decir de la recepción es que me parece hermosa. "¡Qué hermosa fiesta!", exclamo una y otra vez. ¿Dónde está el observador penetrante capaz de descubrir la falda arrugada, la cara que muestra los estragos del tiempo, el camarero borracho? Un fuerte intercambio de palabras con Mary. He bebido tanto que no puedo dar fe de mi memoria, pero me parece —o creo haber sugerido— que teníamos que pensar en poner fin a la fiesta. "Tú —dice— eres el fantasma de la fiesta." Lo mejor es dar por sentado que la he provocado. Más tarde bebo whisky en la cocina de la asistenta y chapurreo italiano. Vuelvo al anochecer. Llueve. Ben está en la entrada, lo abrazo y repito la observación sobre el fantasma. "Estoy contigo, papá —dice—. Estoy de tu parte." No debería haberle dicho nada. No quiero que tome partido por mí.

*

Pienso en la ruina de mi hermano. ¿Qué ha pasado? Futbolista. Tomaba Coca-Cola en los vestuarios. Capitán del invicto equipo de hockey. Feliz con sus amigos, hábil con sus amiguitas, quería a mamá y a papá. Oh, ¿qué ha sucedido? Casado por la Iglesia de Cristo, sensual en la cama, rápido en los negocios, padre afectuoso, afortunado en los naipes y en los dados... ¿qué ha sucedido? ¿Sorprendió a su esposa en la cama con otro? A medida que desaparecía el orden de sus asuntos, trataba de imponerlo en el mundo. "Así es como se hace." "Escúchame." Se meó en el paragüero, dio una furibunda patada a la bandeja de la carne, enseñó el nabo a la señora Vanderveer y por la mañana llamó para preguntar si todos estaban bien. Pasó un año en Nueva York. Salía con un director artístico que ceceaba. Perseguía torpemente a las putas de Madison Avenue. "Nunca bebo antes de comer", decía, y tal vez era verdad, pero la historia cambiaba al sonar el silbato de las doce. Seis ginebras y una cerveza como preparación para las bebidas de la tarde. Se rompió el tobillo en un partido de fútbol, se encerró en el dormitorio y se tomó siete litros de Gilbey's. Oh, ¿qué ha sucedido? Sufrió su primer ataque de claustrofobia en el aeropuerto de La Guardia. Creyó que se ahogaba y a partir de entonces llevaba siempre consigo una petaca. Era un hombre encantador. Seducía a todos en los clubes, en las fiestas y, cuando sufría un ataque, seducía a todos los Alcohólicos Anónimos. Decía que nadie le comprendía. En ese sentido estaba loco. Nadie sabía las cosas que sabía él, pero nadie le escuchaba. ¿Pero dónde había adquirido ese fariseísmo, esa sonrisa dolorosa y beatífica, esa pose de superioridad moral? "Si de algo estoy seguro, es de que mis hijos me quieren." Es fácil descubrir la trayectoria desde el muchacho vivaz hasta el borracho de club, pero ¿dónde adquirió la pedantería, los lugares comunes, el falso optimismo? "Siempre he dado lo mejor de mí, nadie puede negarlo." ¿Cómo pudo alejarse tanto del futbolista ágil, de los bromazos y gamberradas de los vestuarios?

*

1968

Por última vez (ruego) será éste el diario de un inválido. Después de comer, dolorido y asustado, subo a dormir la siesta. Veo las hojas doradas frente a la ventana, un rayo de luz reflejado en el vidrio, y duermo hasta las cinco. Entonces bajo a beber y cenar. Vuelvo a la cama a las ocho; soy feliz en mi castillo, mi santuario, mi cama firme, limpia, tibia y pienso que la causa de la infección ha sido la tensión nerviosa. Me ha parecido insólito y misterioso. Vértigo en el andén de la estación. ¿Se alzará el asfalto a golpearme entre los ojos? No lo sé; pero nunca ha sucedido. Vértigo en la estación Grand Central. Paseo por la ciudad con mi hijo sin alejarme del club, si me da un ataque en la calle habrá un lugar donde llevarme. Vértigo que me encoge el escroto en puentes, túneles, autopistas. Por eso pienso que algún órgano tenía que ceder —como ha sucedido— y que la mejor cura era el reposo. Sólo necesitaba reposo, una cantidad insólita de reposo debido a las cargas insólitas que me abrumaban. Durante las breves vigilias pienso que ya no estoy enfermo, que se me ha concedido una gran riqueza. Me conmueve una enorme gratitud, pero ¿a quién debo dirigir mi reconocimiento? La inteligencia divina no puede saltar de cama en cama como Papá Noel. De modo que me siento agradecido, humilde, convencido de que lo peor ha pasado ya.

*

1971

La mejor hora para mí es entre las cinco y las seis. Está oscuro. Cantan algunos pájaros. Me siento contento y afectuoso. El descontento empieza a las siete, cuando la luz invade el cuarto. No estoy preparado para afrontar el día; quiero decir, para afrontarlo sin beber. Algunos días siento el impulso de precipitarme a la despensa para prepararme un trago. Recito las letanías aprendidas hace tres años, fue hace tres años cuando describí al hombre que pensaba constantemente en las botellas. La situación es, entre otras cosas, repetitiva. Las peores horas son entre las siete y las diez, cuando empiezo a beber. Podría tomar un Miltown, pero no lo hago. ¿Es la clase de estupidez en que solía sorprender a mi hermano? Quisiera rezar, pero ¿a quién? ¿Al Dios de las clases de catecismo, a un rey provinciano cuyas prerrogativas y ritos son poco claros? Temo por los coches, los aviones, los botes, las serpientes, los perros vagabundos, las hojas caídas, las escaleras mecánicas, el ruido del viento en la chimenea; doctor Gespaden, temo por el viento en la chimenea. Después de comer duermo la mona y con frecuencia al despertar me siento nuevamente contento y afectuoso, pero no trabajo. El mejor momento, el corazón, del día, es cuando nado, después —cae la noche— estoy aturdido pero sereno. Entonces duermo y sueño hasta las cinco.

*

1975

Ayer me soltaron de la clínica de rehabilitación para alcohólicos. Pasar de la borrachera total a la sobriedad total es un cambio violento y desgarrador. Este momento, esta hora, es la suma del pasado no inmutable y la necesidad de futuro. No sé dónde empezó, tal vez pueda revivir este año dieciocho veces sin dominarlo. Diría que comenzó con la pantomima del otro lado del río y sigue esta mañana con un saludo seco, un vaso de zumo de naranja y un poco de café frío. En la casa, que contiene a dos personas, reina el silencio. Parece que mi salvación se encuentra sobre todo en la risa. La risa y el trabajo. El alcohol cumplía una función incalculable. Creo que he perdido algunos originales. Aseguro que sólo me preocupa la posibilidad de que caigan en manos ajenas. No puedo asimilar la vergüenza de haber perdido las amarras a causa del alcohol. Esta mañana me parece que he perdido diez kilos y veinticinco años. Una cosa es la vieja pereza que justificaba con la edad. Si quieres quitaré los postigos, pero mañana. Como. Tomo diecisiete tazas de café negro. Ya que digo que esto es un medio de comunicación, debo demostrarlo. ¿Qué tengo? El escudo, el alcohol; pero al cabo de un siglo, negro como el basalto en bruto, el ónice, la antracita. La representación de la libertad y la justicia. La noche de los gatos. La visita, todavía incomprensible. Pienso en el O'Hara cuarentón que dejó esa mierda y pudo seguir trabajando. Ha sido prácticamente el único.

He sufrido un cambio violento, pero nada más parece haber cambiado. En busca del beso de buenas noches, la única piel que encuentro es la de un codo. Los perros nos despiertan antes del amanecer, y cuando pregunto qué puedo hacer, recibo una respuesta destemplada. Últimamente no disfruta cuando se acuesta conmigo. Soy el rey de la montaña, pero parece que nadie lo sabe. Puedes escribir sobre la partida de los invitados. Día núm. 2. Todavía estoy muy nervioso, pero me parece que no tomaré Valium. Trataré de escribir sobre la libertad. Hay tres ocasiones de peligro. Una es la euforia de trabajar a tope; otra es la euforia del alcohol, cuando creo caminar entre las estrellas; y otra la euforia de la sobriedad total, cuando creo dominar el tiempo. El puente de lenguaje, metáforas, anécdotas e imaginación que construyo todas las mañanas para cruzar las incongruencias de mi vida, parece, en verdad, muy frágil.

1977

Entonces despiertas a las seis y media con una excitación que crece, y a las diez, como un gato vagabundo, serías capaz de cabalgar a un jaguar embalsamado o follarte un picaporte oxidado. Va en aumento hasta las doce y media, cuando las visitas y la comida te ayudan a serenarte. Vas al pueblo a comprar leche, y al ver el anhelo de orden que agrupan los edificios, la expresión seria de una joven que cruza la calle con sus hijos parece la belleza manifiesta a que aspiramos. Entonces a uno le

222

embarga la melancolía, aliviada apenas por doce palomas que alzan su vuelo desde el techo de un edificio viejo. Es un día hostil. El cielo está desalentadoramente gris, pero la luz gris es fuerte. La música de amor que sale de un supermercado es triste, muy triste. La mujer que me precede, con anillos de diamantes y una gruesa capa de maquillaje, espera con paciencia el turno para pagar una bolsa pequeña de patatas. En la peluquería duerme un policía brutal y corrupto, con la cara cubierta por una máscara de barro. Entra una joven con una caja pesada en la que lleva algo para vender. Su pelo, teñido y peinado en casa, es de un tinte acaramelado que pasó de moda hace años. Al salir del instituto, ha dedicado una hora entera a maquillarse. "Sé que le interesará..." "No", dice el peluquero en plan cortante. Quiero darle todo el dinero que tengo. Media hora después, la veo en la cuneta con la caja, como si no supiera adónde ir. Creo que ha invertido sus ahorros, tal vez un préstamo, en algo que le parece muy deseable. Se ha teñido el pelo y mejorado sus rasgos, y en lugar del éxito imaginado —ay, con tanta alegría— sólo ha conocido el rechazo. Creo que su experiencia —en la cuneta— es parte de nuestra vida. La atesoro. Es casi de noche, uno no tiene nada, absolutamente nada, y lo tiene todo. Contestaré cartas, encenderé el fuego, leeré.

1978

No tengo la menor perspectiva. Cuando se van los periodistas, llevo a la asistenta a su casa y paseo con los perros. Mi sexualidad está muy irritada y distorsiona mi visión de las cosas. La última luz tiene ese resplandor espléndido e indescriptible, propio de los crepúsculos invernales. Ahora, por primera vez, veo los colores en los árboles. O sea que habrá primavera y verano. Al subir la cuesta con las bolsas de basura, veo una hoja de acebo en la entrada del garaje. Me siento tan emocionado como Leander cuando vio el verde del Adviento en la alfombra del comulgatorio. Esa hoja casi negra, dura, espinosa, simboliza la potencia y el vigor. Su falta de significado no es importante. Lo que importa es mi excitación.

He vuelto a ser yo mismo; por eso trataré de revisar las causas de mi dolorosa sensación de pérdida. Empiezo por mi mortalidad, expresada por mis impulsos sexuales. Mis excitaciones siempre han sido azarosas, y cuando he rechazado el amor de los hombres, me complace pensar que lo hice por voluntad propia, no por reprimirme. El problema actual, si es un problema, comenzó hace un año, cuando me encontré a solas en un sórdido motel con un joven que no tenía un solo atributo de invertido. Nos abrazamos brevemente, nos declaramos nuestro amor y nos separamos. Desde entonces nos hemos visto cuatro o cinco veces, pero he pensado en él con frecuencia. Es imposible juzgar la importancia de esto. Podría compararse con una infección que amenaza mi salud, pero permanece la mayor parte del tiempo en estado latente. Así es mi corazón herido. En diciembre se casó por segunda vez y no respondió a mis cartas. De él esperaba cierta camaradería alegre, lujuria y una disminución de los rigores que provoca el vivir con una esposa. Al volver a Rusia, sufrí un ataque violento de alienación. Por ejemplo, la oscuridad me ofendía. Para leer un libro encendía seis lámparas. La única casa que jamás he poseído me parecía sucia, desconcertante y cara. Entre la multitud de cartas encontré una suya y fue la primera que abrí. Insinuaba la indiferencia que sentía por su matrimonio e insinuaba —apenas— su amor por mí.

No puedo describir lo que sucedió después. Soy altamente sensible al amor romántico. Recuerdo mis lágrimas amargas por D. y L. Me sumergí en las fantasiosas previsiones de una relación erótica que corroyeron y destruyeron la sangre fría que define al hombre. Ayer, durante la comida, experimenté la embriagadora arrogancia del extranjero confeso, el apátrida sexual. Soy distinto de todos vosotros, no me parezco a ninguno de cuantos coméis en el restaurante griego. Soy maricón y lo digo con alegría. Al mismo tiempo, la camarera es tan apetecible que me comería sus manos, su boca. Es el pecado capital de la soberbia. Descanso, duermo. Confieso con renuencia que duermo la siesta. En algún momento siento que mi pensamiento, mi química, mis genitales y mi espíritu están restaurados; y es posible reanudar la travesía, el peregrinaje que es la vida de uno. No sé bien qué hora es. Llevo en la boca el sabor del pan y la sal. Diría que es la voluntad de Dios. Paseo a los perros. Patino y me canso rápidamente. Preparo la cena, voy a la iglesia, veo una película emocionante por televisión y duermo tranquilo conmigo mismo por primera vez desde hace un año más o menos. Creo que mi momento más despreciable se produce en la estafeta de correos. Hay una mujer allí, con un abrigo de piel corriente y dos niños. Ha rociado el abrigo con un producto que prometía dejarlo tan brillante como si fuera visón, pero la piel es de perro callejero. Los ojos de la mujer son saltones, lo mismo que los ojos de los dos pequeños. Contemplo a los tres con asco y a mí mismo con desprecio por desdeñar a los tres inocentes. Experimento la arrogancia del hombre entregado a una polla caprichosa. Esta mañana, al tomar beicon con tostadas, he vencido mi irritante alteridad. No estoy en el Connaught, en el Hilton de El Cairo ni en el Minerva de Bucarest. Estoy en mi propia casa. Es probable que vuelva a sufrir estas agonías, pero después de haberlas experimentado tantas veces, sé que no son el final del camino. En el momento de escribir estas líneas, siento la amenaza dolorosa del desconcierto y la pérdida detrás de la biblioteca y más allá de la ventana, pero felizmente soy un hombre sentado en una silla.

*

La franqueza absoluta no es una de mis características, pero trataré de tenerla para describir la siguiente sucesión de acontecimientos. Solitario, con la soledad agravada por los viajes, los cuartos de hotel, la mala comida, las presentaciones de libros y la superficialidad de los besamanos, me enamoré de M. en un cuarto de hotel de sordidez inusual. Su aire de seriedad y responsabilidad, las gafas de miope y su apostura serena despertaron en mí un amor profundo, y a la noche siguiente lo llamé desde California para expresarle mis sentimientos. Nos escribimos cartas de amor durante tres meses, y cuando volvimos a vernos, nos quitamos la ropa y nos comimos mutuamente la lengua. Nos encontramos dos veces más, una para pasar unas horas en un motel, la otra para pasar veinte minutos desnudos ante una comida para directivos a la que yo estaba invitado. Durante un año seguí pensando en él, sumido en el mayor desconcierto. Creía que se me había revelado la homosexualidad y que iba a tener que pasar el resto de mi vida en triste convivencia con un hombre. Mi vida apareció ante mí retratada como una impostura sexual. Hace poco, cuando volvimos a encontrarnos, corrimos al dormitorio más próximo, bajamos los pantalones del otro, asimos la polla del otro y tragamos la saliva del otro. Me corrí dos veces, la segunda en su boca, y creo que fue el mejor orgasmo que tuve en un año. A petición suya pasamos la noche juntos, y creo que descubrí con verdadero placer que ninguno de los dos estaba destinado a agotar los papeles que representábamos. Recuerdo la aguda falta de interés con que contemplé su desnudez por la mañana, cuando volvió de mear. Era sólo un hombre de polla pequeña, dos cojones y un culito apto para apoyarlo en una silla o una taza de retrete. En este sentido, las recordadas exacciones de las mujeres cumplían el mismo papel. No sentía el menor deseo de saber si había llegado al orgasmo. Me senté a cagar con la puerta abierta, ronqué y me tiré pedos con tranquilidad y buen humor, lo mismo que él. Me encantaba sentirme libre de la censura y la responsabilidad que había sentido con algunas mujeres. Si tenía ganas, podía retozar con él, introducirle la polla en la boca y quejarme del mal olor de sus calcetines. Estaba resuelto a no permitir que una sociedad procreadora destruyera este amor. Al comer con unos amigos que hablaban de su tediosa carrera libertina, pensaba: soy gay, soy gay, por fin me he liberado. Duró poco tiempo.

*

1981

Esto sucede a mi regreso al hospital, que es como si regresara de la tumba. Dadas las oportunidades que me restan, creo que puedo pasar por alto el hecho de que el riñón que me amputaron era canceroso, pero la posibilidad de morir me hace sentir lamentablemente deprimido y caprichoso. Rezo para que esto pase. La última noche en el hospital dormí sin tomar medicamentos. Al despertar poco antes del amanecer, fui a la ventana. El cuarto estaba climatizado y la ventana sellada. La tormenta de la noche anterior había dejado un poco de agua en el alféizar. Había luz en el cielo y, aparte de algunos botes iluminados, en la orilla occidental. Cuando volví a la cama pensé que eran unas lámparas encendidas por una mujer de gran ternura y amabilidad. A juzgar por el volumen de su cabellera sujeta con peinetas, supongo que pertenecía a la generación de mi madre, aunque evidentemente no era así. Siempre recordaré la imagen de mi madre al introducirse vestida en el barril con que se aventuró en las cataratas del Niágara. Medité sobre la dulzura de la mujer con las lámparas y rogué que se me concediera un poco de continencia sexual, aunque la esencia de la sexualidad es la incontinencia.

El médico me quita los puntos. M. se retrasa. Una de las desventajas del amor homosexual es esperar a un hombre. Esperar a una mujer es nuestro sino, pero esperar al amante masculino es un tormento. Llega veinte minutos tarde, pero prepara mis maletas, supervisa mi salida del hospital con ternura y rapidez, camino de casa señala algunos cambios interesantes mientras me acaricia la pierna, y al llegar me quita la ropa, lava y cambia el vendaje ensangrentado, complace y engulle mi sexualidad. No he sabido evaluar la seriedad de esto. Espero y ruego que se me revelen las decisiones que debo tomar. Esta mañana siento que si pasamos dos semanas juntos, la separación será intolerable. Debo escribir cartas y pagar facturas.

Así pasa el día en que creí resucitar de entre los muertos, pero hacia el final de la tarde —mucho más allá de su apogeo— llego a la conclusión de que estoy viviendo las últimas semanas o meses de mi vida. Parece haber en ello algo de verdadera fatiga y tristeza, junto con un narcisismo despreciable. Uno lee que el egoísmo es la característica de nuestra época: esto es el egoísmo en su máxima expresión. No viviré para asistir a la boda de mi amado hijo en febrero, porque si muero brillaré más aún por mi ausencia. Esto es detestable, claro, pero a las once de la mañana no poseo la vitalidad suficiente para decirlo.

El médico trae pésimas noticias, Mary y yo nos abrazamos y lloramos. Me parece que no puedo escribir, pero si me esforzara tal vez dominaría la máquina; supongo que ha sido una mañana más en mi vida.

*

Por primera vez en cuarenta años he descuidado este diario íntimo. Estoy enfermo. Creo que es mi único mensaje. Esta mañana he de llamar al agente de bolsa, encargar los periódicos y enviar a arreglar el reloj. Ahora me acostaré.

*

He tenido que subirme a una cama del segundo piso para llegar hasta la máquina de escribir. Toda una hazaña. No sé qué se ha hecho de la disciplina o fuerza de carácter que me ha permitido llegar aquí durante tantos años. Pienso en un crepúsculo temprano, anteayer. Mi mujer planta algo en el jardín superior. "Quiero terminar esto antes de que anochezca", habrá dicho. Cae una llovizna. Recuerdo que he plantado algo a esta hora y en este clima, pero no sé qué. Ruibarbo o tomates. Ahora me estoy desvistiendo para acostarme, y la fatiga es tan abrumadora que me desnudo con el apuro propio de un amante. Jamás me había sentido tan cansado. Lo noto durante la cena. Tenemos un invitado a quien debo llevar a la estación, y empiezo a contar la cantidad de cucharadas que necesitará para terminar el postre. Tiene que terminarse el café, pero afortunadamente ha pedido una taza. Antes de que lo termine, le obligo a ponerse de pie para ir a la estación. Sé que para mí son veintiocho pasos de la mesa al automóvil y, después de dejarlo en el andén, otros veintiocho pasos del automóvil a mi habitación, donde me quito la ropa, la dejo en el suelo, apago la luz y me dejo caer en la cama.

VIII

Cesare Pavese

El pasado

El diario de Pavese llega siempre demasiado tarde. Ya los hechos sucedieron, la tragedia irrumpió, el instante de éxtasis se ha disipado en el aire. Afectado por ese sistemático sentido de la inoportunidad, el escritor, pues, sólo tiene una tarea: recoger las sobras de los acontecimientos, administrar y ordenar sus secuelas, examinar con atención las estelas que dejaron para tratar de contestar una pregunta que no deja de acosarlo: ¿cómo he llegado hasta aquí? En ese sentido, *El oficio de vivir* es todo *menos* un diario de narrador. Es la crónica de una vida menos los episodios que la fundan, una trama trágica despojada de sus hechos principales, la descripción de un destino atroz del que el mismo Pavese ha extirpado los nudos dramáticos que van cumpliéndolo, inexorables. Diario de efectos, nunca de causas, ese rasgo distintivo parece señalar también la distribución a la que Pavese somete las dos regiones básicas del género, vida y escritura. Las causas siempre son del orden vital, son vida pura, incorrompible e intraducible, y por lo tanto están condenadas a quedar fuera del diario: toda causa es una causa perdida (en el doble sentido de ausente y de fracasada). Los efectos, en cambio, son del orden de la visibilidad, de la presencia, y forman esa textura un poco escurridiza que es la verdadera materia prima del diario, el terreno que el diario trabaja hasta la extenuación, sometiéndolo a toda clase de análisis, exámenes y diagnósticos. Obra maestra de la retrospección, máquina de transformar todo tiempo vital en un pasado instantáneo, *El oficio de vivir* es también un ejercicio sistemático de semiología; su misión consiste en hacer de los efectos síntomas y en interpretarlos retrospectivamente como signos de un mal extraviado en la noche de los tiempos. "Todos los hombres tienen un cáncer que les roe, un excremento cotidiano, un mal a plazos: su insatisfacción; el punto de choque entre su ser real, esquelético, y la infinita complejidad de la vida. Y todos, antes o después, se dan cuenta". El diario íntimo como "vivero de descubrimientos retrospectivos, de espantos".

Convertir la vida en pasado, ese afán incesante del diario de Pavese, es en realidad la única defensa que el escritor tiene contra las ofensas de la vida. Es el arma secreta y la suprema vanidad de la literatura, que todavía sueña con ganar esa guerra insensata. "Tú no me engañas, sé cómo te comportas, te sigo y te preveo, me gusta verte actuar y te robo tu secreto componiéndote en avisadas construcciones que detienen tu flujo". El diario, pues, pasa a ser *construcción* de vida, y la vida, capturada por las fuerzas del diario, se convierte a su vez en un inmenso archivo al que el escritor vuelve una y otra vez, del mismo modo en que el erudito vuelve a la misma fuente para descubrir, esta vez sí, el signo o la interpretación del signo que dispararán su porvenir en una dirección nueva. El sujeto del diario —ese sujeto viviente— es en Pavese una figura recalcitrantemente enciclopédica, suerte de filólogo incansable siempre a la pesca de pistas, pasajes críticos o erratas decisivas. La vida ha pasado a ser puro pasado: lo que, en los términos del pacto específico que establece este diario, significa que no es otra cosa que un libro inmenso al que el filólogo siempre acudirá para saciar su sed de sentido. No se trata, pues, de recordar un pasado sino de citarlo como se cita un texto ajeno; no es cuestión de evocar mediante la memoria cualquiera de sus momentos, sino de remitir un punto determinado a otro, una entrada a otra, una fecha escrita a otra, en esa red sin precedencia ni sucesión que es el diagrama de un diario íntimo. Nadie ha puesto tanta energía como Pavese en releer, ordenar, clasificar ese archivo en el que transforma su pasado. "Mi misoginia (1930-1934)", escribe, con la certidumbre del que tabula su propia vida como si fuera un período de la historia de la literatura. O reorganiza el pasado en series temáticas, por ejemplo la serie del sufrir: "28 de octubre. De cualquier desventura nuestra no debemos culpar a nadie más que a nosotros (28 de enero del 37). Sufrir no sirve para nada (26 de noviembre del 37). Sufrir limita la eficiencia espiritual (17 de junio del 38). Sufrir es siempre culpa nuestra (29 de septiembre del 38). Sufrir es una debilidad (13 de octubre del 38)".

Todo está escrito. El oficio de vivir sigue al pie de la letra esta arcaica divisa trágica. La pone en acción, la actúa, casi la alucina, al punto tal que rápidamente el diario de Pavese se vuelve a la vez claustrofóbico como una cárcel y fatal como un destino. Insistencia de una pulsión helénica en Pavese. Si todo está escrito, entonces el escritor de diario íntimo sólo puede dedicarse a releer, al consuelo trágico de trabajar brutalmente el pasado, corregirlo, contradecirlo, añadirle o quitarle partes, afectarlo. Nada asegura, por supuesto, que ese encarnizamiento vaya a modificarlo. Fracaso sin precio, la quimera que atraviesa todo el diario de Pavese no está, sin embargo, exenta de compensaciones. Una de ellas, tal vez la más persistente, es la dimensión *técnica*, también inconfundiblemente griega, a la que se abren muchas de estas páginas desalentadas: arte de vivir, de amar, de escribir, arte de "recibir en la cara los latigazos del dolor"... Es la extraña modernidad con la que tropieza este diario meticuloso, a veces insoportablemente magistral, siempre implacable: haber compilado todas esas tecnologías de vida con el auspicio de una autopedagogía imposible.

EL OFICIO DE VIVIR

10 de abril. Cuando un hombre se encuentra en mi estado no le queda sino hacer examen de conciencia.

No tengo motivos para desechar mi idea fija de que cuanto le sucede a un hombre está condicionado por todo su pasado; en resumidas cuentas, que se lo merece. Evidentemente, he hecho cosas tremendas para encontrarme en esta situación.

Ante todo, *ligereza moral.* ¿Me he planteado alguna vez de verdad el problema de lo que debo hacer en conciencia? Siempre he seguido mis impulsos sentimentales, hedonísticos: De esto no hay duda. Hasta mi misoginia (1930-1934) era un principio voluptuoso: no quería fastidios y me complacía con la actitud. Cuán invertebrada era esta actitud, se ha visto después. Y también en la cuestión del trabajo, ¿he sido nunca otra cosa que un hedonista? Me complacía en el trabajo febril a golpes, bajo el estro de la ambición, pero tenía miedo, miedo de atarme. Nunca he trabajado de verdad y, en realidad, no sé ningún oficio. Y también se ve claro otro fallo. No he sido nunca el simple inconsciente que se da sus satisfacciones y se lo toma a broma. Soy demasiado vil para esto. Siempre me he halagado con la ilusión de sentir la vida moral, y he pasado momentos deliciosos —es la palabra justa— planteándome casos de conciencia sin propósito de resolverlos en la acción. Si no quiero descubrir la complacencia que en otro tiempo sentía en el envilecimiento moral con propósito estético, esperando de él una carrera de genio. Y este tiempo no lo he superado todavía.

Una prueba. Ahora que he llegado a la plena abyección moral, ¿en qué pienso? Pienso en lo hermoso que sería que esta abyección fuese también material, tuviese por ejemplo los zapatos rotos.

Sólo así se explica mi vida actual de suicida. Y sé que estoy condenado para siempre al suicido ante todo obstáculo y dolor. Es esto lo que me aterra: mi principio es el suicidio, nunca consumado, que no consumaré nunca pero que me halaga la sensibilidad.

Lo terrible es que todo lo que me queda ahora no basta para enderezarme porque en un estado idéntico —aparte las traiciones— había estado ya en el pasado y ya entonces no había encontrado ninguna salvación moral. Tampoco esta vez me templaré, es claro.

Sin embargo —o la infatuación me engaña, cosa que no creo—, había encontrado el camino de salvación. Y con toda la debilidad que había en mí, aquella persona sabía atarme a una disciplina, a un sacrificio, con el simple don de sí misma. Y no creo que ésta fuese la virtud de Pierino, porque el don de ella me elevaba a la intuición de nuevos deberes, los *corporeizaba* ante mí. Porque abandonado a mí mismo, he tenido la experiencia, estoy *seguro* de no cumplirlos. Hecho un destino y una carne con ella, lo habría conseguido, estoy igual de seguro de ello. También por mi misma vileza: habría sido un imperativo a mi lado.

En cambio, ¡lo que ha hecho! Quizá ella no lo sabe, o si lo sabe no le importa. Y es justo, porque ella es ella y tiene su pasado que determina su porvenir.

Pero ha hecho esto. Que yo haya tenido una aventura durante la cual he sido juzgado y declarado indigno de continuar. Ante esta caída ya no es absolutamente nada el dolor del amante, que sin embargo es tan atroz, o el deterioro de la situación, que es igual de grave.

Se confunde el sentido de esta caída con el golpe que en 1934 había dejado de dolerme: fuera la estética, fuera las *poses*, fuera el genio, fuera toda la impedimenta, ¿he hecho algo en mi vida que no fuese de tonto?

De tonto en el sentido más trivial e irremediable, de hombre que *no sabe* vivir, que no ha crecido moralmente, que es vano, que se sostiene con el puntal del suicidio, pero no lo comete.

3 de agosto. Una mujer que no sea una estúpida, antes o después, encuentra una ruina humana y trata de salvarla. Alguna vez lo consigue. Pero una mujer que no sea una estúpida, antes o después encuentra un hombre sano y lo reduce a escombros. Lo consigue siempre.

(27 de setiembre.) La razón por la que las mujeres han sido siempre "amargas como la muerte", sentinas de vicios, pérfidas, Dalilas, etc., es, en el fondo, sólo ésta: el hombre eyacula siempre —si no es un eunuco— con cualquier mujer, mientras ellas llegan raramente al placer liberador y no con todos, y frecuentemente no con el adorado —precisamente porque es el adorado— y si llegan una vez no sueñan ya en otro. Por el deseo —legítimo— de ese placer están dispuestas a cometer cualquier iniquidad. *Están obligadas* a cometerla. Es lo trágico fundamental de la vida, y el hombre que eyacula demasiado rápidamente es mejor que no hubiese nacido. Es un defecto por el que vale la pena matarse.

26 de noviembre. Todos los hombres tienen un cáncer que les roe, un excremento cotidiano, un mal a plazos: su insatisfacción; el punto de choque entre su ser real, esquelético, y la infinita complejidad de la vida. Y todos, antes o después, se dan cuenta. De cada uno habrá que indagar, imaginar el lento darse cuenta o el fulminante intuir. Casi todos —parece— rastrean en su infancia los signos del horror adulto. Indagar en este vivero de descubrimientos retrospectivos, de espantos, en este su angustioso encontrarse prefigurados en gestos y palabras irremediables de la infancia. Las Florecillas del Diablo. Contemplar sin pausa este horror: lo que ha sido, será.

23 de diciembre. El niño que pasaba el día y la noche entre los hombres y las mujeres, sabiendo vagamente, no creyendo que aquélla fuese la realidad, sufriendo en fin que existiese el sexo, ¿no anunciaba al hombre que pasa entre hombres y mujeres, sabiendo, creyendo que ésta es la única realidad, sufriendo atrozmente de su mutilación? Esta sensación de que el corazón termine por hundirse, este vértigo que me desgarra y anonada el pecho, ni siquiera en el desengaño de abril la había sentido.

Me había reservado (¡como un ratón, muchacho!) el dejar

234

formarse aquella cicatriz y luego (un soplo y una caricia, un suspiro) la han vuelto a abrir y desgarrar, y añadido el nuevo mal.

Ni desengaño ni celos me habían producido nunca este *vértigo de la sangre*. Hacía falta la impotencia, la convicción de que ninguna mujer disfruta un polvo conmigo, que no lo disfrutará jamás (somos lo que somos) y de ahí esta angustia. Si no otra cosa, puedo sufrir sin avergonzarme: mis penas no son ya de amor. Pero éste es verdaderamente el dolor que acogota todas las energías: si no se es hombre, si no se posee la potencia de ese miembro, si se debe pasar entre las mujeres sin poder pretender, ¿cómo es posible hacerse fuerza y aguantar? ¿Hay un suicidio mejor justificado?

A un pensamiento tan tremendo, es justo que corresponda ese inaudito sentimiento de aplastamiento, de desvanecimiento en el pecho, en los músculos y en el corazón, hasta ahora sólo un momento, pero ¿y el día que dure más, que llene una hora o una jornada?

Y ésa se siente humillada porque —para divertirse— hace una cosilla alegre. Y me dice esto después del 13 de agosto. Y no se le ocurre llorar. ¡Y "me quiere mucho"! ¡Maldito Dios!

1938

(noche, insomnio)

17 de enero. No sólo él puede disfrutarla todas las tardes y todas las noches —verla comer, verla dormir, saber que todavía la tendrá mañana, hablar de ella como de sí mismo, sentirse saciado de ella, una dulce y reposada saciedad virtuosa, no sólo ser su vida, sino que tampoco debe sufrir lo que sería desagradable—, conocer su pasado, saber de la ligera infidelidad, que —pobrecito— le perturbaría los jugos gástricos y los genitales. Una camisa rosa, una noche tranquila, un cuerpo libidinoso y enteramente suyo, miradas graves de reconocimiento y esas caricias que tú sabes: todo eso debe tenerlo enteramente, sin molestias y sin recelo, a domicilio.

Tú has pasado ocho meses de angustia, has sufrido *en la carne* el horror de la traición, has sufrido el horror de la soledad como exclusión, has sido dejado en el envilecimiento más atroz (el del hombre del que se dice: Es un infeliz. Le ha mandado al confinamiento y luego se ha hecho joder por otro) y sin embargo has desaparecido, has ido tirando como has podido, has perdonado y tendido otra vez la mano.

¿Qué dirías si un amigo tuyo se encontrase en este estado?

Muchos que hacen de muertos edificantes, si los curasen *in extremis* volverían a enfurecerse.

> *Yet we all kill the thing we love*
> *by all let this be heard*
> *some do it with a bitter look*
> *some with a flattering word...* *

No sólo la has perdido (porque tenerla así no es tenerla) sino que también debes verla en su rostro pecador. El no sólo se la ha encontrado entre los brazos, sino que debe vivir una vida de legítimas dulzuras y confianzas.

Amar sin reservas mentales es un lujo que se paga, se paga, se paga.

19 de enero. No hay absolutamente nadie que haga un sacrificio sin esperar una compensación. Todo es cuestión de mercado.

26 de enero. Si se diese cuenta de hacerle sufrir a él la mitad de lo que te deja sufrir cada día, caería a sus pies y le pediría perdón.

Qué ingenuo eras creyendo, en abril del 36, que habías tenido tu razón. Ahora sabes que, cuando se ha empezado a atormentar a una persona se convierte en una necesidad aficionarse a esa persona y continuar, continuar con toda ferocidad para

---

* "Aunque todos matemos a lo que amamos, / que todos oigan esto: / unos lo hacen con mirada amarga, / otros con una palabra amable..."

reducirla al extremo. Se la puede llamar filantropía: una vez herido mortalmente un animal, se le sigue hasta la madriguera para acabar con sus sufrimientos. ¿Qué reproches puedes hacerle si no que va despacio, demasiado despacio y no te aplasta de una vez por todas?

No se huye del propio carácter: misógino eras y misógino sigues siendo. ¿Quién lo creería?

¿Está claro o no que sin ella no aceptas ya la vida? ¿Está claro que nunca se volverá atrás y, si también, que ya nos hemos ultrajado demasiado para convivir de nuevo? ¿Y en consecuencia?

¿Por qué escribir estas cosas que ella leerá y acaso la decidan a intervenir y tomarte las vueltas? ¿Qué otra vida harías en este caso sino octubre del 37?

Recuerda que todo está escrito: febrero del 34, la primera vez que has subido aquella escalera y te has parado a pensar que quizás era el principio del fin.

25 de febrero. En la pausa de un tumulto pasional —hoy ¿el último?— renace el deseo de la poesía. En la lenta atonía de un silencioso colapso nace el deseo de prosa.

El final violento y extremado de una pasión se parece a tu llegada a Brancaleone. Has mirado a tu alrededor sorprendido, y has visto aire, casas, la playa somera, todo en colores ásperos y tiernos, como el rosa en una pared rugosa. Y has lanzado un suspiro de alivio.

Claros, los primeros días. ¿Pero y luego? ¿Apenas te has dado cuenta de que estabas solo?

Hay que confesar que has pensado y escrito muchas trivialidades en el diarito de estos meses.

Lo confieso, pero ¿hay algo más trivial que la muerte?

Razonamiento de enamorado: si me hubiese muerto, ella continuaría viviendo y riendo y corriendo a favor del viento. Pero me ha dejado y continúa viviendo y riendo, etc. Conque estoy como muerto.

26 de marzo. Y sin embargo les ha sucedido a *muchos* que un amor les ha destruido y asesinado. ¿Soy quizá más guapo para que no deba pasarme a mí?

Ahora, la lucha no es entre sobrevivir o decidirme al salto. Es entre decidirme a saltar solo, como siempre he vivido, o llevarme conmigo una víctima, para que el mundo lo recuerde.

Todos los días, todos los días, de la mañana a la noche, pensaré así. Nadie lo cree: es natural. Es quizás ésta mi verdadera cualidad (no el ingenio, no la bondad, no nada): estar encenegado por un sentimiento que no me deja célula del cuerpo sana.

Es de verdad el último orgullo: nadie habría resistido durante nueve meses semejante amargura. Tampoco a ella cuando habla: otro —cualquiera— a estas horas, ya la habría matado.

"Te quiero, querida, y te odio, eres para mí literalmente el aire que respiro, si me faltas te maldigo como un anegado; me duele físicamente estar lejos de ti; no eres para mí una mujer, eres la misma existencia; donde tú estás está mi casa, todo el resto no es nada..."

"¿Cómo estamos de cojones? Veamos si me haces disfrutar."

"¿Cuándo habrás terminado de querer hacer amistades llevándote a la gente a la cama? De esta manera, sólo haces desgraciados."

"Entonces no volveremos a vernos". —Su lógica.

—¿Por qué piensas siempre en ti?
—Si no pienso yo, ¿quién piensa?

La cosa secreta y más atrozmente temida, sucede siempre.

De niño, pensaba *estremeciéndome* en la situación de un enamorado que ve a su amor casarse con otro. Me *ejercitaba* con este pensamiento. Y *voilà.*

10 de noviembre. La literatura es una defensa contra las ofensas de la vida. Le dice "Tú no me engañas: sé cómo te comportas, te sigo y te preveo, me gusta verte actuar y te robo tu secreto componiéndote en avisadas construcciones que detienen tu flujo".

Este juego aparte, la otra defensa contra las cosas es el silencio cosechado por el disparo. Pero hay que imponérselo, no dejárselo imponer. Ni siquiera por la muerte. Escoger nosotros mismos un mal es la única defensa contra este mal. *Esto* significa la aceptación del sufrimiento. No resignación, sino disparo. Digerir el mal de golpe. Tienen ventaja los que, por índole, saben sufrir de modo impetuoso y totalitario: así se desarma al sufrimiento, se lo convierte en nuestra creación, elección, resignación. Justificación del suicidio.

Aquí no hay claridad que valga. ¿O no es quizá la verdadera caridad este lanzamiento violento de sí mismo?

1939

(29 de abril.) Observando que en el otoño del 38 he encontrado un estilo y un filón de pensamientos centrípetos. Observando también que por primera vez en la vida me doy consejos de comportamiento, es decir, tengo teóricamente determinada mi voluntad. Y en seguida he podido escribir una novela que es la experiencia de esta actitud.

Un buen principio sería modificar el propio pasado.

1940

(22 de febrero.) El interés de este diario sería el imprevisto repulular de pensamientos, de estados conceptuales, que de por sí, mecánicamente, indica los grandes filones de tu vida interior. De vez en cuando tratas de entender qué piensas, y sólo *après coup* vas a toparte en él con los engranajes con los días pasados.

Es la originalidad de estas páginas: dejar que la construcción

239

se haga por sí misma, y ponerte delante, *objetivamente*, tu espíritu.

Hay una confianza metafísica en este esperar que la sucesión psicológica de tus pensamientos se configure en construcción.

(7 de octubre.) ¿Será verdad que tú te enamoras solamente de mujeres muy *répandues* (bailarina, Tina, Gôgnin) y por eso te gusta de ellas lo que *all-desidered* y sufres porque querrías ser el único que lo poseyese?

La verdadera genialidad, en estas cosas, no es conquistar una mujer ya deseada por todos, sino descubrir una preciosa en un ser ignorado. (Cenicienta.)

(10 de octubre.) Hay un arte de recibir en la cara los latigazos del dolor, y hay que aprenderlo. Dejar que cada asalto se acabe; un dolor asalta una y otra vez, lo hace para morder con más resolución y concentración. Y tú, mientras tiene los dientes clavados en un sitio e inyecta en él su ácido, acuérdate de mostrarle otro sitio y hacerte morder en él; aliviarás el primero. Un verdadero dolor está hecho de *muchos* pensamientos; ahora bien, pensamientos se piensa uno solo cada vez; aprende a brujulear entre los muchos, y conseguirás que reposen sucesivamente las zonas doloridas.

30 de octubre. El dolor no es en modo alguno un privilegio, un signo de nobleza, un aviso de Dios. El dolor es una cosa bestial y feroz, trivial y gratuita, natural como el aire. Es impalpable, no se deja agarrar y rehúye el combate; vive en el tiempo, es lo mismo que el tiempo; si tiene sobresaltos y alaridos, los tiene sólo para dejar atrás más indefenso a quien sufre, en los instantes que seguirán, en los largos instantes en que se saborea el tormento pasado y se espera el siguiente. Estos sobresaltos no son el dolor propiamente dicho, son instantes de vitalidad inventados por los nervios para hacer sentir la *duración* del dolor verdadero, la duración tediosa, exasperante, infinita del tiempo-dolor. Quien sufre está siempre en estado de espera, espera del sobresalto y espera del nuevo sobresalto doloroso. Llega el momento en que se prefiere la crisis del alarido a su espera. Llega el momento en que se grita sin necesidad, con tal de romper la corriente del tiempo, con tal de sentir que *sucede algo,* que la duración eterna del dolor bestial se ha interrumpido un instante, aunque sea para intensificarse.

A veces se llega a sospechar que la muerte —el infierno— consistirá aún en el fluir de un dolor sin sobresaltos, sin voz, *sin instantes,* todo tiempo y toda eternidad, incesante como el fluir de la sangre en un cuerpo que ya no morirá.

1950

9 de marzo. Palpitaciones, escalofríos, infinitos suspiros. ¿Es posible a mis años? No me sucedía de otra manera a los 25. Y sin embargo tengo un sentimiento de confianza, de (increíble) tranquila esperanza. Es tan buena, tan sosegada, tan paciente. Tan hecha para mí. Después de todo, ella es quien me ha buscado.

¿Pero por qué no me he atrevido el lunes? ¿Miedo? ¿Miedo del "viernes 13", miedo de mi impotencia? Es un paso terrible.

16 de marzo. El paso ha sido terrible pero ya está dado. Increíble dulzura de ella, palabras de esperanza. *Darling,* sonrisas, largo repetido placer de estar conmigo. Las noches de Cervinia, las noches de Turín. Es una muchacha, una chica normal. Y sin embargo es ella, terrible. Con toda sinceridad: yo no merecía tanto.

25 de marzo. No nos matamos por el amor de *una* mujer. Nos matamos porque un amor, cualquier amor, nos revela en nuestra desnudez, miseria, indefensión, nada.

27 de mayo. La beatitud del 48-49 está enteramente expiada. Detrás de aquella satisfacción olímpica estaba esto, la impotencia y el rechazo a comprometerme. Ahora, a mi modo, he entrado en el remolino: contemplo mi impotencia, me la siento en los huesos, y me he comprometido en la responsabilidad política, que me aplasta. La respuesta es una sola: suicidio.

17 de agosto. Es la primera vez que hago balance de un año todavía no terminado.

En mi oficio soy rey.

En diez años lo he hecho todo. ¡Si pienso en las dudas de entonces!

— Nunca he estado más desesperado y perdido que entonces. ¿Qué he conseguido? Nada. He ignorado durante unos años mis taras, he vivido como si no existiesen. He sido estoico. ¿Era heroísmo? No, no me ha costado nada. Y luego, al primer asalto de la "inquieta acongojada", he vuelto a caer en las arenas movedizas. Desde marzo me debato en ellas. No importan los nombres. ¿Son algo más que nombres al azar, nombres casuales, si no aquellos, otros? Queda que ahora sé cuál es mi más alto triunfo, y a este triunfo le falta la carne, le falta la sangre, le falta la vida.

No tengo nada que desear en este mundo, salvo que quince años de fracasos excluyen ahora.

Este es el balance del año no acabado, que no acabaré.

¿Te asombra que los demás pasen a tu lado y no sepan, cuando tú pasas al lado de tantos y no sabes, no te interesa, cuál es su pena, su cáncer secreto?

18 de agosto. Siempre sucede lo más secretamente temido. Escribe: Oh Tú, ten piedad. ¿Y después? Basta un poco de valor.

Cuanto más preciso y determinado es el dolor, más se debate el instinto de vivir, y se debilita la idea del suicidio.

Parecía fácil, al pensarlo. Y sin embargo hay mujercitas que lo han hecho. Hace falta humildad, no orgullo.

Todo esto da asco.
No palabras. Un gesto. No escribiré más.

IX

Witold Gombrowicz

El Anómalo

Como los diarios de Kafka, de Virginia Woolf, de Katherine Mansfield, de Pavese o de John Cheever, el de Witold Gombrowicz es menos una crónica de la vida de su autor que su equivalente gigantesco y persuasivo. No se propone emitir ninguna verdad acerca de esa vida; se postula para sustituirla. Al revés de los diarios de circunstancias, donde el género cumple un papel coyuntural, como de emergencia, el diario de Gombrowicz se extiende prácticamente a lo largo de toda su vida, siguiéndola como una sombra. Catorce años, tres gruesos tomos, más de mil páginas. De ahí la decepción con que lo leen los sabuesos entrenados para sorprender secretos espectaculares. Todo aquí es público, frontal, de una hipervisibilidad casi teatral. Nada de suspensos póstumos ni de revelaciones sorpresivas. Por una vez, víctima de ese arte aberrante de la inversión del que Gombrowicz era un maestro, el diario íntimo ya no promete añadir otra cara —la más oculta, la definitiva— al mapa facial de un escritor famoso. Más bien es la *construcción* lenta y tenaz de un rostro (acaso uno de los primeros que haya tenido este polaco prófugo), y la prueba de ese carácter casi promocional del diario es que el mismo Gombrowicz fue publicando cada tomo a medida que lo escribía, al punto tal, incluso, que muchas veces el diario era su única obra conocida. Es el diario como autoidentikit, como diseño de imagen, como planificación política. ¿Cómo hacer de una vida oscura, de unos pasos en fuga, de una voluntad menor el emblema convincente de una máquina literaria de choque, pura risa y pura agresividad?

Por suerte para los argentinos, una buena parte del diario de Gombrowicz transcurre en la Argentina, a donde lo trajo en 1939 el viaje inaugural del Chrobry, un inexperto transatlántico polaco. Tal vez la compañía naviera fuera demasiado joven para adivinar que ese mismo año la guerra estallaría en Europa, y demasiado ajena a la literatura para prever que Gombrowicz quedaría varado en Buenos Aires, con su aire de aristócrata apócrifo y sus insolentes modales literarios. Esa es, pues, la catástrofe que está en el origen de este diario mordaz y risueño, fastidioso como un zumbido a la hora de la siesta. ¿Cuánto podía durar ese exilio forzado? ¿Un mes, un año, toda la guerra? Que Gombrowicz permaneciera en la Argentina casi un cuarto de siglo parece más una cuestión *de estilo* que una insidiosa fatalidad histórica. Hacer del destierro no un lamento sino una pasión, del anonimato una fuerza, de la imperceptibilidad una estrategia. Gombrowicz es el Wakefield del siglo XX: alguien que "huye con la facha entre las manos", que se borra las huellas de las yemas de los dedos, que cambia de lengua, de nombre y de cara y que emprende la única aventura que el mundo todavía no ha logrado anestesiar: la aventura de la clandestinidad.

El *Diario Argentino* de Gombrowicz es un retrato del escritor como "ser confidencial, nocturno, casi subterráneo". El artista como murciélago, rata, topo o mimosa. Es un retrato deliberado, lleno de astucias y de ardides solapados: la típica imagen de artista donde van a desmoronarse todas las ilusiones de sinceridad que a menudo alientan, todavía, los diarios íntimos. Es un diario de comediante o de bufón, lleno de vistosas entradas a escena, de gestos y de alardes exhibicionistas, tan físico que parece menos destinado a expresar nada que a ocupar un espacio a los codazos. Y al mismo tiempo, con toda su majestuosa insinceridad, con la infatigable energía que invierte en construir, deformar y restablecer la propia imagen, el diario de Gombrowicz inaugura una dimensión de modernidad que parece relegar a sus colegas a una suerte de prehistoria del género. A esa antesala arcaica, a su gravedad y su lentitud inevitables, Gombrowicz opone una velocidad única, suerte de manía de aceleración dotada de una fantástica capacidad para abrir atajos y suprimir distancias. Esa fuerza nueva, que resplandece contra el fondo denso del género, es *la risa*, y es la única fuerza capaz de apropiarse de esa experiencia de descolocamiento que recorre todo el *Diario* de Gombrowicz. El descolocado es el Anómalo, el que está fuera de toda proporción, aquel en el que fracasan todas las escalas, una suerte de pura inconmensurabilidad. "Yo mismo era la enfermedad, es decir la anomalía, es decir algo emparentado con la muerte, y no tenía tanto miedo de un fantasma como de no tener miedo suficiente...". Pero el Anómalo, al mismo tiempo, es el verdadero precursor de lo desconocido, el que, privado de todo espacio propio, no hace sino trazar diagonales entre los lugares que bordea, conectar puntos distantes, producir rozamientos imprevistos, chispazos, una combustión... Si el *Diario Argentino* es el gran tratado de la transversalidad literaria, el arma decisiva que lo toma todo por asalto es lo cómico, esa "nube que se acerca, una bruma que se espesa, un murmullo en la maleza, algo que despunta en el horizonte, que se insinúa desde el exterior, se infiltra en secreto, se acerca por todos lados...".

DIARIO ARGENTINO

Viernes. Fui a Ostende, una tienda de moda, y compré un par de zapatos amarillos que me resultaron demasiado estrechos. Volví a la tienda y los cambié por otro par de zapatos del mismo modelo y número, idénticos bajo todos los aspectos; me resultaron igualmente estrechos.

A veces me asombro conmigo mismo.

Jueves. Me levanté como de costumbre alrededor de las diez y desayuné: té con bizcochos y un plato de cereales. Cartas: una de Litka, Nueva York; otra de Jelenski, París.

A las doce me dirigí a la oficina (caminando; es cerca). Hablé por teléfono con Maril Alberes sobre la traducción y con Russo para arreglar los detalles de nuestro próximo viaje a Goya. Llamó Ríos para decirme que ha vuelto de Miramar y Dabrowski para tratar el asunto del apartamiento.

A las tres café y pan con jamón.

Salí de la oficina a las siete y fui a la avenida Costanera a respirar un poco de aire fresco (hace calor, 32 grados). Pensaba en lo que me contó ayer Aldo. Después fui a casa de Cecilia Benedit para llevarla a cenar. Comí una sopa, un bistec con papas, ensalada y compota. Hacía tiempo que no la veía, me relató sus aventuras en Mercedes. Llegó a sentarse en nuestra mesa una cantante. Hablamos también de Adolfo y su astrología. De allí, alrededor de la medianoche, me dirigí al *Rex* a tomar un café. Eisler se sentó a mi mesa. Nuestras conversaciones son por este estilo: "¡Qué tal, señor Gombrowicz!" "Tranquilícese un momento, Eisler, se lo agradeceré mucho."

De regreso a casa entré en el *Tortoni* a recoger un paquete y a conversar con Pocho. En casa leí el *Diario* de Kafka. Me acosté a eso de las tres.

Publico esto para que me conozcan en la intimidad.

Viernes. Escribo este diario sin ganas. Su sinceridad me fatiga. ¿Para quién escribo? ¿Si tan sólo para mí, por qué se imprime? ¿Y si lo es para el lector por qué finjo entonces conversar conmigo mismo? ¿Hablar con uno mismo para que lo oigan los demás?

Cuán lejos me encuentro de la seguridad y el aliento que vibran en mí en el momento —perdonad— de "crear". Aquí, en estas páginas, me siento como si estuviera saliendo de la noche bendita a la dura luz de la mañana que me llena de bostezos y saca a la claridad mis imperfecciones. La falsedad existente en el principio mismo del diario me intimida, les ruego me disculpen... (Pero tal vez estas últimas palabras son superfluas, son ya pretenciosas.)

Sin embargo advierto que uno debe ser el mismo en todos los niveles de la escritura; es decir que debería poder expresarme no sólo en un poema o un drama, sino también en la prosa ordinaria, en un artículo o en el diario... y el vuelo del arte tiene que encontrar su correspondencia en la región de la vida cotidiana, igual que la sombra del cóndor se refleja sobre la tierra. Es más, este tránsito al mundo cotidiano desde el campo distante de las profundidades más lejanas, casi en el subsuelo, es para mí algo de inmensa importancia. Quiero ser un globo, pero cautivo; una antena, pero clavada en el suelo; quiero ser capaz de traducirme al idioma ordinario. Sí, pero *traduttore, traditore.* Es ahí donde me traiciono, donde estoy por debajo de mí mismo.

La dificultad consiste en que escribo sobre mí, pero no en la noche, no en la soledad, sino precisamente en un periódico, en medio de la gente. No puedo, en tales condiciones, tratarme con la seriedad debida; debo ser "modesto"... y otra vez me cansa como me ha cansado toda la vida —lo que tanto ha influido en mis relaciones con los hombres— esta necesidad de menospreciarme para adaptarme a los que me menosprecian o a quienes no tienen de mí la más remota idea. No quiero de ningún modo someterme a esa "modestia", a la que considero enemiga mortal. ¡Felices los franceses que escriben sus diarios con tacto! No creo en el valor de ese tacto, sé que solamente consiste en evitar con tacto un problema que por su naturaleza misma rechaza todo tacto.

Pero debería yo tomar el toro por los cuernos. Desde la infancia me inicié en este asunto, creció conmigo. Hoy, en verdad, debería sentirme completamente liberado. Sé, y lo he dicho más de una vez, que todo artista debe tener pretensiones (porque pretende al pedestal de un monumento), pero que a la vez esconder dichas pretensiones es un error de estilo, es la prueba de una mala "solución interna". Hay que abrirse. Poner las cartas sobre la mesa. Escribir no significa sino la lucha del artista contra los demás por resaltar su propia superioridad.

¿Qué valor puede tener en todo caso esta idea si no soy capaz de realizarla aquí, en el diario? Sin embargo no logro hacerlo, algo me lo impide; cuando entre la gente y yo no existe una forma artística, el contacto se vuelve demasiado molesto. Debería tratar este diario como un instrumento de mi devenir ante ustedes... obligarlos a que me enfoquen de cierta manera, de una manera que hiciera en mí posible (aparezca la palabra peligrosa) el talento. Sea pues este diario más moderno y más consciente y quede impregnado de la idea de que mi talento sólo puede nacer en la relación a ustedes, es decir que sólo ustedes pueden incitarme al talento, es más: crearlo en mí.

Desearía que se reflejara en mi persona esto que sugiero. Imponerme a los hombres como personalidad para luego permanecer sometido a ellos durante el resto de la vida. Otros diarios podrían ser al mío lo que es la expresión "así soy yo" en relación a "quiero ser así". Nos hemos acostumbrado a las palabras muertas que solamente afirman, pero son mejores las que llaman a la vida. *Spiritus movens*. Si lograra convocar este espíritu en movimiento en las páginas del diario, podría realizar no pocas cosas. Podría ante todo (y eso lo necesito aun más por ser un autor polaco) romper esta estrecha jaula de nociones en las que desearían aprisionarme. Demasiados hombres dignos de mejor suerte se han dejado encadenar. Soy yo y nadie más que yo quien debe designarme el papel que me corresponde.

Y luego, al internarme —en cierta forma a título de proposición— en cuestiones más o menos relacionadas conmigo, me siento dirigido a otras iniciaciones que aún me son desconocidas. Internarme lo más lejos posible en los terrenos vírgenes de la cultura, en sus parajes todavía casi salvajes, es decir indecentes, y al incitaros a la drasticidad, incitarme también yo... Porque quiero encontrarme con ustedes precisamente en esa selva, relacionarme con ustedes de manera difícil e incómoda tanto para ustedes como para mí. Por otra parte, ¿acaso no tengo que separarme del pensamiento europeo contemporáneo, acaso no son enemigas mías las corrientes y doctrinas a las que me asemejo? Debo atacarlas para forzarme a ser diferente... y forzarles a ustedes a confirmar tal diferencia. Descubrir mi presente, relacionarme con ustedes en la época actual.

Quisiera empezar a construirme un talento en este cuadernillo, a la vista de todos... de modo tan evidente como Henryk en el tercer acto de mi obra *El matrimonio* se fabrica ese matrimonio... ¿Por qué a la vista de todos? Porque quiero dejar de ser para ustedes un enigma demasiado fácil. Al introducirnos en las entretelas de mi ser, me obligo a penetrar en una profundidad aun más lejana.

Todo eso en el caso de lograr captar el espíritu en movimiento. Pero no me siento con fuerzas... Desde hace tres años, desgraciadamente, me desvinculé del arte puro. Mi trabajo literario no es de aquellos que se pueden practicar de pasada los domingos y días festivos. Comencé a escribir este diario precisamente para salvarme, por miedo a la degradación y a la inmersión definitiva en la marea de vida trivial que me llega ya hasta la boca. Pero resulta que tampoco aquí soy capaz de un esfuerzo pleno. No se puede ser "una nada" durante la semana para lograr existir el domingo. Ustedes, periodistas, concejales respetables y aficionados, no debéis temer nada. Ya no os amenaza ninguna presunción mía, ningún misterio. Al igual que ustedes, que el universo entero, me deslizo hacia el periodismo.

Viernes. Con el pintor español Sanz en *El Galeón.* Vino a pasar dos meses, vendió cuadros por varios centenares de miles de pesos, conoce a Lobodowski y lo aprecia mucho. A pesar de haber ganado mucho dinero en la Argentina habla sin entusiasmo del país. "En Madrid uno se sienta a la mesa de cualquier café y aunque no espere nada concreto, sabe que todo puede ocurrir: la amistad, el amor, la aventura. Aquí uno sabe que nada ocurrirá".

Pero el descontento de Sanz es muy moderado en comparación con lo que dicen otros turistas. Esas muecas de los extranjeros respecto a la Argentina, sus críticas altaneras, sus juicios sumarios, me parecen desprovistos de calidad. La Argentina está llena de maravillas y encanto, pero el encanto es discreto, arropado en una sonrisa que no quiere expresar demasiado. Hay aquí una buena "materia prima" aunque todavía no sea posible fabricar productos. No hay una catedral de Notre Dame ni un Louvre, en cambio a menudo se ven por la calle dentaduras deslumbrantes, magníficos ojos, cuerpos armoniosos y ágiles. Cuando de vez en cuando llegan de visita los cadetes de la marina francesa, la Argentina se arrebata —es algo obvio e inevitable— de admiración, como si contemplara al mismo París, pero dice: "¡Lástima que no sean más apuestos!" El aroma de París de las actrices francesas embriaga naturalmente a los argentinos, pero comentan: "No hay una sola que tenga todo en orden." Este país, saturado de juventud, tiene una especie de perennidad aristocrática propia de los seres que no necesitan avergonzarse y pueden moverse con facilidad.

Hablo solamente de la juventud porque la característica de la Argentina es una belleza joven y "baja", próxima al suelo, y no se la encuentra en cantidades apreciables en las capas medias o superiores. Aquí únicamente el vulgo es distinguido. Sólo el pueblo es aristócrata. Unicamente la juventud es infalible. Es un país al revés, donde el pillo vendedor de una revista literaria tiene más estilo que todos los colaboradores de esa revista, donde los salones —plutocráticos o intelectuales— espantan por su insipidez, donde al límite de la treintena ocurre la catástrofe, la total transformación de la juventud en una madurez por lo general poco interesante. La Argentina, junto con toda América, es joven porque muere joven. Pero su juventud es también, a pesar de todo, inefectiva. En las fiestas de aquí es posible ver cómo al sonido de la música mecánica un obrero de veinte años, que es en sí una melodía de Mozart, se aproxima a una muchacha que es un vaso de Benvenuto Cellini, pero de esta aproximación de dos obras maestras no resulta nada... Es un país, pues, donde no se realiza la poesía, pero donde con fuerza inmensa se siente su presencia detrás del telón, terriblemente silenciosa.

Es mejor no hablar de obras maestras porque esa palabra en la Argentina carece de sentido... aquí no existen obras maestras, sino solamente obras, aquí la belleza no es nada anormal sino que constituye precisamente la materialización de una salud ordinaria y de un desarrollo mediocre, es el triunfo de la materia y no una revelación de Dios. Y esta belleza ordinaria sabe que no es nada extraordinario y por eso no se tiene el menor aprecio; una belleza absolutamente profana, desprovista de gracia... y sin embargo, por su esencia misma parece estar fundida con la gracia y la divinidad, resulta fascinante por aparecérsenos como una renunciación.

Y ahora:

Lo que ocurre con la belleza física sucede también con la forma... La Argentina es un país de forma precoz y fácil. No es posible ver aquí esos dolores, caídas, suciedades, torturas que son el acompañamiento de una forma que va perfeccionándose con lentitud y esfuerzo. Es raro que alguien meta la pata. La timidez es una excepción. La tontería manifiesta no es frecuente y estos hombres no caen en el melodrama, el sentimentalismo o el patetismo y la bufonería, al menos nunca por completo. Pero a consecuencia de esta forma que madura precoz y llanamente (gracias a la cual el niño se mueve con la desenvoltura del adulto) que facilita, que pule, en este país no se ha formado una jerarquía de valores en el concepto europeo y es eso tal vez lo que más me atrae de la Argentina. No sienten repugnancia... no se indignan... no condenan... ni se avergüenzan en la misma medida que nosotros. Ellos no han vivido la forma, no han experimentado su drama. El pecado en la Argentina es menos pecaminoso, la santidad menos santa, la repugnancia menos repugnante y no sólo la belleza del cuerpo, sino en general cada virtud es aquí menos señera, está dispuesta a comer en el mismo plato que el pecado. Aquí surge algo en el aire que nos desarma. El argentino no cree en sus propias jerarquías o las considera como algo impuesto. La expresión del espíritu en la Argentina no es convincente; ellos lo saben mejor que nadie: existen aquí dos idiomas distintos, uno público, que sirve al espíritu: ritual y retórico; otro privado, por medio del cual los hombres se comunican a espaldas de los demás. Entre esos dos idiomas no existe la menor relación y el argentino oprime el botón que lo traslada a la grandilocuencia para después oprimir el que lo devuelve a la vida cotidiana.

¿Qué es la Argentina? ¿Es acaso una masa que no llega todavía a ser pastel, es sencillamente algo que no ha logrado cuajar del todo o es una protesta contra la mecanización del espíritu, un gesto desdeñoso e irritado del hombre que rechaza la acumulación demasiado automática, la inteligencia demasiado inteligente, la belleza demasiado bella, la moralidad demasiado moral? En este clima, en esta constelación podría surgir una protesta verdadera y creadora contra Europa... si la blandura encontrase algún camino para convertirse en dureza... si la indefinición pudiera convertirse en programa, es decir en definición.

III

Domingo. Quiero concluir el relato sobre mi pasado argentino. Ya he descrito el estado de espíritu en que regresé de La Falda a Buenos Aires.

En aquel entonces me hallaba a miles de kilómetros de la literatura. ¿El arte? ¿Escribir? Todo eso se había quedado en el otro continente, como detrás de un muro, muerto... y yo, "Witoldo", acriollado ya, aunque de vez en cuando aun me presentaba como "escritor polaco" era sólo uno de tantos expatriados que hospedaba esta pampa, despojado hasta de la nostalgia por el pasado. Había roto... y sabía que la literatura no podría procurarme en esta Argentina agraria y ganadera ni situación social ni bienestar material. Entonces, ¿para qué? Sin embargo, en la segunda mitad del año 1946 (pues el tiempo sí corría) encontrándome, como tantas veces, con los bolsillos totalmente vacíos y sin saber dónde obtener algún dinero tuve una inspiración: le pedí a Cecilia Debenedetti que financiara la traducción de *Ferdydurke* al español, reservándome seis meses para hacerlo. Cecilia asintió de buena gana. Me puse entonces al trabajo que se efectuaba así: primero traducía como podía del polaco al español y después llevaba el texto al café *Rex* donde mis amigos argentinos repasaban conmigo frase por frase, en busca de las palabras apropiadas, luchando con las deformaciones, locuras, excentricidades de mi idioma. Dura labor que comencé sin entusiasmo, solamente para sobrevivir durante los meses próximos; mis ayudantes americanos también lo encaraban con resignación, como un favor que había que hacer a una víctima de la guerra. Pero, cuando teníamos traducidas algunas páginas, *Ferdydurke*, libro ya muerto para mí, que yacía sobre la mesa como cualquier otro objeto, empezó de repente a dar signos de vida... y percibí en los rostros de los traductores un interés creciente. ¡Más tarde, ya con evidente curiosidad, comenzaron a penetrar en el texto!

Pronto la traducción comenzó a atraer gente y algunas sesiones del *Rex* se vieron colmadas de asistentes. Pero quien tomó el asunto a pecho, como algo propio, quien ocupó la "presidencia" del "comité" formado por algunos literatos para dar la última redacción, fue Virgilio Piñera, escritor cubano recién llegado al país. Sin su ayuda y la de Humberto Rodríguez Tomeu, también cubano, quién sabe si se hubieran salvado las dificultades de esta —como calificó la crítica— notable traducción. Evidentemente. No era por casualidad que Piñera y Rodríguez Tomeu, dos "niños terribles" de América, hastiados hasta lo indecible, hastiados y desesperados ante las cursilerías del *savoir vivre* literario local, pusieran sus afanes al servicio de esta empresa. Olfateaban la sangre. Anhelaban el escándalo. Resignados de antemano, a sabiendas de que "no pasaría nada", de antemano vencidos, estaban sin embargo hambrientos de lucha *post mortem*. Se advertía en ellos las terribles debilidades de la aristocracia espiritual americana, crecida rápidamente, alimentada en el extranjero, que no encontraba en su continente nada en que apoyarse. Pero —y no fueron pocos los americanos de este tipo que encontré— la muerte les daba una vitalidad particular, al aceptar el fracaso como algo inevitable tenían una capacidad de lucha digna de envidia. Humberto Rodríguez Tomeu se vistió, frente a la llovizna de conferencias, recitales poéticos y demás actos culturales, con un impermeable impregnado de un humor mortalmente impávido. El alma trágica de Virgilio Piñera se manifestó con fuerza poco común en su novela *La carne de René*, publicada algunos años después, obra en la que la carne humana aparece sin posibilidad de redención, como servida en un plato, como algo totalmente carente de cielo. ¿A qué se debe, en última instancia, el sadismo de esta carnicería, tan hondamente americano que para la América no oficial, oculta, adolorida, podría servir casi de himno? ¿No sería ése el dolor del americano culto que no logra encontrar su propia poesía... el cual, enfurecido por no ser lo bastante poético, se vuelve contra las fuentes de la vida, blasfemando?

Para tales espíritus, *Ferdydurke* podía resultar atractivo. En lo que a mí se refiere, no había leído el libro desde hacía siete años, estaba borrado de mi vida. Ahora lo leía de nuevo, frase tras frase... y sus palabras carecían para mí de importancia. La Nada de las palabras, la Nada de las ideas, problemas, estilos, actitudes, aun la Nada de la rebelión... la Nada del arte. ¡Palabras, palabras, palabras!... Todo eso no lograba curarme, el esfuerzo sólo me hundió más en el verdor de mi inmadurez. ¿Para qué había enfrentado una vez más esta inmadurez sino para que me arrastrara consigo? En *Ferdydurke* están en pugna dos amores y dos tendencias; una hacia la madurez y otra hacia la inmadurez eternamente rejuvenecedora... el libro es la imagen de alguien que, enamorado de su inmadurez, pugna por la madurez. Más, era evidente que no lograba sobreponerme a ese amor ni civilizarlo, y él, agreste, ilegal, secreto, me desbastaba igual que antes, como una fuerza prohibida. ¿Para qué entonces había escrito el libro? Y... ¡qué impotencia la del verbo frente a la vida!

Sin embargo, ese texto inocuo para mí se volvía eficaz con el mundo exterior. Frases para mí muertas renacían en otros... ¿de qué otro modo podía explicar que de repente el libro se volviera valioso y cercano a esta juventud literaria?... Y eso no sólo como arte, sino también como acto de rebelión, de revisión, de lucha. Comprobaba en esos jóvenes que había tocado puntos de la cultura sensibles y críticos, y a la vez veía cómo ese ardor, que, aislado en cada uno de ellos, no hubiese durado a lo mejor mucho, empezaba a consolidarse entre ellos, por el efecto de una excitación y una reafirmación recíproca. Pues bien, si eso ocurría con ese grupito, ¿por qué no tendría que repetirse con otros cuando *Ferdydurke* fuera publicado? ¿Podría tener el libro aquí en el extranjero la misma repercusión que en Polonia, o quizás aun mayor? Mi libro era universal. Uno de los escasos libros capaces de conmover al lector de calidad más allá de las fronteras nacionales. ¿Y en París? Descubrí que la carrera mundial de *Ferdydurke* no pertenecía sólo a la región de los sueños (cosa sabida pero que había yo olvidado).

No obstante, mi naturaleza, encadenada a la inferioridad, se encabritaba frente a la mera posibilidad de ascenso; y esta segunda irrupción de la literatura en mi vida podía convertirme —así me lo temía— en una liquidación definitiva de Retiro. Debo relatar algo característico: cuando se editó *Ferdydurke* lo llevé a "donde se yergue la torre de los ingleses" y lo mostré a "Retiro" para despedirme, en señal de un alejamiento quizás definitivo. ¡Vana congoja, vano temor! ¡Qué ilusiones! No valoraba debidamente la somnolienta impasividad de América: sus jugos que todo lo diluyen. *Ferdydurke* se ahogó en esa impasividad, no pudieron nada las reseñas en la prensa ni los esfuerzos de mis partidarios; al fin de cuentas se trataba del libro de un extranjero, y para colmo desconocido en París... Era algo imprevisto. No respondía ni al sector del mundo literario argentino que, bajo el signo de Marx y del proletariado, reclamaba una literatura más política, ni al que nutría su inspiración en las corrientes ya consagradas de Europa. Además iba precedido de un prefacio del autor donde expresaba conceptos nada agradables sobre el espíritu de ficticia madurez de la literatura argentina y polaca; en un tono no siempre caracterizado por la debida seriedad. Así, de ese modo liviano, aun con descuido, introduje *Ferdydurke* en el ambiente latinoamericano... porque este segundo debut mío lo encaraba en forma totalmente fatalista, resuelto a no buscar favores, a no ceder ante nada, preparado para el desprecio y decidido a despreciar a mi vez.

Lunes. Me gusta la Argentina, la aprecio... Sí, ¿pero qué Argentina? No me gusta la Argentina, la desprecio... Sí, ¿pero qué Argentina?

Soy amigo de la Argentina natural, sencilla, cotidiana, popular. Estoy en pie de guerra contra la Argentina superior, ya preparada... ¡mal preparada!

No hace mucho me dijo un argentino:

—Lo que pasa es que usted nos tiene alergia.

En cambio otro, Jorge Abalos, me escribió hace poco desde Santiago: "Usted busca en nuestro país lo legítimo porque lo quiere". (¿Querer a un país? ¿Yo?)

Lunes. Poco después de mi llegada a la Argentina en 1939 un grupo de jóvenes escritores con quienes había hecho amistad me incitó a pronunciar una conferencia en el Teatro del Pueblo. Yo entonces no tenía aún idea remota de lo que era la Argentina. Pregunté algo sobre el teatro. ¡De primera categoría!, me respondieron. A las conferencias suele asistir la elite más refinada, ¡la crema y nata! Decidí, pues, confeccionar una disertación altamente intelectual y después de escribirla en francés para que fuese traducida al español la titulé: "Regresión cultural en la Europa menos conocida."

Intencionalmente no mencioné ni una palabra sobre Polonia, porque eran tiempos trágicos, inmediatamente después de los acontecimientos de setiembre... recuerdo que en la conferencia planteaba la cuestión de buscar la manera de aprovechar la ola de barbarie que inundaba la Europa central y oriental para revisar las bases de nuestra cultura.

Esos primeros tiempos míos en la Argentina me parecen hoy como una tiniebla en cuyo seno se ocultara un tragicómico *qui pro cuo*. ¿Cómo fue? Aparezco en el teatro —repleto—, leo con acento terrible mi composición —aplausito—, vuelvo bastante satisfecho al palco que me habían reservado, allí me esperaba una muchacha que había conocido en los círculos de ballet, escotada y con collares de monedas en el cuello. Había ido a admirarme. Estoy ya por recoger mi abrigo para salir con ella cuando veo que un tipo sube al estrado y lanza un tremendo discurso. No puedo comprender nada, oigo a menudo la palabra "Polonia". Bravos, excitación. Luego otro tipo se encarama en el podio y lanza un nuevo discurso, agita los brazos, el público grita. No comprendo nada, pero estoy muy contento de que mi discurso que me molestaba mientras lo leía como una mosca en torno a la nariz haya provocado semejante agitación. De repente... ¿qué sucede? Nuestro ministro se levanta y junto con los otros miembros de la legión abandona la sala. ¡Ay, algo andaba mal!... Nuevos discursos, la atmósfera se caldea, gritos, alguien me dice: "¿Por qué no reacciona usted? ¡Están atacando a Polonia!..."

¡Vaya lío! ¿Cómo podía reaccionar si me parecía estar oyendo hablar en chino?

Al día siguiente, escándalo. Mi conferencia había sido aprovechada por los comunistas para lanzar un ataque a Polonia. Resultó también que la "elite intelectual", un tanto comunizada, no era en realidad tan "flor y nata" como me habían dicho, y el ataque a la "Polonia fascista" no se distinguía por su buen gusto;

se habían dicho algunas estupideces como por ejemplo que en Polonia no existía literatura, que el único escritor polaco era Bruno Jasienski. Asustado, corrí a la Embajada, me recibieron gélidamente con la sospecha de sabotaje, casi de traición. En vano expliqué que el director del teatro, el señor Barletta, se había olvidado de informarme que, según era costumbre, después de la conferencia tenía lugar una discusión (no tenía razones para suponer que lo hubiese hecho adrede; además no creía que fuera comunista, pues pasaba —y sigue pasando aún hoy— por un ciudadano honrado, ilustrado y progresista, imparcial y justo, adversario de los imperialismos y amigo del pueblo; sólo cuando durante la revolución húngara la imparcialidad, la justicia y el noble antiimperialismo del señor Barletta lo decidieron a declararse categóricamente del lado de los tanques rusos, perdí toda mi confianza en él).

Lo peor fue la bailarina, su maquillaje, los polvos, el escote, el collar de monedas colmaron la medida de mis desgracias. ¡Qué cinismo!, decían. ¡En semejante momento! Si bien recuerdo hasta la prensa polaca de los Estados Unidos me atacó... Pero yo hubiese soportado ese remolino de dementes sospechas, acusaciones y condenaciones de no haber sido por Pyzik. Pyzik, presidente de la Unión de Polacos en Argentina, escribió en su artículo algo a cuya lectura se me nublaron los ojos... A saber, me criticó porque en mi conferencia no había dicho ni una palabra sobre la enseñanza en Polonia... ¿¿¿Qué??? ¿¿¿La enseñanza??? ¿Qué enseñanza? ¿Por qué la enseñanza? ¡Ah, no faltaba sino eso... la enseñanza!

VIII

Miércoles, Tandil. Hace unos cuantos días llegué a Tandil y me alojé en el Hotel Continental. Tandil, pequeña ciudad de setenta mil habitantes, entre montañas no muy altas, erizadas de riscos como fortalezas... llegué porque es primavera y para eliminar del todo los microbios de la gripe asiática.

Alquilé ayer por un precio no muy alto un departamento delicioso, un poco fuera de la ciudad, al pie de la montaña, allí donde se levanta un gran arco de mampostería y el parque se une al bosque de coníferas y eucaliptos en la montaña. Por la ventana abierta de par en par al deslumbrante sol de la mañana veo a Tandil como un plato... la casita desaparece entre suaves cascadas de palmeras, naranjos, pinos, eucaliptos, glicinas, la más variada multitud de arbustos bien podados y de los más raros cactus, y estas cascadas caen en ondulaciones hasta la ciudad, mientras que atrás un alto muro de oscuros pinos asciende casi verticalmente hacia la cima, en donde está el café-castillo. Nada más primaveral y floreciente, pleno de flores y de luz. Y las montañas que rodean la ciudad, secas como pimienta, desnudas, rocosas, erguidas por inmensos peñascos que semejan zócalos, bastiones prehistóricos, plataformas y ruinas. Un anfiteatro.

Delante de mí, Tandil, a una distancia de trescientos metros, como en la palma de la mano. No es, ni muchos menos, un balneario con hoteles y turistas, sino una ciudad provinciana común y corriente. Al lavarme los dientes a pleno sol y absorber el perfume de las flores, pensaba en los medios para penetrar en la ciudad, de la que me han prevenido, "En Tandil te aburrirás a morir".

Tomé un desayuno excelente en el pequeño café suspendido sobre los jardines —¡oh, nada en especial, café y dos huevos, pero todo bañado en fluorescencia!—; después entré en la ciudad: cuadros, rectángulos de casitas blancas, deslumbrantes, de azoteas planas, aristas violentas, ropa blanca secándose al pie de los muros... una motocicleta, y la plaza, en un estallido de verdes, grande y llana. Uno camina por el medio bajo el sol ardiente y el fresco aire de la primavera. Gente. Rostros. Era un solo rostro, siempre el mismo, caminando detrás de algo, arreglando algo, diligente, sin prisa, honestamente sereno... "En Tandil te aburrirás a morir."

En un edificio vi un anuncio pequeño: "*Nueva Era*, periódico diario." Entré. Me presenté al redactor, pero no tenía ganas de hablar, sentía sueño y por ello no me expresé muy felizmente. Dije que era "un escritor extranjero" y pregunté si en Tandil había alguien inteligente a quien valiera la pena conocer.

—¿Cómo? —protestó el redactor ofendido—. Aquí no escasean los intelectuales. La vida cultural es rica; si sólo pintores hay cerca de setenta. ¿Y hombres de letras? Tenemos a Cortés, que se ha hecho ya de nombre en la prensa de la capital...

Lo llamamos por teléfono y concreté una cita para el día siguiente. Pasé el resto de la jornada vagando por Tandil. Una esquina. En la esquina está el propietario de algo, no sé qué, con sombrero, al lado dos soldados, un poco más allá una mujer en su séptimo mes y una carretilla con apetitosos manjares, cuyo vendedor duerme beatíficamente en un banco, cubierto con un periódico. Y el altoparlante canta: "Me aprisionaste con tus ojos negros"... Yo añado por mi cuenta: "En Tandil te aburrirás a morir." Un tipo de tez tostada, botas largas, gorra.

Jueves. Tandil parece desde aquí, desde lo alto, como sitiada por la prehistoria... desmoronadas montañas de piedra. Bajo el sol, entre árboles y flores, tomo un delicioso desayuno.

Pero me siento inseguro, ajeno, me molesta esta vida desconocida... Voy al "Centro Popular" donde tengo cita con Cortés. Es una biblioteca bastante grande, veinte mil volúmenes; en el fondo, una pequeña habitación donde se desarrolla, precisamente, una sesión cultural. A mi llegada las deliberaciones terminaban y Cortés me presenta con las personas reunidas. Después de cinco minutos de conversación estoy al corriente: Cortés, comunista-idealista, soñador, buena gente, lleno de voluntad, benévolo, humano; la muchachita de quince años no es una muchachita sino que tiene veintitantos años y es la mujer de aquel otro joven, también idealista sublimado por Marx; la secretaria, en cambio, es católica, también es católico militante el tercer señor, parecido a Rembrandt. Los une la fe.

Nunca han oído hablar de mí. ¡Pero qué...! Es la provincia. Esto me inclina a ser cuidadoso. Sé qué táctica emplear en tales circunstancias. No cometo el error de presentarme; por el contrario, me comporto como si me conocieran perfectamente y sólo con el tono, la forma, les insinúo mi Europa. La manera de hablar debe ser picante, descuidada, desenvuelta, con cierto tono intelectual: París. Eso surte efecto. Dicen: —¡Ah, estuvo en París! Yo, con desenfado: —Sí, una ciudad igual a Tandil, casas, calles, en la esquina un café, todas las ciudades son lo mismo... Eso les agradó, el hecho de que no enalteciera a París, sino que lo humillara, logró que vieran en mí a un parisiense. Advierto que Cortés está casi conquistado, las mujeres se interesan, aunque todavía desconfían. Y sin embargo hay en ellos una especie de desatención —de distracción— como si los preocupara otra cosa; de repente comienzo a comprender que si aun Camus y Sartre hubiesen llegado aquí, a Tandil, no lograrían vencer ese obstinado pensar en otra cosa, en algo local, tandileño. ¿Qué ocurre? Súbitamente se animan. Empiezan a hablar todos a una vez. ¿Pero sobre qué? Sobre sus asuntos: que a la última conferencia no vino casi nadie, que hay que arrastrar a la gente por la fuerza, que Fulano sí viene pero se duerme enseguida, que la señora del doctor se ofendió... En apariencia hablan de todo esto para mí, pero en realidad para ellos, se quejan, gimen seguros por lo demás de mi aprobación como escritor, seguros de que yo, como escritor, compartiré plenamente las amarguras de su "trabajo en la localidad", su "trabajo en el campo de...", de toda esta Zeromskina tandileña ¡Brrrr!... "En Tandil te aburrirás a morir." De repente Tandil se me sube a la cabeza, ese insulso, rancio, burdo sustrato de una vida modesta, limitada —tras la que están como se está tras una vaca—, aburrida y eterna... concretizados en ella por los siglos de los siglos.

—¡Dejen vivir en paz a la gente! —les digo.
—Pero...
—¿De dónde sacan que todos deban ser inteligentes e ilustrados?
—¡¿Cómo?!
—¡Dejen en paz a los brutos!
Dejé caer las palabras "brutos" y, peor aun, "vulgo", por las que de golpe me volví aristocrático. Era como si hubiera declarado la guerra. Me arranqué el antifaz de la transigencia.
Entonces ellos se volvieron cautelosos.
—¿Niega usted la necesidad de la ilustración universal?
—Por supuesto.
—Pero...
—¡Abajo todas esas enseñanzas!
Eso era ya demasiado. Cortés tomó una pluma en la mano, miró la punta levantada hacia la luz, sopló. No nos entendemos

—dijo, como apenado. Y el joven murmuró desde la sombra, hostil, mordazmente:

—Usted debe ser fascista, ¿verdad?

Viernes. Dije realmente demasiado. Era inútil. Sin embargo, me siento mejor... Esa agresividad me fortaleció.

¿Y si proclaman que soy fascista?... ¡Nada más eso me faltaba! Hay que hablar con Cortés, suavizar.

Sábado. ¿Qué ocurre? El espíritu a veces se me enturbia, se me colma... de incidentes anodinos. Ese choque con ellos en la biblioteca, nada en especial, pero actuó como un catalizador. Ahora los papeles están más claramente repartidos. Soy un aristócrata. Me revelé como aristócrata. Soy un aristócrata en Tandil... el que, por lo mismo, se convirtió en el vulgar provincianismo en persona.

Jueves. Cortés me recomendó a un joven poeta que se llama Juan Angel Magarinios, hijo del propietario del hotel Residencial. Le pedí que llevara hoy al café a otros poetas.

Aparecieron a las cinco, tres muchachitos que no tenían idea de quién era yo y me preguntaban cómo había llegado a la Argentina. El cuarto, menudo, dieciséis años, sonrió al oír mi apellido y dijo: —¡Ferdydurke!

Lo llaman Dipi. Así que tengo ya dos lectores en Tandil (dos, pues el otro es el hijo del director del museo, Ferreira, dieciocho años).

Todos ellos escriben. Tengo pues ya lo que quería: lectores y una peña de artistas en el café y colegas. Es una lástima que ninguno de mis colegas tenga más de veinte años.

Martes. Por la tarde rendez-vous con Santucho (uno de los hombres de letras y redactor de la revista *Dimensión*) en el café Ideal.

Huele a Oriente. A cada momento unos pillos atrevidos me meten en las narices billetes de la lotería. Luego un anciano con setenta mil arrugas hace lo mismo; me mete los billetes en las narices como si fuera un niño. Una ancianita, extrañamente disecada al estilo indio, entra y me pone unos billetes bajo las narices. Un niño me coge el pie y quiere limpiar mis zapatos, otro, con una espléndida cabellera india, erizada, le ofrece a uno el periódico. Una maravilla-de-muchacha-odalisca-hurí, tierna, cálida, elástica, lleva del brazo a un ciego entre las mesitas y alguien lo golpea a uno suavemente por atrás: un mendigo con una cara triangular y menuda. Si en este café hubiera entrado una chiva, una mula, un perro, no me asombraría.

No hay mozos. Uno debe servirse a sí mismo.

Se creó una situación un poco humillante, pero que me es difícil, sin embargo, pasar en silencio.

Estaba sentado con Santucho, que es fornido, con una cara terca y olivácea, apasionada, con una tensión hacia atrás, enraizada en el pasado. Me hablaba infatigablemente sobre las esencias indias de estas regiones. "¿Quiénes somos? No lo sabemos. No nos conocemos. No somos europeos. El pensamiento europeo, el espíritu europeo, es lo ajeno que nos invade tal como antaño lo hicieron los españoles; nuestra desgracia es poseer la cultura de ese vuestro 'mundo occidental' con la que nos han saturado como si fuera una capa de pintura, y hoy tenemos que servirnos del pensamiento de Europa, del lenguaje de Europa, por falta de nuestras esencias, perdidas, indoamericanas. ¡Somos estériles porque incluso sobre nosotros mismos tenemos que pensar a la europea!..." Escuchaba aquellos razonamientos, tal vez un tanto sospechosos, pero estaba contemplando a un "chango" sentado dos mesitas más allá con su muchacha; tomaban: él, vermut; ella, limonada. Estaban sentados de espaldas a mí y podía adivinar su aspecto basándome solamente en ciertos indicios tales como la disposición, la inmovilidad de sus miembros, esa libertad interior difícil de describir en los cuerpos ágiles. Y no sé por qué (quizás fue algún reflejo lejano de mi *Pornografía*, novela terminada hacía poco, o el efecto de mi excitación en esta ciudad), el hecho es que me pareció que esos rostros invisibles debían ser bellos, es más, muy hermosos, y quizás cinematográficamente elegantes, artísticos... de pronto ocurrió no sé cómo, algo como que entre ellos estaba contemplada la tensión más alta de la belleza de aquí, de Santiago... y tanto más probable me parecía ya que realmente el mero contorno de la pareja, tal como desde mi asiento la veía, era tan feliz cuanto lujoso.

Al fin no resistí más. Pedí permiso a Santucho (que abundaba sobre el imperialismo europeo) y fui a pedir un vaso de agua... pero en realidad lo que quería era verle los ojos al secreto que me atormentaba, para verles las caras... ¡Estaba seguro de que aquel secreto se me revelaría como una aparición del Olimpo, en su archiexcelsitud, y divinamente ligero como un potrillo! ¡Decepción! El "chango" se hurgaba los dientes con un palillo y le decía algo a la chica, quien mientras tanto se comía los cacahuetes servidos con el vermut, pero nada más... nada... nada... a tal punto que casi me caí, como si le hubiesen cortado la base a mi adoración.

X

Viernes, Santiago. *("Tan pronto como Witold Gombrowicz llegó a Santiago cedió a una ola de erotismo tardío, tal vez la misma que se le presentó hace años... pero ahora acrecentado por las exhalaciones de esa ciudad de sangre india, belleza fácil y cálido sol. ¡Y esa ola, tanto más escandalosa cuanto más tardía, lo lanzó nuevamente a abismos de ridiculez y de vergüenza! Pero su maestría en situaciones de tal género (las que han llegado a ser su especialidad, porque el artista siempre tiene que actuar en la frontera misma entre la vergüenza y la ridiculez) brilló una vez más... a saber, cuando en vez de entregarse pasivamente a la locura como cualquier ebrio la tomó en sus manos y se puso a darle forma... y transformó la ebriedad en drama. Esto fue logrado por medio de la declaración de que él, Gombrowicz, él, Doctor Fausto, llegó a Santiago con el propósito de realizar un gran descubrimiento, que decidió encontrar al fin un medio para que la edad madura pudiera relacionarse con la juventud, para que la generación que acaba pudiera en su ocaso tomar de la juventud las sustancias que nacen, experimentar una vez más el comienzo... y quién sabe, amigos, si no está en nuestro poder encontrar esa llave misteriosa, que permitiría a nuestra agonía sentir en el último momento el sabor de la vida nueva, unirse con el* nacimiento. Piénselo por lo menos... ya a primera vista se advierte que si alguna posibilidad de salvación existe sólo en eso podría radicar."

"Declaración, quizás algo mentirosa, porque, sea dicho entre nosotros, ni él llegó con ese propósito a Santiago, ni tampoco esta fanfarronada fáustica podía siquiera por cinco minutos parecerle algo real a su cordura mortalmente despojada de ilusiones. Sin embargo, sin vacilaciones levantó esta mentira hasta lo alto y la desplegó sobre su cabeza como un estandarte basándose en el siguiente cálculo: ante todo esta mentira deja de ser mentira a consecuencia de su ingenua y desarmante evidencia, que además, aunque mentira, contiene en sí algo tan verdadero y acorde con la naturaleza que será más difícil resistirle a esa mistificación que a muchas verdades indudables. Por eso con un grito de: '¡Hacia la juventud! ¡En la juventud! ¡A agarrarla, experimentarla, destruir esta barrera de la edad!', se lanzó una vez más en un ataque loco y envejecedor.")

X

Roland Barthes

El deseo sin lugar

Publicado en 1987, algunos prudentes años después de la muerte de su autor, *Soirées de Paris* es un diario singular por muchas razones. En principio porque es un texto muy breve (abarca sólo una veintena de días), acotado por bordes nítidos, escrito, foliado y titulado con prolijidad y hasta encabezado por un epígrafe. Multiplicadas sobre el manuscrito de un diario íntimo, tantas evidencias de esmero prueban que no fue escrito para permanecer oculto sino, desde el principio, para ser publicado. Como lo recuerda su amigo François Wahl, autor del prólogo de *Incidentes*, el libro póstumo donde se incluyeron las cuarenta y cinco páginas del diario, Barthes escribió estas "vanas noches" poco después de entregar a la revista *Tel Quel* un ensayo titulado *Délibération*, también breve, impúdico y admirable, donde fingía razonar en voz alta los argumentos contradictorios que le inspiraba un dilema arrastrado a lo largo de años: ¿escribir o no escribir un diario?

Las objeciones se multiplican. Un diario, dice Barthes, es menos un libro que un álbum cuyas partes son indiscriminadamente suprimibles, un poco a la manera de Groucho y Chico Marx, que mientras leen van arrancando cada cláusula del contrato que debería vincularlos. Un diario no responde a ninguna misión, es completamente innecesario, es una confortable manía de escritura (no una pasión) y reúne, además, todos los vicios de la inautenticidad (es pura simulación). Hay en *Délibération* un solo argumento a favor del género, solitario pero indestructible, que es verosímilmente el que decidió a Barthes a dirimir el litigio en otra parte: es decir, escribiendo *Soirées de Paris*. Ese argumento sostiene que la *inseguridad* radical del diario íntimo (la imposibilidad, para el escritor, de decidir *si hay razón válida* para escribir las ofrendas del día) pone al género del lado del texto pleno, es decir de la literatura, de la que retoma, casi exasperándolo hasta la parodia, el tormento esencial: la literatura *carece de pruebas*. "Lo que quiere decir que no puede probar no sólo lo que dice, sino incluso que valga la pena decirlo". Barthes terminaba su ensayo lanzándose una exhortación suave, menos un desafío de escritura que una remota utopía teórica: "Puedo salvar el Diario con la sola condición de trabajarlo *a muerte*, hasta el fondo de la fatiga extrema, como un Texto *más o menos* imposible: trabajo al término del cual es muy posible que el Diario así llevado ya no se parezca en absoluto a un Diario".

En realidad, *Soirées de Paris* también podría clausurar otra genealogía, la que empieza con *Roland Barthes por Roland Barthes* (1975) y sigue con *Fragmentos de un discurso amoroso* (1977). Es la genealogía que enlaza tres cuestiones clave del último Barthes: el problema del fragmento, el del deseo, el de la ficción. El primer libro, un ensayo autobiográfico en tercera persona, atomizado en trozos ordenados alfabéticamente, está encerrado entre dos advertencias. La primera, que abre el libro, es una frase: "Todo esto debe ser considerado como dicho por un personaje de novela". La segunda, que lo cierra, es un diálogo apócrifo: "—¿Y después? ¿Qué escribir, ahora? ¿Podrá usted escribir algo más? —Se escribe con el propio deseo, y yo no paro de desear". El segundo libro, que fue su primer *bestseller*, empujó un poco más el fragmento hacia la ficción e inventó la *escena*, suerte de molde narrativo minimalista en el que el ensayo, arrastrado imperceptiblemente por el deseo, podía empezar a dispararse hacia lo novelesco, el gran fantasma histérico de la obra de Barthes. Cada fragmento (cada escena) es no un drama de amor sino su víspera, no un éxtasis sino su sombra o su posibilidad, suerte de virtualidades puras, casi melancólicas, que el ensayo, cayendo sobre la escena como sobre una presa que le está destinada, siempre se encarga de atrofiar, asordinando su posible continuidad con la felpa voluptuosa del saber.

Cuanto más creía acercarse a la ficción, más se hundía Barthes en el espesor de lo imaginario. *Soirées de Paris* describe precisamente el punto más álgido de ese desgarramiento: es un texto autobiográfico, sembrado de nombres propios, lugares y hechos "reales", y su condición "escandalosa" (el diario pormenoriza los vaivenes de una vida homosexual desdichada, hasta entonces custodiada por una elegante discreción), unida al carácter póstumo de la publicación, parecen ponernos sobre la pista de una referencia directa a su autor. Pero tanta "realidad", ¿no aparece desmentida o al menos enrarecida por todo lo que precede al diario, por el antecedente de *R.B. por R.B.* y el de *Fragmentos*, en especial por la formación de ese bloque de ficción amorosa que es la escena, híbrido de autobiografía y de experiencia novelesca que las *Soirées* retoman, desarrollándolo según los cánones del diario íntimo? ¿Y si todo lo que *yo* dice debiera seguir siendo leído como dicho por un personaje de novela? ¿Y si Barthes, que no cesaba de desear, hubiera accedido por fin a la ficción?

Pero Barthes había intercalado entre las páginas de *Délibération* un extracto del primer diario que le tocó experimentar (1977), y en esa selección hay un aforismo que resplandece, profético y terrible: "Yo", dice Barthes, "es más difícil de escribir que de leer". Esa sentencia resume ya el *calvario del yo* que es *Soirées de Paris.* Vía crucis, recorrido minucioso de la galería de desdenes por la que se pasea el sujeto, el diario de Barthes pone al desnudo un sueño (ser deseado por un cuerpo joven) y la imposibilidad definitiva de realizarlo (demasiado joven, el mundo no tiene lugar para el deseo de un viejo). Es un diario exclusivamente nocturno, consagrado a describir la vida extraintelectual de su autor, y la crónica de cada uno de sus "días" empieza en el umbral donde termina la existencia por la que es públicamente conocido. Sin embargo,

Soirées impresiona menos por el mito que instituye (la "doble vida", gran tópico amarillo del diario) que por el aire hipercorregido de la prosa, su carácter acabado, la responsable gravedad con la que parece hacerse cargo de las convenciones del género. Es un diario *aplicado*, y esa obsecuencia, de la que el lector espera constantemente el desvío que nunca llega, es indisociable de una suerte de falta de estilo, una abstinencia a la vez literaria y ética. Como *La tarde de un escritor*, el extraordinario ensayo de Peter Handke, las *Soirées* cuentan lo que hace un escritor cuando no escribe. Se trata de escribir la vida sin escribir; es decir: contar cómo es la vida cuando no se escribe y cómo suena cuando se la escribe sin los lujos del escribir.

Pero ¿qué es exactamente esta figura? ¿En qué se convierte un escritor sin (menos) su escritura? En un *sacrificado*. Una especie de *homeless* erótico que sólo puede constatar una y otra vez la misma evidencia: que no hay imagen, no para él, sino para lo que él mismo ha desnudado al renunciar a escribir: su deseo. Tal vez ese sacrificio de la escritura sea lo que Barthes llamaba escribir un diario *a muerte*: llevar al límite la desposesión, quedarse sin escritura, perder lo más preciado para no ganar nada.

INCIDENTES

24 de agosto de 1979. (Anoche.) En el Flore, donde estoy leyendo un *Monde* sin acontecimientos, dos muchachos a mi lado (conozco de vista a uno de ellos, y hasta nos saludamos; es bastante guapo debido a la regularidad de sus rasgos, pero tiene las uñas muy grandes) discuten durante mucho rato sobre el despertador por teléfono: suena dos veces, pero si uno no se despierta, entonces se acabó; todas estas cosas, ahora, funcionan por ordenador, etc. En el metro, bastante lleno de chicos extranjeros por lo que me pareció (de las estaciones del Norte y del Este, posiblemente), un guitarrista folk americano pedía limosna en un vagón; me metí, por si acaso, en el vagón siguiente pero, en la parada de Odeón, se cambió y entró en el mío (así debe de recorrer el tren entero); al darme cuenta, bajé rápidamente y volví a subirme al vagón que él acababa de abandonar (la limosna siempre me molesta; es como una histeria y un chantaje, también una arrogancia, como si se diera por supuesto que esta música, o la música en general, siempre tiene que apetecerle a uno). Me bajé en Strasbourg-Saint-Denis y la estación retumbaba a causa de un solo de saxofón; en la esquina de un pasillo vi a un joven negro y delgado que lo tocaba y producía ese ruido enorme, "desconsiderado". Carácter *impersonal* del barrio. Descubrí la calle Aboukir y pensé en Charlus, que habla de ella; no sabía que desembocara tan cerca de los bulevares. Todavía no eran las ocho y media, y di vueltas antes de hallarme, en el momento justo, delante del Nº 104, donde Patricia L. tenía que bajar a abrirme. El barrio estaba desierto, sucio, un viento fuerte y tormentoso soplaba con fuerza y levantaba enormes restos de cajas de embalaje, residuos del comercio de este barrio dedicado a la confección al por mayor; descubrí una placita triangular (calle de Alexandrie, me parece); algo encantador y sórdido, había tres viejos plátanos (compadecí su falta de aire), unos bancos, de aspecto muy poco habitual: una especie de cubetas de madera marrón, y a un lado una construcción baja y arraigada; pensé en un music-hall miserable, pero no, se trataba de otra casa de confección; al lado, sobre un muro, el enorme anuncio de una película (Peter Ustinov flanqueado por dos mujeres jóvenes); llegué hasta la calle Saint-Denis; pero había tantas prostitutas que realmente uno no podía "pasear" sin que ello adquiriera otro sentido; volví sobre mis pasos, era aburrido, ningún escaparate para mirar, y me senté un ratito en uno de los bancos de la plazuela; unos niños jugaban a la pelota dando gritos; otros se divertían lanzándose con fuerza y dejándose caer sobre los enormes fardos de papel que el viento empezaba a levantar y dispersar. Me dije: ¡qué cinematográfico resulta! Debería [rodar] esto y meterlo en una película; divagué un poco, imaginando una técnica que me permitiera filmar inmediatamente la escena (una cámara *perfecta* sustituyendo un botón de mi camisa), u otra, también, que convirtiera esta plaza animada por el viento brutal en un decorado al que después pudiera transportarse un personaje. Fui por fin al Nº 104, no sin dejar de soñar, aterrorizado por la capacidad de desolación de este lugar, pasando por delante del hotel Royal-Aboukir (¡qué nombre!). Todo aquello parecía un rincón mísero de Nueva York a la escala menor de París. Durante la cena (hubo un buen rissoto, pero el buey, como es natural, no estaba en su punto), me sentí bien, gracias a los amigos: A. C., Philippe Roger, Patricia y una joven, Frédérique, con un vestido bastante elegante, cuyo azul muy bello, raro, me apaciguó, o por lo menos me animó; la joven no hablaba mucho, pero no perdía el hilo y pensé que este tipo de presencia atenta y marginal es necesaria para la buena marcha de una velada (André T., de todos modos, exagera la nota). Hablamos de lo que ellos denominaban las "historias llanas" ("En la estación Victoria, en Inglaterra, encontré a una española que hablaba francés"), acalorándose y discutiendo acerca de este concepto; también se habló de Jomeini (yo manifesté cómo lamentaba que hoy día sólo se disponga de informaciones, nunca de análisis, y que nadie diga, por ejemplo, en qué punto se encuentra la lucha de clases en Irán, acordándome, con pesar, de Marx), luego de Napoleón (porque estoy leyendo en estos días las *Mémoires d'outre-tombe*). Me fui el primero, hacia las once y media; tenía muchas ganas de mear y, temiendo que no encontraría taxi y debería coger el metro, entré en un bristot del bulevar, frente a la puerta Saint-Denis; en un rincón, comprimidos junto a la puerta de los lavabos que apenas pude abrir, tres seres indefinibles (mitad chulos, mitad maricas) hablaban de una prostituta marsellesa (por lo que entendí); un asiático guapo, tatuado (vi el color verdeazulado del tatuaje asomando por debajo de la manga corta de su camiseta), intentaba convencer a un compañero suyo para que jugara con él a los flippers. El camarero y la dueña, vulgares, cansados, amables. Me dije: ¡menudo oficio! El taxi apestaba a mugre y a farmacia, pero (con la señal de dirección prohibida sobre un cigarrillo) se prohibía formalmente fumar. En la cama, mientras Germaine Tailleferre servía animadamente por la radio vulgaridades y vacuidades con una voz y una dicción que adoro, esperando con impaciencia que terminaran los discos de Stravinsky y Satie para volver a escucharla, en la cama, decía, hojeé las primeras páginas de un texto, *M/S*, que acaba de publicarse en Seuil (F. W. me había hablado de este libro), preguntándome qué podría yo decir de él y no hallando —aunque estuviera bien escrito y fuera agradable— más que "ouais, ouais", luego continué, apasionadamente, con la historia de Napoleón en las *Mémoires d'outre-tombe*. Después de apagar la luz, todavía puse un ratito la radio: una voz de soprano, ácida y frágil, acometía un aria clásica (tipo Campra), insípida (todas se parecen); la apagué.

25 de agosto de 1979. Sencillamente, en el Flore, con Eric M., tomando unos frankfurts, huevos pasados por agua y un vaso de burdeos. Nadie interesante. Un hombre de barba cenicienta, argentino, se acerca a mi mesa y renueva su anterior invitación para ir con todos los gastos pagados, a su Instituto de Comunicación; al mostrarme evasivo, añade enseguida algo así como: "Políticamente, somos del todo independientes." (no pensaba en eso, sino más bien en el aburrimiento de la serie de cenas con este tipo, en Buenos Aires, y encima había que comunicarse en inglés). Un chico joven viene a sentarse solo; es de una raza indiscernible (los ojos almendrados, eso sí, son extranjeros); lleva una americana muy estrecha, y sin embargo seria, de vestir (por lo menos del tipo Belle Jardinière), un cuello desarreglado, una corbata delgada con el nudo muy apretado, y todo ello terminado (o empezado) con unos extraños zapatos de ante rojo. Pasa el tipo que vende *Charlie-Hebdo*; en la portada, con ese gusto brutal del periódico se ve una cesta llena de cabezas verdosas, como lechugas: "Camboyanos a dos francos por cabeza"; y entonces, precisamente, un joven camboyano entra apresurado en el café, ve el dibujo, se sorprende visiblemente, se inquieta y compra el periódico: ¡cabezas de camboyanos! Mientras tanto, con Eric, hablamos tranquilamente del diario íntimo; le digo que quiero dedicarle el texto que acabo de escribir para

Tel Quel, y su emoción, tan espontánea, me impresiona (es el pequeño goce de la velada). Me acompaña a casa por la calle de Rennes, se sorprende de la densidad de chongos, de su belleza (yo me muestro más reservado), me cuenta que le ha molestado el hecho de que Y. le contara que P. había hablado mal de él (incidente de gremio, a la manera mezquina y manipuladora de Y.). En la cama, avanzada la noche, al son de *Cascanueces* (¡lo ponen para ilustrar la música fantástica!) prosigo un poco el último Navarre (mejor que los anteriores) y *M/S* ("ouais, ouais"); pero es como los deberes y, una vez empezada a pagar la deuda (temperamentalmente), cierro esos libros y vuelvo con alivio a las *Mémoires d'outre-tombe*, el libro verdadero. Siempre esta misma idea: ¿y si los Modernos se hubieran equivocado? ¿Y si no tuvieran talento?

28 de agosto de 1979. Siempre esta dificultad para trabajar por la tarde. Salí hacia las seis y media, sin rumbo fijo; vi en la calle de Rennes a un nuevo chongo, con el pelo tapándole la cara, y con un pequeño aro en la oreja; como la calle B. Palissy estaba completamente desierta, hablamos un poco; se llamaba François; pero el hotel estaba completo; le di el dinero, me prometió que volvería una hora más tarde, y, naturalmente, no apareció. Me pregunté si me había equivocado de verdad (todo el mundo exclamaría: ¡darle dinero a un chongo por adelantado!), y pensé: puesto que en el fondo no me atraía tanto como eso (ni siquiera me apetecía acostarme con él), el resultado era el mismo: haciendo el amor, o sin hacerlo, a las ocho me habría hallado otra vez en el mismo lugar de mi vida que antes; y, como el simple contacto de los ojos, de la palabra, me erotiza, este goce es lo que he pagado. Más tarde, en el Flore, no lejos de nuestra mesa, otro chico, angelical, con los cabellos largos separados por una raya en medio; me mira de vez en cuando; me atrae su camisa muy blanca, abierta, mostrando el pecho; está leyendo *Le Monde* y bebe Ricard, me parece; no se va, acaba por sonreírme; sus manos grandes desmienten la delicadeza y la dulzura del resto; por ellas intuyo al chongo (acaba saliendo antes que nosotros; le llamo, ya que me sonríe, y nos citamos vagamente). Más allá, una familia entera, agitada: niños, tres o cuatro, histéricos (en Francia, siempre): me cansan a distancia. Al volver, me entero por la radio del atentado del IRA contra lord Mountbatten. Todo el mundo está indignado, pero nadie habla de la muerte de su nieto, un chico de quince años.

Urt, 31 de agosto de 1979. Arrellanado en el sillón de mimbre, fumando un puro, miraba la televisión (un Grand Echiquier de esos, con suficiente música como para no aburrirme). Rachel y M., que habían salido para dar una vuelta después de la cena, regresaron para buscarme, tan bella era la noche, al parecer. De momento la idea me fastidió: ¡Vaya!, ni un minuto sin que me pidan algo, aunque sea por mi bien; luego salí con ellos, lamentando el momento de rabia, de separación, que había experimentado en su contra, contra M. (pues ella se limitaba a seguirlo a él), tan cariñoso, tan ingenuo, tan sensible a la belleza, igual que mamá. El crepúsculo, ya avanzado, de una belleza extraordinaria, casi extraño a fuerza de perfecto: un gris algodonoso y ligero, nada triste, bancos de bruma a lo lejos, al otro lado del Adour, el camino jalonado por casas apacibles llenas de flores, una media luna de oro de verdad, el canto de los grillos, *como en otros tiempos*: nobleza, paz. Se me llenó el corazón de tristeza, casi de desesperación; pensé en mamá, en el cementerio donde se encuentra, no lejos de aquí, en la "Vida". Sentía este henchimiento romántico como un valor, y me entristecía no poder expresarlo nunca, "como algo que siempre vale más de lo que uno puede escribir" (tema del curso); desesperado también por no encontrarme bien ni en París, ni aquí, ni de viaje: sin un verdadero refugio.

París, 2 de septiembre de 1979. Regreso a Urt, ayer por la tarde; el avión, abarrotado de un público estúpido: niños, familias; una mujer que vomita en la bolsa de papel, a mi lado; un adolescente que regresa con la cesta de pelotari. Hundido en mi asiento, sin tan sólo desabrocharme el cinturón, sin moverme para nada, leo durante una hora unas páginas de los *Pensamientos* de Pascal, reencontrando bajo "la misère de l'homme" toda la tristeza, mi "coeur gros" de U. sin mamá. (Es verdaderamente imposible escribir todo esto: ¡cuando pienso en la austeridad y en la tensión de Pascal!) Al llegar a París, todo era pesado, gris. Por la noche, cena en casa de J.-L. (Y. no está): había preparado un asado (demasiado hecho), y tenía aguacates con una vinagreta muy negra, melones franceses y españoles, pan de Monoprix envuelto en plástico, vino de damajuana. Darlame habló mucho (muy rápido, un poco bebido); comprendí al cabo de un rato lo que hacía más o menos por mí (para seducirme); existe desde hace tiempo un contencioso entre nosotros y, por vez primera, iniciaba por su parte una acción de lenguaje positiva; pero estaba incómodo por la presencia de Eric M. y de J.-L. P. Cuando me fui, temprano, quiso salir conmigo; en el ascensor, lo besé, apoyé la cabeza en su cuello; pero, ya porque ése no fuera su "estilo", ya por otra reticencia, reaccionó mal. Lo acompañé un trecho en taxi, tomándole la mano, hasta Clichy (la travesía de París). Durante la cena, hablamos "de mujeres". De noche, cansado y nervioso en la cama (la radio, imposible, música ultramoderna, cochambre de sonidos), leí los anuncios de *Libé* y del *Nouvel Obs*: nada interesante de verdad, por lo menos para los "viejos".

5 de septiembre de 1979. Cansado de trabajar, salgo más temprano que de costumbre; como no quiero ir al Flore, donde tengo una cita a las ocho con F. W. y Severo, me voy a leer *Le Monde* a la terraza del Royal-Opéra; han regresado los automóviles, ha terminado aquella apetecible sensación de pesadez de las tardes de agosto. Solo, en apuros, un chongo que conozco, José, pálido y larguirucho con ojos azul claro; esquivo su mirada, pues he olvidado de nuevo traerle el libro que me ha pedido, firmado por mí (no sé quién le habrá dicho que escribo), e insiste cada vez que me ve; además, tengo ganas de leer el periódico; al final, acabamos hablando: ahora trabaja en el Continental; le pregunto: "¿Estás bien?", pensando en la clientela; me responde que, cuando no está sumido en la penumbra (dándome a entender, pues, que por su situación conoce la cara oculta de las cosas), no resulta muy limpio, a pesar de la apariencia modernista. Con F. W. y Severo vamos a cenar a Bofinger. Al salir, mientras nos dirigimos al coche aparcado al pie de la estatua de Beaumarchais (Severo no cesa de repetir que quiere vivir ahí),

F. W., en uno de esos accesos de solemnidad y afecto que le dan de vez en cuando, muy típicos (de los que nunca me fío, sabiendo que va a hablarme de mí con el interés de un Juez bondadoso, y entonces siento de inmediato que el cuerpo se me transforma, como si me volviera un niño huidizo), enlazando con un comentario acerca del libro *M/S*, del que yo había dicho, ¿qué otra cosa podría decir?, que este universo me resultaba absolutamente inaccesible, F. W., pues, me vaticina que algún día tendré que dar cuenta en las partes negadas de mi sexualidad (en este caso el sadomasoquismo), de las que nunca hablo; el comentario me irrita un poco: ante todo, en pura lógica, ¿cómo dar cuenta de algo que no existe? Lo único que cabe hacer es *dejar constancia;* y, además, me parece desalentadora esta moda —esta doxa— de convertir el sadomasoquismo en algo normal, en una norma de la que hay que explicar todo incumplimiento. Desde el principio de la velada, Severo tenía la idea fija de asomarse a un bar que le han indicado, en la calle Keller, cerca de la Bastilla, un bar-cuero. Como nunca abandona este tipo de ideas, vamos para allá paseando, mientras F. W. y yo deseamos secretamente no encontrar nada; en la calle Keller, a la que llegamos tras descubrir un pasaje con casas adorables, un campanario cilíndrico. (¿Nuestra Señora de la Esperanza?), una ventana con luz anaranjada, auténtico pedazo de Italia, aparece un bar violentamente iluminado, nada clandestino: del interior surge un fragor de voces; la puerta está abierta; se ve lleno de negros, uno de los cuales gesticula y agrede al patrón, también negro. Nos vamos, aliviados. Hace una noche tranquila. El coche atraviesa el barrio, lleno de jóvenes; me gusta pasear, pero me duele un poco el estómago (a mí, que siempre elogio el Bofinger, generalizando la necesidad de ir a los buenos restaurantes para evitar que la comida siente mal), y hago parar el coche, perezoso, cerca de casa, pues con F. W. y con Severo no me acuesto nunca, y la costumbre es un poco como un pequeño super yo. Al volver solo a casa, lapsus curioso, que me duele, subo las escaleras y paso de largo ante mi piso sin darme cuenta, como si volviera a nuestro apartamento del quinto, como en otros tiempos, como si mamá estuviera esperándome. Leo en la cama unos textos de Jomeini: ¡asombroso! Es tan "escandaloso" que ni siquiera me atrevo a indignarme: debe de haber alguna explicación racional para este delirio anacrónico; sería demasiado sencillo echarse a reír o algo así. Sin más: la *Paradoja* me reclama.

9 de septiembre de 1979. Por la noche: nada especial: en Rest 7 con los amigos; resulta un buen rato de amistad, pese a la estupidez del entorno (mujeres de edad, muy pintadas, público de una superficial banalidad). Pero por la tarde de este sábado, una especie de ligue variado y libre, insaciable: primero, en los Baños V, nadie: ninguno de los árabes que conozco, ninguno interesante, y muchos europeos estreñidos; la única singularidad: un árabe, mayor pero que no está mal, se interesa por los europeos. Sin pedir, aparentemente dinero, le toca a uno el sexo y luego pasa a otro; no se sabe bien qué es lo que quiere. Paradoja pura: un árabe para el que existe la polla de otro y no solamente la propia (que es un ego). Monólogo interminable, prolijo (en ningún caso una conversación) del patrón, que explica sus desengaños en un hotel tunecino (la comida era infecta y todos los chicos del lugar se lo querían ligar impúdicamente, explica, hipócritamente reprobador). Se me ha ocurrido ir a buscar un chongo a Montmartre; seguramente por eso, de mala fe, no he encontrado nada en Voltaire. Hace un tiempo tormentoso, con pesadas gotas de lluvia; muchos coches. En La Nuit, nada de nada (espejismo del rumor que dice que hay que acudir a las cinco de la madrugada). Sin embargo, llega un morenazo de cara bastante fina, algo extraño; habla un francés vulgar, le tomo por un bretón; no, su madre es húngara, su padre ruso blanco (?), en pocas palabras, yugoslavo (muy amable, muy sencillo). La señora Madeleine, a quien suponía muy enferma (a causa de un infarto), surge, gorda y renqueante, de la cocina, en cuya mesa se distingue una simple berenjena; sale ahora un marroquí muy guapo que debe de querer pescarme y me mira un buen rato; esperará en el comedor a que yo baje, parece decepcionado porque no me lo llevo enseguida (cita para mañana). Salgo ligero, físicamente bien, siempre con mis ideas sobre el régimen, compro una barra de pan (decidido a seguir una dieta sobria, pero no represora), muy cocida, y escarbo un poco la punta: la corteza queda pulverizada en el metro, que tomo, con enlaces muy complicados —pero soy así de testarudo—, para ir a ver la presión barométrica en la avenida Rapp con el fin de ajustar mi barómetro nuevo. En el taxi de regreso, tormenta y chaparrón. Llego a casa (como pan tostado y queso), luego, diciéndome que debo perder el hábito de *echar la cuenta* de los placeres (o los fracasos), salgo de nuevo para ver la última película porno que echan en el Dragón: lamentable como siempre, o todavía más. No me acabo de atrever a insinuarme a mi vecino, cosa que podría hacer tranquilamente (miedo absurdo a ser rechazado). Descenso al cuarto oscuro; luego lamento siempre este episodio sórdido, en el que cada vez pongo a prueba mi desamparo.

12 de septiembre de 1979. En el cóctel americano para Richard Sennett (asombroso: toda una sociología acerca del hecho de que no puede expresarse cara a cara ante los demás, como si la expresión fuera un valor superior, que se da por supuesto), en el que están Morin, Foucault y Touraine, atrapado (habían anunciado un cóctel y se trataba de un debate), no he pensado más que en mi cita con Olivier G. Hemos ido a cenar a Bofinger, pero el lugar me parece menos elegante y menos agradable, debe de cotizarse cada vez más, demasiada gente, el champagne no está suficientemente frío, etc. Luego hemos bajado a pie, lentamente, por las calles de Saint-Antoine y Rivoli, hacía buen tiempo, algo brumoso, no había nadie (son barrios diurnos). Estaba ligeramente preocupado por cómo teníamos que despedirnos (dudando siempre acerca de la conducta del Deseo), pero a pesar de ello me he soltado. Habíamos tenido una conversación aceptable y O. parecía estar bien (qué bellos ojos tiene). Hemos tomado una tila en un café de la plaza Châtelet; la situación era un poco extraña. La despedida se ha resuelto bien; O. no ha querido venir a casa, cosa que ya imaginaba, aunque temía que llegara a suceder (a la vez por mi deseo y por mi sueño); hemos quedado en comer juntos el domingo y nos hemos despedido en la plaza Châtelet; no me ha besado, pero esta vez no me ha dolido que no lo hiciera, como habría pasado tiempo atrás. He vuelto a casa, a pie, por Saint-Michel y la calle Saint-André-des-Arts; aunque estaba cansado, todavía quería ver algunos chicos; pero había tantos que ha resultado un poco hostil. El Dauphin estaba casi desierto; sólo un adolescente negro, de manos largas y finas, con una cazadora roja, en un extremo de la terraza.

14 de septiembre de 1979. Noche baldía. Hace un tiempo revuelto y algo frío: un viento de lluvia, hostil; no sé cómo vestirme para salir; por fin me pongo una cazadora azul, comprada en N.Y., prácticamente por estrenar (le pongo otra vez el forro con cremallera); me envara, las mangas son demasiado largas, no lleva bolsillo interior, me siento cargado de objetos, con riesgo de perderlos —ya perdí una petaca por culpa de esta prenda—; será que ya no me encuentro cómodo cuando salgo de noche. En el Museo de Arte Moderno (barrio siniestro) se celebra el *vernissage* de las pinturas de Pleynet; me sorprenden, me parecen algo inmediatamente bello, radiante, lleno de color; los que me aburren son los que ya conozco, los teóricos, los tristes (Devade, Cane, Dezeuze); hay mucha gente, conversaciones de *vernissage.* ("Hay muchas mierdas, pero no todo", dice un caballero vulgar y con gafas, que escribe algo en un bloc: respuesta, posiblemente falsa y cobarde, a dos malabares que recorren la exposición con una agresividad provocadora.) Veo a Sollers, y a Pleynet, luego desaparezco a la inglesa, pues no sé estar mucho rato mirando una exposición. Camino un poco hacia el Alma con Lucien Naise: muy amable, pero no llego a sentirme cómplice de sus comentarios (por lo demás halagadores, incondicionales, ¿o precisamente por eso?, pues ello me obligaría a reprimirme y desprecio todo lo que pueda coaccionar mis respuestas) ni —sobre todo— de su cuerpo, algo sudoroso, insensual. Me siento paralizado por el fastidio de tener que ir al estreno, en el Gymnase, de *No man's land,* de Pinter, por culpa de la cazadora, supongo; me quedo dudando. Me apetece una copa de champagne, y voy a tomarla al bar de Chez Francis; es un restaurante, el bar sólo sirve para que charlen los camareros, aquí repasan las cuentas y extienden los billetes encima de la barra. Tomo el metro, como una carga. En el bulevar Bonne-Nouvelle todo es siniestro; hace frío, la humanidad camina encorvada, está lleno de pequeños restaurantes con pretensiones (con sillas alambicadas) y sórdidos, lleno de cines de tercera categoría o porno. Como he llegado un cuarto de hora antes, indefenso ante la idea de tener que esperar en una sala de estreno, con mi cazadora, no sabiendo qué hacer, calculando que un simple café no me va a durar un cuarto de hora (y los cafés tan inhóspitos), he caminado por el bulevar; algo que ha resultado fatal para Pinter, porque he renunciado a volver a tiempo sobre mis pasos (en el fondo, sin *consecuencias*); tenía ganas de ir al Flore, pero era demasiado temprano y eso habría alargado mucho la noche; he buscado un cine: no me gustaba nada, o ya había empezado la película; pero por fin he encontrado uno donde daban la película de Pialat sobre los adolescentes que se examinan de bachillerato (J.-L. me la había puesto por las nubes, aunque a su manera, es decir, al margen de todo criterio estético, y según unas impresiones afectivo-intelectuales que sólo se sostienen por él). El filme, aunque perfecto, sin merma de los halagos que ha merecido, enseguida me ha resultado penoso: detesto las descripciones veristas de los "ambientes" sociales; exhibía como una especie de racismo "joven" (del que uno se sentía absolutamente excluido), era excesivamente hétero, y no me gusta este tipo de mensaje tan actual que te obliga a simpatizar con los colgados (falta de horizonte para la juventud, etc.), para quienes todo el mundo es imbécil: arrogancias del colgado, así son los tiempos. Saliendo del cine, camino de la Opera, algunos grupos de jóvenes; una chica hace una reflexión como en la película. La película es "auténtica" puesto que continúa en la calle. Al llegar a Saint-Germain, un poco más arriba del Drugstore, un chongo blanco y muy guapo me para; su belleza y la finura de sus manos me impresionan; pero, intimidado y cansado, alego que tengo una cita. En el Flore, a mi lado, dos criaturas laosianas, una demasiado afeminada, la otra agradable por su aspecto "garçon": inicio de conversación amable, pero ¿qué puedo hacer? (Siempre el cansancio; tengo ganas de leer el periódico.) Se van. Vuelvo a casa penosamente, atontado por la migraña, y sigo con Dante después de tomar un optalidón.

17 de septiembre de 1979. Ayer, domingo, Olivier G. vino a comer; dediqué a la espera y al recibimiento el especial cuidado que revela, por lo general, que estoy enamorado. Pero, ya mientras comíamos, su timidez o su distanciamiento me intimidaron; ninguna euforia en la relación, ni de lejos. Le pedí que viniera a mi lado, a la cama, mientras dormía la siesta; acudió muy amablemente, se sentó en la orilla, leyó en un libro ilustrado; su cuerpo estaba demasiado lejos, cuando alargué mi brazo hacia él, no se movió, encerrado en sí mismo: ninguna complacencia; y acabó por marcharse a la otra habitación. Me invadió como una desesperación; tenía ganas de llorar. Me pareció evidente que iba a tener que renunciar a los chicos, porque no existe ningún deseo de ellos hacia mí, y porque yo soy demasiado escrupuloso, o demasiado torpe, para imponer el mío; creo que éste es un hecho indiscutible, avalado por todas mis tentativas de flirt, que mi vida es triste, que, bien mirado, me aburro, y que es necesario que expulse este interés, o esta esperanza, de mi vida. (Si repaso mis amigos uno a uno —aparte de los que ya no son jóvenes—, descubro un fracaso cada vez: A., R., J.-L. P., Saül T., Michel D.-R.L., demasiado breve, B.M. y B.H., ausencia de deseo, etc.). No me van a quedar más que los chongos. (Pero ¿qué haré, entonces, durante mis correrías? No ceso de mirar a los chicos, deseando inmediatamente, en ellos, el estar enamorado de ellos. ¿Cuál va a ser para mí el espectáculo del mundo?) He tocado un poco el piano para O., a petición suya, a sabiendas de que acababa de renunciar a él para siempre; tiene bonitos ojos y una expresión dulce, suavizada por los cabellos largos: he aquí un ser delicado pero inaccesible y enigmático, tierno y distante a la vez. Luego le he dicho que se fuera, con la excusa del trabajo, y la convicción de que habíamos terminado, y de que, con él, algo más había terminado: el amor de *un* muchacho.

cómo
se escribe
una novela

Flaubert
James
Conrad
Proust
Mann
Woolf
Kafka

Faulkner
Yourcenar
Sabato
McCullers
Chandler
Highsmith

selección, prólogo e introducciones

LEOPOLDO BRIZUELA
EDGARDO RUSSO

EL ATENEO

COMO SE ESCRIBE UNA NOVELA
Leopoldo Brizuela y Edgardo Russo
(Selección e introducciones)

Código 1307

Textos de teoría de la novela de
Gustave Flaubert, Henry James, Joseph
Conrad, Marcel Proust, Thomas Mann,
Virginia Woolf, Franz Kafka, William
Faulkner, Marguerite Yourcenar, Ernesto
Sabato, Carson McCullers, Raymond
Chandler y Patricia Highsmith.

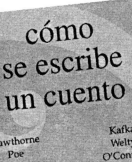

cómo
se escribe
un cuento

Hawthorne
Poe
James
Maupassant
Chéjov
Nabokov

Kafka
Welty
O'Connor
Rulfo
Rama
Lispector

selección, prólogo e introducciones

LEOPOLDO BRIZUELA

EL ATENEO

COMO SE ESCRIBE UN CUENTO
Leopoldo Brizuela
(Selección e introducciones)

Código 1310

Cuentos y textos de teoría del cuento de
Nathanael Hawthorne, Edgar Allan Poe,
Guy de Maupassant, Henry James,
Antón Chejov, Vladimir Nabokov, Franz
Kafka, Eudora Welty, Flannery
O´Connor, Juan Rulfo, Angel Rama y
Clarice Lispector.

Neue Musik in der Silberkarklamm

Wer glaubt, der einzige Weg nach Brasilien wäre jener über den Ozean, der hat sich getäuscht. Celia Mara und Band bewiesen am Mittwoch der Vorwoche, daß Brasilien auch ganz nah sein kann – und zwar in der Silberkarklamm.

So begaben sich rund 300 Leute zur Silberkarhütte, wo sie bereits mit rhythmischer, lebendiger Musik erwartet wurden. Die Stücke, eine Mischung aus Jazz, Funk und brasilianischer Volksmusik, waren alles selbstkompo-

nierte Werke der Sängerin Celia Mara, die von fünf weiteren Musikern begleitet wurde.

Mit ihrer kräftigen Stimme, den meist schnelleren Rhythmen und den politischen und sozialkritischen Texten, gelang es ihr das Publikum zu begeistern. Ein zusätzlicher Höhepunkt war der Rückweg nach Rössing: nach dem Konzert genoß man die bunt beleuchteten Bäche und Wasserfälle, die man bei der Wanderung von der Hütte zum Fuß des Berges bewundern durfte.

nicht zeitgemäß ▽ 1	▽	▽	harzloser Nadelbaum	hasten	▽	Dorf	▽	Laubbaum	Heiterkeit	griec Buch stabe
Wundabsonderung ▷				▽		erblicken ▷			▽	▽
▷						drei Musizierende		Naumburger Domfigur ▷ 6		
berufliche Tätigkeit			fliederfarben		Diskussionsgegenstand ▽					
Felsstück	Ausbildungszeit	▷ ▽				3		sehr junges Schwein		noch bevo
▷				tropische Fruchtstaude		ungebunden ▷ 7				
ionische Insel	Sommergetreide		Überbringer ▷		▽			Schliff im Benehmen		
▷	▽				männliche Ente ▷			▽		
Broschüre	zweistellige Zahl	kurz für: an das ▷				Platzdeckchen			ung brau
▽			persönliches Fürwort	Strom durch Paris ▷ ▽			2			
▷	Nachkomme 4		▽					Hühnerprodukt ▷		
englische Biersorte	Übrigbleibendes ▷				Zuckerrohrschnaps ▷					

Die Buchstaben der Felder 1 bis 7 ergeben das Wort für die zeitliche Folge eines

PARA LEER SIN PARAR. Antología del autor joven
Susana Cella

Código 1416

Selección comentada de textos, relatos y poemas de Ernest Hemingway, Juan Gelman, Paul Eluard, Benjamín Péret, Oliverio Girondo, Alfred Jarry, Luis Rogelio Nogueras, Oscar Wilde, Giovanni Boccaccio, Lautréamont, Augusto Monterroso, Rodrigo Fresán, William Blake, Voltaire, Elvio Gandolfo, Ray Bradbury, Allen Ginsberg, Alejandro Dolina, César Vallejo y Stanislav Lem.